编委会

HuanJingFa De JianLi Yu JianQuan

生态文明建设思想文库

杨茂林 主编

环境法的建立与健全

——我国环境法的现状与不足

郭春 著

山西出版传媒集团
山西经济出版社

图书在版编目（CIP）数据

环境法的建立与健全：我国环境法的现状与不足 / 郭春著. -- 太原：山西经济出版社，2017.12

（生态文明建设思想文库）

ISBN 978-7-5577-0290-8

Ⅰ.①环… Ⅱ.①郭… Ⅲ.①环境保护法—研究—中国 Ⅳ.①D922.680.4

中国版本图书馆 CIP 数据核字(2017)第 319470 号

环境法的建立与健全：我国环境法的现状与不足

著　　者：郭　春
责任编辑：李慧平
特约编辑：任永玲
封面设计：雨　竹

出 版 者：山西出版传媒集团·山西经济出版社
社　　址：太原市建设南路 21 号
邮　　编：030012
电　　话：0351-4922133(市场部)
0351-4922085(总编室)
E - mail：scb@sxjjcb.com(市场部)
zbs@sxjjcb.com(总编室)
网　　址：www.sxjjcb.com

经 销 者：山西出版传媒集团·山西经济出版社
承 印 者：山西出版传媒集团·山西人民印刷有限责任公司

开　　本：787mm × 1092mm　1/16
印　　张：15.25
字　　数：216 千字
印　　数：1-1000 册
版　　次：2017 年 12 月 第 1 版
印　　次：2017 年 12 月 第 1 次印刷
书　　号：ISBN 978-7-5577-0290-8
定　　价：42.00 元

总 序

《生态文明建设思想文库》(以下简称《文库》)是为积极顺应可持续发展战略,顺应党的十八大着重强调的“生态文明建设”发展要求而组织撰写的。它是我们此前出版的《经济社会可持续发展思想文库》之后的又一套丛书。本《文库》的组织撰写,目的在于积极促进联合国《21世纪议程》规定的可持续发展战略的落实,同时也将批判性地反思新自由主义的风行所导致的与社会正义和生态系统法则相背离的各种理论观点。为此,《文库》将从不同角度对与可持续发展战略相关的理论与实践问题进行探讨,故涉及内容较为广泛。

在当今时代条件下,无论可持续发展战略的落实,还是生态文明建设的推进,重视马克思经典的自然伦理的指导作用,了解并探讨“自然资本论”和“自然价值论”等国际前沿理论,认清新自由主义的泛滥导致的南北差距、各国内部的两极分化及威胁第三世界国家国际贸易的不平等现实,重视区域经济生态化定向及城乡生态化建设的发展趋势,注重完善和健全的环境法的重要性等等,都是与可持续发展及生态文明建设密切相关的理应探讨的重要内容。而所有这些,同样也都是我国目前急迫需要解决的重要问题。正因为如此,本《文库》组织撰写的内容具体包括:《自然的伦理——马克思的生态学思想及其当代价值》《新自由主义经济学思想批判——基于生态正义和社会正义的理论剖析》《自然资本与自然价值——从霍肯和罗尔斯顿的学说说起》《新自由主义的风行与国际贸易失衡——经济全球化导致发展中国家的灾变》《区域经济的生态化定向——突破粗放型区域经济发展观》《城乡生态化建设——当代社会发展的必然趋势》及《环境法的建立与健全——我国环境法的现状与不足》七个方面。

其中,《自然的伦理——马克思的生态学思想及其当代价值》一书,从历史的和逻辑的两个方面,系统研究了马克思的许多经典著作,研究了马克思的自然哲学思想的形成基础,研究了"古希腊自然哲学、德国古典哲学自然观及近代自然科学对马克思自然观形成的影响。进而,作者又探讨了马克思自然观的发展历程,具体说,从对《德谟克利特的自然哲学和伊壁鸠鲁的自然哲学的差别》(马克思博士论文)的考察,到对《1844 年经济学哲学手稿》的探析,再到对《资本论》等经典著作的整体认知,全面探讨了马克思自然伦理的发展过程。在此基础上,又通过对马克思自然观与生态伦理的内在联系;马克思"人本自然论"的生态伦理意蕴;马克思"非中心技术论"的生态伦理意涵;马克思"物质变换论"的生态伦理特征;马克思的"生态正义论";马克思的生态伦理与当代生态文明实践等内容的全面论述,从而揭示出由"人本自然论""非中心技术论""物质变换论"和"生态正义论"等方面构成的马克思自然伦理的主要思想。这也是本书为我们呈现的马克思早在 19 世纪就已经创立的自然伦理思想著述。

关于人类与自然界的伦理关系,西方其他学者也有研究。譬如,美国学者奥尔多·利奥波德于 1949 年出版的《沙乡年鉴》《土地伦理学》一章中,也曾谈到工业化时代的人与"土地"(即他当时认为的自然环境)的伦理关系问题。由于利奥波德在 20 世纪 40 年代末就提出了人与自然环境的伦理关系,而在当时的美国受到了很大欢迎,故此,美国人将之誉为美国的以赛亚(希伯来人的"先知")。但是,与 19 世纪早就强调"人与大自然的伦理关系"的马克思相比,这位受到美国人普遍尊敬的"以赛亚式人物",已经是一位迟到了的"以赛亚"。

新自由主义的经济学者,在其对马克思的著述内容不甚了解情况下,武断地散布所谓"马克思主义过时论",以达到他们传播新自由主义的目的。而《自然的伦理——马克思的生态学思想及当代价值》一书的理论价值就在于:它以实证性的研究成果对上述观点进行了逻辑学的事实反驳!从全书论述的内容可以清楚地看出,马克思自然伦理思想的超时代性和历史穿透力是十分强烈的,因为我们所处的时代,亦即联合国《21 世纪议程》为世界各国规定的"可持续发展战略"的时代,不仅强调人类与自然界的伦理关系,而且还将之延伸到了"代际"范畴。换言之,延伸到哈佛大学约翰·罗尔斯《正义论》中强调的"代际正义”[1],亦即当代人与以后各代人的伦理关系方面。这也正是联合国“可持续发展战略”的主旨所在。故此,马克思自然伦理思想的伟大意义就在于:它可被运用于指导我们所处的“可持续发展战略”时代,运用于我国“生态文明”建设的实践之中。

《新自由主义经济学思想批判——基于生态正义和社会正义的理论剖析》一书,作者从马克思主义的基本观点出发,基于生态正义和社会正义,全面剖析了新自由主义的经济学理论和思想体系,剖析了它与市场原教旨主义理论上的一致性。正像亚当·斯密片面地主张自由市场经济一样,新自由主义也是同样。二者不仅有着理论上的病态一致,而且也都造成了各自所处时代的灾难性结局。所不同,后者因其中个别学者曾获“诺贝尔经济学奖”而使之更具有欺骗性,它也给当今世界各国造成更大的危害。因此,如果说亚当·斯密的自由市场经济学说导致了1929—1933年资本主义世界普遍经济危机,那么,新自由主义自20世纪70年代以来,也同样造成世界范围多次危机的发生。正像作者在《前言》中所说:新自由主义已经酿成“1987年的黑色星期一,1994年的墨西哥金融危机,1997年的东南亚金融危机,2007年的美国次贷危机,还有持续至今的全球性经济低迷。这些正以铁的事实告诉人们,新自由主义带领它的追随者,在经历短暂的繁荣后,正一步步走向更深的泥潭。经济危机间歇性爆发的间隔缩短,经济危机爆发涉及更广泛,因而危害程度也更深。

在书中,作者从马克思自然哲学思想出发,阐述了马克思在《资本论》中倡导的“人与自然正常的物质变换”的生态正义观,并借此剖析了新自由主义经济学的生态缺位。她指出:即如市场原教旨主义那样,新自由主义极力倡导的私有化、自由化、市场化,无视对自然界的过度消耗,这种以异化自然方式造成的生态影响已经全球化。在以资本为主体“追求经济不断增长的压力下,地球上几乎所有的动植物、土壤、空气、水等,都受着自由市场的操纵,屈从于资本增值的需要”。进而,她又针砭了新自由主义的所谓“经济增长观”连同其“国际贸易理论”等自“华盛顿共识”以来造成的全球性生态困境和灾变。实践证明,它已经对人类生态安全形成了巨大的威胁。正像作者在《前言》中批评指出

---

① [美]约翰·罗尔斯. 正义论. 北京:中国社会科学出版社,2001:285.

的:“新自由主义经济思想指导下的经济发展模式，忽略了人与自然之间的物质变换关系,掠夺性利用自然生态系统,才是导致全球性生态危机的真凶。”与此同时,她还进一步批评指出新自由主义极力倡导的“自由化、私有化、市场化”与“生态产品”及整个自然生态系统法则相背离的实质。在此基础上,作者不仅批判性地剖析了新自由主义学说体系的生态缺位，而且从更深层次指出了它是造成当代环境危机的核心意识形态。故此，她在第八章伊始就明确强调:“在这种价值观和意识形态的引领下,必然产生‘个人主义基础上的利益最大化’与生态道德缺失之间的严重冲突”!

对于自由市场经济学说的生态缺位,马克思在《1844 年经济学哲学手稿》中早有批评。他说:“自然界，就它本身不是人的身体而言，是人的无机的身体。”他还说:在资本主义自由市场经济制度下,“异化劳动使人自己的身体,以及在他之外的自然界,他的精神本质,他的人的本质同人相异化”①。这也是马克思最早把自然界作为“人的无机的身体”来对待,批评资本主义自由市场经济的“异化劳动”,包括异化人的无机的身体——自然界,亦即“异化自然”而不记入其账簿的相关论述。其后,福利经济学派也有批评。庇古于 1920 年曾指出:追求“经济人自身利润最大化”的自由市场经济,将会导致“外部不经济”。发生于 20 世纪 40 年代至 60 年代的“洛杉矶光化烟雾”,及 50 年代的“伦敦雾”等,均以铁的事实证实了这一点。正因为如此,美国学者赫尔曼·E.戴利在《珍惜地球》一书中指出:“亚当·斯密看不见的手使得私人的自利在不自觉地为公共利益服务，看不见的脚则导致私人的自利不自觉地把公共利益踢成碎片。”②而加勒特·哈丁则称之为“公地悲剧”!③不难看出,新自由主义最无视的正是它们胁迫第三世界国家时常常用来说事儿的“普世价值”,因为它们除了热衷鼓吹追求“经济人自身利润最大化”(内部经济)的市场经济外,并不尊重“人的无机的身体,即自然界”(马克思语);并不尊重“自然界的内在价值”(罗尔斯顿语)。故此,在它们炮制“华盛顿共识”后,便极力将这种违背自然法则的,反自然、反人类、反“普世价值”的理论,作为资本主义的国家意识形态向世

① 〔德〕马克思恩格斯全集. 第 42 卷. 北京:人民出版社,1979:95.

② ③ 〔美〕赫尔曼·E.戴利.珍惜地球——经济学、生态学、伦理学. 北京:商务印书馆,2001:41—43、146.

界各国强力推行。大量的事实证明,它已经造成了遍及全球性的“公地悲剧”!很清楚,全球自然生态系统遭到的严重破坏,正是新自由主义“经济全球化”泛滥的必然结果。这也是本书作者抨击“新自由主义经济学是造成环境危机的核心意识形态”的原因所在。

在书中,作者基于马克思主义基本原理,从社会正义角度出发,对维护国际垄断资本主义利益的新自由主义做了全面剖析。同时结合法国学者托马斯·皮凯蒂《21世纪资本论》对欧美发达国家分配不平等问题加剧的相关研究,依据世界银行对各国贫富差距拉大的统计,依据发达国家与发展中国家收入的严重不平等,及所有受新自由主义渗透的国家贫富差距急剧拉大的大量事实,对新自由主义经济学思想提出了严厉批评。正像她在第九章所说的:“新自由主义的泛滥,使人类社会的贫富差距达到了前所未有的程度。一方面,是国与国之间发展的不平衡加剧;另一方面,在几乎所有推行新自由主义的国家内部,都出现了贫富差距拉大的问题”,它已经造成整个世界,尤其是第三世界国家的普遍灾难!正因为如此,作者在《前言》中对新自由主义的本质作了概括性评述:“新自由主义是剥夺最大多数劳动者起码权力的主义,也是剥夺第三世界最后一道防线即国家主权、民族独立,使国际垄断资本主义可长驱直入、为所欲为、加紧全面掠夺和压榨的主义,同时它也是稳定国际垄断资本全球统治地位的主义。”

在书中,作者还进一步抨击了新自由主义极力推行的“资源配置”方式,并指出:这种资源配置方式必然崇尚“弱肉强食的丛林法则”。事实上,新自由主义推行的“‘丛林法则’式资源配置”方式,也是推行社会达尔文主义的斯宾塞、白哲特、萨姆纳曾极力主张的方式,它是与人类文明进步背道而驰的,也早已被人类实践和科学研究的进步所证伪。显然,新自由主义将已经被淘汰的社会达尔文主义式“丛林法则”用于当今时代,既是人类文明进步的极大亵渎,也是反科学、反人类、反社会的行为!它无疑会造成“弱肉强食”的社会乱局,故此,必然会使业已进步了的人类文明倒退到“经济动物式”的野蛮世界。今天,世界各国,尤其是发展中国家普遍出现的马太效应,即“越有的越给予,越没有的越掠夺”,出现的贫富极度两极分化,出现的即如作者所说的“财富在财富一方积累,贫困在贫困一方积累”的种种社会乱象,都是新自由主义推行社会达尔文主义式“资源配置”方式的必然产物。很明显，这种“资源配置”方式已经造成社会分配中的极大不公。这种情况，不要说在历史上早已经遭到经典的马克思主义的批判，即使在文化人类学的研究中，同样也会摒弃这种以资本利益为核心的“资源配置”方式。美国学者弗兰克·G.戈布尔所撰《第三思潮——马斯洛心理学》第十三章《协和社会》之中，记述了美国著名文化人类学家露丝·本尼迪克特对“高协和社会”与“低协和社会”给定的标准与规定。她说：“高协和社会与低协和社会，在财富分配方式方面似乎有着区别。一个优等社会无论其富裕程度如何，财富的分配往往更加均匀；而在劣等社会里，富者越富，贫者越贫。”[①] 很清楚，按照文化人类学家露丝·本尼迪克特给定的标准，新自由主义推行的就是一种与人类文明进步相抵触的劣等社会。

《自然资本与自然价值——从霍肯和罗尔斯顿的学说说起》一书，也是本《文库》的重要组成部分，是进行生态文明建设同样需要加以重视的内容。作者以当代西方学者保罗·霍肯等人的《自然资本论——关于下一次工业革命》和霍尔姆斯·罗尔斯顿的《哲学走向荒野》《环境伦理学》等前沿性绿色经典为主线，批判性地分析了西方传统工业化发展老路存在的问题。人们知道，传统的工业化发展方式，是建立在资本主义工业化基础上的发展模式，是以人类统治自然、征服自然、肆意掠夺自然为目的，并以此作为经济社会发展的根本指导思想的。多年来，新自由主义的泛滥加剧了人类与自然界冲突的发展方式的复归，其宗旨就是满足全球资本主义各国的最大化利润需求。它所采取的方法就是向大自然进行无限度的掠夺和索取。但是，在其给资本主义诸国及发展中国家少数既得利益者带来巨大利益的同时，也造成了人与自然界的尖锐对立和冲突，并因此而引发了全球性生态恶化、环境污染、资源锐减、社会两极分化等一系列突出问题。

面对这种局面，突破“仅仅片面强调社会生产力发展水平和GDP主义”的传统工业化发展方式，强调“自然资本论”和“自然价值论”的时代意义与价值，改变以往价值观与发展思路，将人类统治自然、征服自然，并无节制地掠夺自然的惯性思维，转变为人类与自然和谐共处的思维方式，进而纠正传统工业化

---

①〔美〕弗兰克·G.戈布尔.第三思潮——马斯洛心理学.上海：上海译文出版社，2006：100.

发展方式及新自由主义泛滥造成的无视“自然资本”和“自然价值”的人类中心主义传统习惯，重视“自然资本”和“自然价值”与当今及未来社会生活关联的紧密性，探索出一条与我国生态文明建设相匹配的社会经济发展路径势在必行。

正是基于这一前提，作者在书中较详细地分析了经济高速发展和科技高度发达的当今时代，《自然资本论——关于下一次工业革命》和《哲学走向荒野》等绿色经典为人类变革勾画的未来共同方向，并在此基础上，紧密结合我国实际情况进行了深入研究，即结合《自然资本论》对现行资本主义经济模式，尤其是对新自由主义主导的经济模式进行了批判性反思，同时探讨了经济学理论的生态变革，讨论了与我国可持续发展相关联的改革问题，研究了我国生态文明建设中“资源生态合理性优化配置的方式”，强调了我国“自然资本再投资的公共政策”建立的紧迫性，也设想了我国当前“自然资本价值评估与核算体系”的建构问题等。继此，作者又依据罗尔斯顿“自然价值论”的学说体系，进一步探讨了“自然价值论”的理论重建，“自然资本”与“自然价值”视域下的可持续发展及生态文明建设等问题。尤其是，在系统性地阐述了霍肯和罗尔斯顿学说与我国生态文明建设相关联的诸多问题后，又紧密结合 2015 年 4 月，中共中央、国务院发布的《关于加快推进生态文明建设的意见》，及 2015 年 9 月，中共中央、国务院印发的《生态文明体制改革总体方案》展开了讨论，这使得本书研究的内容与我国生态文明建设的联系更加紧密，也更贴近我国生态文明建设的实践过程。

《新自由主义的风行与国际贸易失衡——经济全球化导致发展中国家的灾变》一书作者是从事国际贸易专业的教师，多年来目睹了发展中国家，尤其是我国在国际贸易中屡屡受挫，频繁遭到以美国为首的西方资本主义诸国的“惩罚性关税”和因此造成的巨大贸易损失，以及不平等的国际贸易秩序给我们造成的种种灾难，促使她跟踪考察了新自由主义肆虐全球的整个过程，探究了问题的深层原因，目的在于为各级决策机关和国际贸易机构提供参考依据，建立相应的对策机制，以应对新自由主义操控的充满着阴谋和陷阱的国际商贸环境。

在书中，作者以大量的研究资料和数据，系统分析了新自由主义主导国——美国代表国际垄断资本主义利益，为推行国际霸权主义，操控世界银行、国际货币基金组织、WTO三大支柱，制定不合理的国际经贸规则，促成不平等的所谓“国际政治经济新秩序”，使发展中国家按照国际垄断资本主义的意图被动地陷入它们设定圈套的各种事实与经过。在书中，作者又进一步揭露了美国如何借助世界银行、国际货币基金组织对发展中国家或“转轨国家”进行全面渗透和干预，强迫它们执行所谓“结构调整方案”，改变它们原有的经济结构、政治制度、价值观念，乃至文化传统，并将之纳入受其垄断控制的世界资本主义体系之中的霸权主义逻辑。在此基础上，作者以其专业知识进一步指出：新自由主义的经济全球化过程，借发展中国家欲加入WTO的机会，强迫“政府放松管制”的实质在于弱化发展中国家政府的管控措施，使之可长驱直入任何发展中国家，主导它们的政治导向，控制它们的经济命脉，掌控既不受限制又可牟取暴利的市场空间。与此同时，一方面可廉价掠夺这些国家的珍稀资源，污染并破坏它们的生存环境；另一方面又设置各种严苛的贸易壁垒，包括“关税壁垒”和“非关税壁垒”，后者又包括“技术壁垒”“绿色壁垒”和“蓝色壁垒”等。以林林总总的贸易壁垒方式，把发展中国家的商品拒之门外，从而形成不平等且畸形世界贸易格局——既能使财富源源不断地流向西方，又可使发展中国家在国际贸易中连连受损，使之长期陷入经济低迷、环境恶化和社会两极分化的混乱局面。

本书将新自由主义的真实面目告诉人们：新自由主义是一个可怕的敌人！在其主导的现行不平等的国际经济贸易秩序中，全球许多发展中国家都出现严重的灾变！发展中国家若要确保本国经济安全及可持续发展，若要保护自己的生存空间，就必须对新自由主义制定的各种政策方式保持足够警惕，并建立相应的对策机制。

《区域经济的生态化定向——突破粗放型区域经济发展观》一书作者，是从事区域经济研究工作的专业研究人员。研究工作中，时常会遇到粗放型区域经济发展方式引发的许多不良后果。譬如，山西省挖一吨煤，将损失2.48吨地下水资源就是这方面的突出例子。这种粗放型经济发展方式的严重弊端，也迫使人们思考改变它的措施。于是近年来，作者将研究目标定位于“区域经济生态化”方面，并撰写了此书，旨在以“生态文明建设”为前提，依据“当代工业生态学”和“协同学”方法论的基本原理，突破多年来一直受新自由主义经济学思想影响的粗放型经济发展的思维定式，强调区域性经济、社会、生态多元目标动态平衡和协调发展。因此，有关区域经济生态化定向的基本界说就是：借助对区域性生态系统和生物圈的协同认知，寻求使之与生物生态系统“正常”运行相匹配的革新途径的经济发展定向。具体说，就是要以高效节约为目的的“循环经济”，零排放为目标的“清洁生产”，多企业、多行业协同运作的方式，促成区域经济发展过程中的“资源生态合理性优化配置”。换言之，所谓区域经济的生态化定向，就是要以“资源生态合理性优化配置”的系统化运作方式，对区域内物质流、能量流和信息流进行多方面、全方位的立体化协调，从而使之符合整体的生态系统法则的经济发展定向。而所有这些，既是区域经济生态化定向必须加以讨论的内容，也是本书作者将详细加以阐述的方面。

《城乡生态化建设——当代社会发展的必然趋势》一书也是本《文库》的一个重要方面。作者依据我国生态文明建设的基本国策，及十八届五中全会提出的“创新、协同、绿色、开发、共享”的理念，参考大量国内外文献和城乡生态化建设的典型案例，结合我国目前亟待解决的城乡生态困境撰写了本书。全书从生态文明建设基本国策对我国城乡生态化建设的引领与指导，及我国现阶段城乡生态化建设的现实需要出发，分析了城乡生态化建设的影响因素，提出城乡生态化建设的实践依据，指出了生态化建设是目前我国亟待做出的理性选择，同时紧密联系城乡生态化建设与反贫困的实际，展望了我国城乡生态化建设的未来发展趋势等。总之，全书多方位、多角度地为我国城乡生态化建设提供了许多具体的、创新性的重要依据，它对各级决策机关和社科研究机构都有一定参考价值。

最后，作为本《文库》另一重要组成部分：《环境法的建立与健全——我国环境法的现状与不足》一书，阐述了自联合国1972年在斯德哥尔摩《联合国人类环境宣言》以来，我国“环境法”形成和建立的整个过程，及其存在的许多现实问题。作者从事“环境法学”的教学工作。多年来，目睹了新自由主义泛滥造成我国生态环境的巨大破坏而现行“环境法条款”却无可奈何的局面，促使她思考我国“环境法完善与现存生态困境突破”方面的课题，并撰写了此书。旨在探寻我国立法、司法方面存在的问题，考察我国“环境法”执行中的漏洞，以有利于纠正现行“环境法”的问题和不足。书中指出：我国在“环境法”立法理念方面，充斥着人类中心主义的思想，与可持续发展的要求相距甚远。现行“环境法”方面的制度并不健全，不足以解决层出不穷的环境问题。同时她还列举出诸如市场无序化、政府行为消极、权力寻租、立法技术落后、司法严重腐败等，对环境法实施与落实的实质性弱化，并认为这些都是我国“环境法”实施中出现的制约因素或瓶颈。正因为如此，作者在书的下编——《中国环境法律制度的未来展望》中，紧密结合我国生态文明建设的现实需要，提出了我国“环境法健全的许多具体设想和对环境法落实过程消极因素的制约措施，因而有利于从法律角度确保和促进我国生态文明建设的顺利进行。

总之，在本《文库》的七本书中，每一本书都有较为独特性的理论建构与创新，都有对前沿性学术问题的思考，都有与可持续发展战略原则和生态文明建设的现实需要紧密关联的理论价值，也都结合自己的专业特点及国际前沿学术动态，奉献出了其创新性的学术成果。它们的问世，将从不同角度，对我国生态文明建设发挥积极作用。但是，由于撰写时间仓促，书中难免会有一些不足，还望学界方家及广大读者指正！

2017.8.9

前言

自人类社会产生以来,人类就一直在努力改造着身处的世界。人类社会历经了原始社会、奴隶社会、封建社会、资本主义社会、社会主义社会的发展阶段,在前三个阶段中,由于生产力较低下,人类改造世界的程度也较轻。工业革命以来,由于生产工具和技术的革命性突破,生产力有了翻天覆地的发展,人类社会的经济水平不断提高。但随着工业化进程的加快,人类的生存环境越来越趋于恶化,产生了一系列环境污染和生态破坏问题。如大气、水资源、土壤等环境污染问题,以及水土流失、土壤沙化、生物多样性锐减、资源枯竭等生态破坏问题。换句话说,人类经济水平的提高和物质生活的丰富,在一定程度上是以牺牲环境与资源为代价的。恩格斯说:“我们不要过分陶醉于对自然界的胜利,对于每一次这样的胜利,自然界都报复了我们。”自然界作为人类生存和发展的基础,正是通过以上生态环境问题来报复我们。人类目前遭受的环境污染和生态破坏问题的危害,直接关系到人类的生存与发展,关乎地球的前途和命运。

20世纪中叶以来,人类逐渐开始醒悟,对环境问题的认识愈加深入。这源于20世纪30年代以来世界各地不断发生的公害事件,其典型的“十大公害事件”,包括比利时马斯河谷烟雾事件、美国洛杉矶光化学烟雾事件、美国多诺拉烟雾事件、伦敦烟雾事件、日本水俣病事件、日本骨痛病事件、日本米糠油事件、印度博帕尔事件、切尔诺贝利核泄漏事件、剧毒物污染莱茵河事件。经验教训促进了人类的严肃思考。环境问题是由于人类对环境的不当行为所造成的,也就只能依靠改变人类应对环境的行为来解决。“吃一堑,长一智”,西方工业国家纷纷启动环境立法,采取措施保护和修复生态环境。1972年,第一届人类环境会议在瑞典首都斯德哥尔摩召开, 会议通过了《联合国人类环境会议宣言》,简称《人类环境宣言》,呼吁各国政府和人民为维护和改善人类环境,造福全体人民,造福后代而共同努力。这次会议开创了人类社会环境保护事业的新纪元,这是人类环境保护史上的第一座里程碑。1992年,联合国环境与发展大会在巴西里约热内卢召开,会上通过了《里约环境与发展宣言》《21世纪议程》,提出了“可持续发展”新理念,将其作为各国处理环境问题和社会发展的指导思想。这标志着世界环境与发展的中心议题由斯德哥尔摩时代的环保理念向“里约热内卢时期”的可持续发展理念转变。

近年来环境问题频发,从表面看来是人与自然环境之间的矛盾不断激化,究其本质还是人与人之间的利益冲突加剧。地球有限的自然资源决定了其环境容量是有上限的,在这种情况下部分人不顾社会及他人利益,过度利用和破坏环境与自然资源,从而产生负外部性,损害了社会及他人的利益,产生了一系列环境问题。环境法就是要通过法律制度来调整人的行为,使其符合法律规定和社会利益。即通过对不同主体之间利益冲突进行协调,保障主体的合法利益,制裁破坏环境的行为,从而解决环境问题,实现人与自然的和谐。

我国目前存在的环境问题非常严重,面对着大气污染、水污染、土壤污染、生态破坏等诸多环境问题,时时刻刻影响着我们的生活和健康。在法律理念方面,人类中心主义的思想与可持续发展新理念相距甚远。我国的环境法律制度还不健全,不足以解决不断出现的环境问题,而立法则侧重于管制型立法。我国环境法律制度的实施面临很多困难,如环境影响评价制度流于形式、排污收费名不符实、现场检查难以有效开展、限期治理久拖无期、行政执法人员素质低、环境保护财政投入不足等。此外,政府行为也会对我国环境法律制度产生重要影响,如立法技术问题对环境立法的影响,权力寻租和官僚主义对环境行政的影响,司法制度缺陷对环境公益诉讼制度的影响等。

本书首先历史地分析了我国环境法律制度的发展历程,接着以“问题意识”为导向,总结了我国目前面临的主要环境问题,结合实践分析了我国环境法律制度的实施所面临的诸多困难,从环境法律理念的更新和具体法律制度的设计两方面来寻求我国环境法律制度的完善路径。

全书分为两编,共九章。主要内容包括:

上编,中国环境法律制度的现实困境。本编梳理了中国环境法律制度的发展历程,分为四个阶段:初步发展时期、迅速发展时期、变革时期、发展新时期。

论述了中国环境法律制度的现状、中国环境面对的严重问题、目前我国环境法律制度面临的困境、政府行为对环境法律制度实施的影响等内容。本编运用历史的方法分析了我国环境法律制度，为我国环境法律制度的未来发展明确了前进的方向。主要阐明我国环境法律制度的现实状况,以及我国环境法律制度面临的各种问题,提出问题是为了更好地解决问题。

下编,中国环境法律制度的未来展望。本编探讨了完善环境法律中各项制度,我国环境刑事法律制度的完善,我国环境法与民法的沟通与协调,重树环境法理念——可持续发展观等内容。本编从环境法的理念和制度方面探讨了我国环境法律制度的完善,为我国环境法律制度的健全明确了前进的方向。

本书的创新之处有三点:第一,以问题为导向。本书总结了我国目前面临的主要环境问题,结合实践分析了我国环境法律制度实施所面临的诸多困难,从而提出了问题。第二,结合实践数据提出问题。书中通过相关数据,直观地表现了我国目前面临的日益严重的环境问题和我国环境法律制度实施所面临的困境。第三,强调法律理念的更新。书中对人类中心主义和生态中心主义两种环境法理念进行了思考,坚持了环境法应秉持的新理念——可持续发展观。

目　录

上编　中国环境法律制度的现实困境

下编 中国环境法律制度的未来展望

上　编

中国环境法律制度的现实困境

第一章　中国环境法律制度的发展历程

第一节　中国环境法律制度的初步发展时期

我们对环境这个词并不陌生,但对环境的解释却因人而异。对环境问题进行全面系统研究的是环境科学,它以人类为中心事物。环境科学中的环境是指人群周围境况及其中可以直接、间接影响人类生活和发展的各种自然因素和社会因素的总和,包括自然因素的各种物质现象和过程及在人类历史中的社会经济成分。环境既可以被描绘为一个有限的范围,又可以被描绘为物质要素,或者是无限的空间,环境总是相对于某一中心事物而言,并因中心事物的不同而不同,随中心事物的变化而变化。一般认为环境既包括以大气、水、土壤、植物、动物、微生物等为内容的物质因素,也包括以观念、制度、行为准则等为内容的非物质因素;既包括自然因素,也包括社会因素;既包括非生命体形式,也包括生命体形式。环境是相对于某个主体而言的,主体不同,环境的大小、内容等也就不同。广义的环境是指影响生物机体生命、发展与生存的所有外部条件的总体,围绕着人群的空间及其中可以直接、间接影响人类生活和发展的各种自然因数、社会因数的总体,是影响机体生命和生长的全部外界条件及其影响的总和。狭义的环境,往往指相对于人类这个主体而言的一切自然环境要素的总和,如环境问题中的"环境"一词。

中华民族的历史源远流长,在东方这片神奇的土地上已有5000年悠久的文明历史,在人类社会文明的发展进程中我们经历了原始社会、奴隶社会、封建社会、资本主义社会和社会主义社会。那么对于环境保护法律规范的发展来讲，不同的标准就会有不同的划分种类。我们国家在《中华人民共和国环境保护法》之前就已有许多有关环境保护方面的法律、法规、规章制度存在。

一、1949年以前有关保护环境的规定及法律制度的历史简介

我国古代就已经有保护环境的意识。最早的环境保护思想，是在对生物资源保护思想基础上发展起来的，可以追溯到公元前11世纪的西周时期。当时是农耕时代，环境恶化多以森林、植被的破坏为先导，随之带来水土流失、沙漠化、河道淤积、湖泊枯竭等一系列变化。这些变化与历史上的农业生产活动具有密切的相关性。从文献记载的中国早期自然保护规范看，目的是为了保障统治阶级对自然资源的有效利用，以维护封建社会的统治秩序，这时的自然资源只是作为财产的一种形式予以保护的。中古代自然哲学相对发达，“持续利用”和“节约使用”自然资源，可以说是早期环境保护的基本理念，这与我国古代思想家的自然哲学观对统治者思想的影响有关。据《史记·五帝本纪第一》卷一：黄帝“时播百谷草木，淳化鸟兽虫蛾，旁罗日月星辰水波土石金玉，劳勤心力耳目，节用水火材物”。《逸周书·大聚解》“禹之禁，春三月，山林不登斧，以成草木之长；夏三月，川泽不入网罟，以成鱼鳖之长。”公元前11世纪，西周王朝颁布了《伐崇令》：“毋坏屋，毋填井，毋伐树木，毋动六畜。有不如令者，死无赦。”这是中国古代较早的保护水源、动物和森林的法令。经过1000多年的发展，至秦汉之前，已经逐步完善起来，从秦汉以后直至明清时期，这种思想在实践中得到了一定的运用和发展。

漫长历史时期，中国的农业经济一直占主要地位。在国民党统治时期，只是沿海一带现代工业有所发展，当时由于战乱频繁，政局不稳，执政者不可能也没有重视环境保护。在与环境相关的资源立法中，主要有：1929年的《渔业法》，1930年的《土地法》，1932年的《森林法》，1932年的《狩猎法》，1942年的《水利法》。另外，在中国共产党领导的革命根据地，也制定过一些类似的规定，如：1930年的《闽西苏区山法令》，1939年的《晋察冀边区禁山办法》，1938年的《晋察冀边区垦荒单行条例》，1941年的《陕甘宁边区森林保护条例》，1943年的《晋察冀兴修农田水利条款》，1949年的《东北解放区森林保护暂行条例》。这些有关自然资源的立法，意图都是发展经济、保障资源的有效利用。

二、1949—1972 年环境法律制度的历史简介

中华人民共和国在 1949 年 10 月 1 日成立，东方这片具有 5000 年文明历史的大地上，从此彻底结束了旧时代，开创了一个新时代。中国的社会制度和它的前途命运，发生了根本的变化。这种划时代的变化，集中起来就是：实现了民族独立、人民解放和国家统一，开始为开辟社会主义道路，并沿着这一道路，实现国家繁荣富强和人民的共同富裕而奋斗。

从 1949 年新中国成立，到 1973 年中国第一次环境保护会议召开以前，可以称为我国环境保护事业兴起前的探索时期。

1949 年新中国成立以后，实行的是与西方资本主义市场经济体制有着明显区别的社会主义计划经济体制。冷战时期我国长期和资本主义社会国家分别属于不同阵营，而且中国进入社会主义社会之初的资本积累比较少，家底薄，还必须要搞建设，所以新中国成立以后，中国的经济发展水平非常低，整个社会还是以农业为主。1950 年经过了土地改革，中央人民政府颁布《中华人民共和国土地改革法》，实行农村土地所有制改革。1952 年底，土地改革完成，彻底废除我国两千多年的封建剥削制度并完成国民经济恢复，为国家开展有计划的经济建设创造了条件。这一时期，国家较为重视对作为农业命脉的自然环境要素的保护，并在水土保持、森林保护、矿产资源保护等方面制定了若干纲要和条例，促进了农业生产的发展。1958 年中国共产党第八次全国代表大会第二次会议提出"鼓足干劲，力争上游，多快好省地建设社会主义"总路线、"大跃进"、人民公社"三面红旗"，但在实践中"左"倾错误严重泛滥，发生了许多严重的失误。由于当时的技术落后，劳动生产率比较低，控制环境污染和生态破坏技术手段不足，合理开发利用资源与能源思想认识不够，没有及时关注到环境已经被污染和生态已经遭到破坏。为了加快社会主义建设，在计划经济体制下，国家提出赶超英美的战略目标，选择重视工业，特别是优先发展重工业，这些政策的提出和执行过程对环境的影响是巨大的。1958 年，当时的"大跃进"运动在短期内造成了巨大的环境污染和生态破坏，前期的零星环保措施也基本废弛，从而导致环境问题迅速凸显。"大跃进"时期，生态环境遭遇到新中国成立以来第一次集中的污染与破坏。在工业领域，仅 1958 年下半年全国即动

员了数千万农民大炼钢铁，大办“五小工业”，建成了简陋的炼铁、炼钢炉60多万个，小炉窑59000多个，小电站4000多个，小水泥厂9000多个，农具修造厂8万多个，工业企业由1957年的17万个猛增到了1959年的60多万个。技术落后、污染密集的小企业数量迅速增加，使工业结构呈现出了污染密集的重工业化趋势。与此同时，已有的环境保护规章制度受到批判和否定，在管理混乱、污染控制措施缺位的情况下，工业“三废”放任自流，环境污染迅速加剧。在农业领域，推行片面的“以粮为纲”政策，在急于求成的思想和“向自然界开战”口号的激励下，全国范围内出现了毁林、弃牧、填湖开荒种粮的现象。到20世纪60年代末和70年代初，各项环保措施基本废弛，地方五小企业再度兴起，片面的“以粮为纲”政策再度推行，林业发展遭遇又一次大挫折，许多不利于环境保护甚至于破坏环境的因素集中涌现，生态环境持续恶化。到70年代中期，全国每天工业污水排放量达到3000万至4000万吨，而且绝大部分没有净化处理直接排放，导致很多河流近海污染。在生态破坏方面最突出的就是日益严重的水土流失，由于植被破坏，全国水土流失面积特别严重，此时中国的生态环境恶劣，已经到了生死存亡的关头。针对出现的环境问题，20世纪70年代，中央政府曾经采取了一些补救措施，以防治工业污染，制止乱砍滥伐，恢复林业经济的正常秩序。在恢复前期污染防治举措的同时，大力推行“综合利用工业废物”方针，北京、天津、上海、黑龙江和新疆等少数省级行政单位以及鞍山、武汉、哈尔滨、南京等工业比较集中的城市成立了“三废”治理利用办公室等环保机构。

1954年的《中华人民共和国宪法》(以下简称《宪法》)第六条规定：国营经济是全民所有制的社会主义经济，是国民经济中的领导力量和国家实现社会主义改造的物质基础。国家保证优先发展国营经济。矿藏、水流，由国家规定为国有的森林、荒地和其他资源，都属于全民所有。确立了自然资源国家所有制形式。在防治工业污染方面，国务院各行政主管部门通过部门规章与标准和技术规范的形式，在工业企业设计卫生、工厂安全卫生、生活饮用水卫生以及放射性卫生防护等方面做出了规定。由此可以看出，这个时期我国的环境与资源保护的各种规范性文件已经涉及环境保护领域的主要方面，但规章制度非常零散，总体上还没有形成完整的环境保护思想。

中国的环保事业伴随着国际形势的发展而起步。特别是1972年6月5日至16日，联合国在瑞典首都斯德哥尔摩召开了人类环境会议。这是我国在1971年恢复联合国合法席位后第一次参加联合国举办的大型会议。会议通过了著名的《联合国人类环境宣言》，即《斯德哥尔摩宣言》，并将6月5日定为“世界环境日”，于是第一个“世界环境日”就是1972年6月5日。这是世界各国政府共同讨论当代环境问题，探讨保护全球环境战略的第一次国际会议，呼吁各国政府和人民为维护和改善人类环境，造福全体人民，造福后代而共同努力。中国首次派团出席了在斯德哥尔摩召开的联合国人类环境会议全体会议，参会期间，中国与会者在了解世界环境污染严重性的同时，也发现中国环境问题已相当严重，自然生态的破坏情况也很恶劣。1972年6月这个国际会议的主要成果，阐明了与会国和国际组织所取得的七点共同看法和二十六项原则，以鼓舞和指导世界各国人民保护和改善人类环境。

当时中国对外界的事情了解不多，通过这次参加国际会议知晓了由于受工业发展的影响，从20世纪30年代开始世界各地开始不断发生公害事件，典型的就是对人类危害极大的“十大公害事件”。

(一)马斯河谷烟雾事件(1930年)

发生在比利时马斯河谷工业区。在这个狭窄的河谷里有炼油厂、金属厂、玻璃厂等许多工厂。12月1日到5日的几天里，河谷上空出现了很强的逆温层，致使13个大烟囱排出的烟尘无法扩散，大量有害气体积累在近地大气层，对人体造成严重伤害。一周内有60多人丧生，其中心脏病、肺病患者死亡率最高，许多牲畜死亡。这是20世纪最早记录的公害事件。

(二)洛杉矶光化学烟雾事件(1943年)

美国西海岸的洛杉矶市。该市250万辆汽车每天燃烧掉1100吨汽油。汽油燃烧后产生的碳氢化合物等在太阳紫外线照射下引起化学反应，形成浅蓝色烟雾，使该市大多市民患了红眼、头疼病。后来人们称这种污染为光化学烟雾。1955年和1970年洛杉矶又两度发生光化学烟雾事件，前者有400多人因五官中毒、呼吸衰竭而死，后者使全市四分之三的人患病。

(三)多诺拉烟雾事件(1948年)

美国的宾夕法尼亚州多诺拉城有许多大型炼铁厂、炼锌厂和硫酸厂。1948

年10月26日清晨，大雾弥漫，受反气旋和逆温控制，工厂排出的有害气体扩散不出去，全城14000人中有6000人眼痛、喉咙痛、头痛胸闷、呕吐、腹泻。17人死亡。

（四）伦敦烟雾事件（1952年）

自1952年以来，伦敦发生过12次大的烟雾事件，祸首是燃煤排放的粉尘和二氧化硫。烟雾逼迫所有飞机停飞，汽车白天须开灯行驶，行人走路都困难，烟雾事件使呼吸疾病患者猛增。1952年12月那一次，5天内有4000多人死亡，两个月内又有8000多人死去。

（五）水俣病事件（1953、1956年）

日本熊本县水俣镇一家氮肥公司排放的废水中含有汞，这些废水排入海湾后经过生物的转化形成甲基汞。这些汞在海水、底泥和鱼类中富集，又经过食物链使人中毒。当时，最先发病的是爱吃鱼的猫，中毒后的猫发疯痉挛，纷纷跳海自杀。没有几年，水俣地区连猫的踪影都不见了。1956年，出现了与猫的症状相似的病人。因为开始病因不清，所以用当地地名命名。1991年，日本环境厅公布的中毒病人仍有2248人，其中1004人死亡。

（六）骨痛病事件（1955—1972年）

镉是人体不需要的元素。日本富山县的一些铅锌矿在采矿和冶炼中排放废水，废水在河流中积累了重金属“镉”。人长期饮用这样的河水，食用浇灌含镉河水生产的稻谷，就会得“骨痛病”。病人骨骼严重畸形、剧痛，身长缩短，骨脆易折。

（七）日本米糠油事件（1968年）

先是几十万只鸡吃了有毒饲料后死亡。人们没查清毒的来源，继而在北九州一带有13000多人受害。这些鸡和人都是吃了含有多氯联苯的米糠油而遭难的。病人开始眼皮发肿，手掌出汗，全身起红疙瘩，接着肝功能下降，全身肌肉疼痛，咳嗽不止。这次事件曾使整个日本陷入恐慌中。

（八）印度博帕尔事件（1984年）

12月3日，美国联合碳化公司在印度博帕尔市的农药厂因管理混乱操作不当，致使地下储罐内剧毒的甲基异氰酸酯因压力升高而爆炸外泄。45吨毒气形成一股浓密的烟雾，以每小时5000米的速度袭击了博帕尔市区。死亡近两万人,受害20多万人,5万人失明,孕妇流产或产下死婴,受害面积40平方公里,数千头牲畜被毒死。

(九)切尔诺贝利核泄漏事件(1986年)

4月26日, 位于乌克兰基辅市郊的切尔诺贝利核电站由于管理不善和操作失误,4号反应堆爆炸起火,大量放射性物质泄漏。西欧各国及世界大部分地区都测到了核电站泄漏出的放射性物质。31人死亡,237人受到严重放射性伤害。而且在20年内,约有3万人可能因此患上癌症。基辅市和基辅州的中小学生全被疏散到海滨,核电站周围的庄稼全被掩埋,少收2000万吨粮食,距电站7公里内的树木全部死亡,此后半个世纪内,方圆10公里内不能耕作放牧,方圆100公里内不能生产牛奶…… 这次核污染飘尘给邻国也带来严重灾难。这是世界上最严重的一次核污染。

(十)剧毒物污染莱茵河事件(1986年)

11月1日,瑞士巴塞尔市桑多兹化工厂仓库失火,近30吨剧毒的硫化物、磷化物与含有水银的化工产品随灭火剂和水流入莱茵河。顺流而下150公里内,60多万条鱼被毒死,500公里以内河岸两侧的井水不能饮用, 靠近河边的自来水厂关闭,啤酒厂停产。有毒物沉积在河底,使莱茵河因此而“死亡”20年。

当时西方工业化国家纷纷启动环境立法,希望修复和保护生态环境。由于中国参加了1972年在瑞典首都斯德哥尔摩召开的第一届人类环境会议,中国领导人认识到环境保护的重要性,标志着中国现代环境法制事业的开端。[①]中华人民共和国的环境保护事业也是从1972年开始起步的。1972年,官厅水库突然死了上万尾鱼,在当时特殊的时代背景下,有人以为是阶级敌人投毒。后来,在周恩来总理亲自过问下,国务院发了三个文件,由万里任组长的官厅水系水源保护领导小组(简称领导小组)迅速成立,该领导小组也是国家最早成立的环保部门。北京市成立了官厅水库保护办公室,河北省成立了三废处理办公室, 共同研究处理位于官厅水库畔属于河北省的沙城农药厂污染官厅水库问题,政府颁布法律正式规定在全国范围内禁止生产和使用DDT。受其影响,

① 徐祥民.环境与资源保护法学[M].北京:科学出版社,2013.

国务院于1973年召开了第一次全国环境保护会议，将环境保护提上国家管理议事日程。这次会议对中国环境立法的促进作用在于，拟定并由国务院公布了作为中国环境保护基本法雏形的《关于保护和改善环境的若干规定（试行草案）》（1973年8月）。这个规定在1979年我国颁布实施《中华人民共和国环境保护法（试行）》之前，实际上是中央政府对我国环境保护政策的宣示，它在当时的历史条件下起着国家环境保护基本法的作用。其中规定了"全面规划，合理布局，综合利用，化害为利，依靠群众，大家动手，保护环境，造福人类"的环境保护工作的指导方针。1973年开始成立了国家级机构，即国务院环境保护领导小组办公室（简称国环办）。1974年10月，国务院环境保护领导小组正式成立，主要职责是：负责制定环境保护的方针、政策和规定，审定全国环境保护规划，组织协调和督促检查各地区、各部门的环境保护工作。它标志着国家一级的环境保护行政机构从此在中国诞生。1974年，国务院颁布了《中华人民共和国防治沿海水域污染暂行规定》。这是我国第一个防治沿海海域污染的法规，该法对我国沿海海域的污染防治尤其是对油船和非油船的压舱水、洗舱水、生活废弃物等的排放，都做了比较详细的规定。从1973年至1978年，中国制定了一系列的国家环境保护政策和规划，并且制定和颁布了一些环境污染防治的制度或措施，如"三同时"制度。

1978年，我国对宪法进行了修改，《中华人民共和国宪法》第11条专门对环境保护做了如下规定："国家保护环境和自然资源，防治污染和其他公害。"环境保护首次被列入中国的国家根本大法之中，确定了我国环境保护法的两大基本领域为自然资源保护与污染治理，为国家制定专门的环境法律奠定了宪法基础。

一直到1978年12月，中国共产党中央委员会第十一届三中全会之后，在新的历史条件下实行改革开放，会议提出"应该集中力量制定刑法、民法、诉讼法和其他各种必要的法律，例如工厂法、森林法、草原法、环境保护法等"，初步提出制定环境保护法的构想。另外，一系列环境标准也在这个时期制定和颁布，环境管理有了一个定量的标准，主要有《工业三废排放试行标准》《生活饮用水卫生标准》《食品卫生标准》等。从此，中国环境法律制度进入了迅速发展时期。

第二节　中国环境法律制度的迅速发展时期

1979年我国第一部环境保护法《中华人民共和国环境保护法(试行)》颁布实施到1989年对该法进行修订的10年间，是中国环境立法的迅速发展时期。

1978年12月中国共产党召开了具有重大历史意义的十一届三中全会，这是一次拨乱反正的会议。它重新确立了马克思主义实事求是的思想路线，开启了改革开放历史新时期，抛弃了“以阶级斗争为纲”这个不适用于社会主义社会的口号，决定把全党工作的重点转移到社会主义现代化建设上来。全会明确指出党在新时期的历史任务是把我国建设成为社会主义现代化强国，揭开了社会主义改革开放的序幕。中国人民进入了改革开放和社会主义现代化建设的新时期。从十一届三中全会开始，以邓小平为核心的党中央逐步开辟了一条建设中国特色社会主义道路，是具有深远意义的伟大历史转折。改革开放就是向世界打开了中国的大门，另外一个标志性大事件就是中美于1979年1月1日建立正式外交关系，从而结束了长达30年之久的不正常状态。

十一届三中全会后，中共中央批转了《国务院环境保护领导小组办公室环境保护汇报要点》，将加强环境法制建设、制定环境保护法律作为环境保护工作的重点之一。1979年9月13日，第五届全国人民代表大会常务委员会第十一次会议，原则通过了《中华人民共和国环境保护法(草案)》，并以试行的形式颁布实施，确立了以环境污染防治为本位的环境保护立法目标。《中华人民共和国环境保护法(试行)》的制定，特别令人瞩目，标志着我国的环境法律体系开始建立，1979年这个法律是中国环境立法史上的一座里程碑。该法一共七章三十三条。它是国家环境保护基本法，标志着我国的环境保护工作逐渐迈向法治的道路。该法总结了我国环境保护工作的经验教训，同时借鉴了国外的一些行之有效的环境管理制度和措施，规定了环境保护的对象、任务、方针、政策、环境保护的基本原则和制度，保护自然资源、防治污染的一些基本制度和措施，以及环境管理机构的职责等等。

1981年2月，国务院发布了《关于在国民经济调整时期，加强环境保护工作的决定》，意图在经济的宏观调控领域纳入环保。同年5月，原国家计委和国务院环保领导小组等联合发布了《基本建设项目环境保护管理办法》，将环评和“三同时”制度，纳入基建项目的审批环节。1984年中共十二届三中全会提出，发展有计划的商品经济，这一阶段是国家从计划经济到市场经济的过渡阶段。与之相应，全国人大在1982年12月又对《宪法》进行了修改，除了重申国家的环保责任外，还对与环保相关的资源保护做出了规定。在《宪法》第26条规定:“国家保护和改善生活环境和生态环境，防治污染和其他公害。”与1978年《宪法》相比，新的1982《宪法》将环境保护的对象予以扩展，同时还增加了一些合理开发利用自然资源的条款。1982年《宪法》中第9条、第10条、第22条对自然资源开发、利用和保护作了相关规定。这些法律规定为下一阶段中国的环境立法奠定了法律基础。

在环境污染防治立法方面，全国人大常委会于1982年制定了《中华人民共和国海洋环境保护法》(1999、2013、2016年加以修订)，1984年制定了《中华人民共和国水污染防治法》(1996年对其加以修订)，1987年制定了《中华人民共和国大气污染防治法》(1995年对其加以修订，2000年和2015年再次修订)，1989年制定了《中华人民共和国环境噪声污染防治条例》(1996年对其加以修订，成为《中华人民共和国噪声污染防治法》)。在自然资源保护方面，1982年制定了《中华人民共和国水土保持工作条例》(1991年经修订颁布为《水土保持法》)，1984年制定了《中华人民共和国森林法》(1998年对其加以修订)，1985年制定了《中华人民共和国草原法》，1986年制定了《中华人民共和国渔业法》《中华人民共和国矿产资源法》和《中华人民共和国土地管理法》(1998年对其加以修订)，1988年制定了《中华人民共和国水法》，1988年制定了《中华人民共和国野生动物保护法》。在环境管理方面，颁布了《征收排污费暂行办法》(1982年)、《全国环境监测管理条例》(1983年)、《环境保护标准管理办法》(1983年)、《关于开展资源综合利用若干问题的暂行规定》(1985年)等。同时为了加强环境的定量管理，20世纪80年代颁布了一批具有规范性的环境质量标准、污染物排放标准和基础方法标准。

此外，在国家的民事、行政和诉讼等基本法律与企业法律中也规定了环境保护的内容。例如,在《中华人民共和国民法通则》有关侵权责任的规定,就有关于危险作业和污染环境造成他人损害应承担民事责任的规定;另外在《中华人民共和国刑法》设立了相应的惩罚内容以期通过刑罚手段震慑和遏制不断加剧的环境污染和生态破坏行为。

国务院及国家环境行政主管部门以上述法律为依据制定了许多环境法规和规章,包括工业污染防治、排污收费、核电站环境管理、污染事故报告处理、水土保持、植树造林、水产资源保护、珍稀野生动物保护、自然资源合理利用、环境保护标准管理、城市环境综合整治、乡镇和街道企业环境保护管理等方面的行政法规和规章。除制定一系列环境法律法规外,我国还积极参与国际环境保护合作,参加重要的国际环境保护公约和协定,如在危险废物的控制方面,签署了《控制危险废物污染越境转移及其处置巴塞尔公约》修正案,在臭氧层保护方面签署了《保护臭氧层维也纳公约》以及后来的《关于消耗臭氧层物质的蒙特利尔议定书》,在气候变化方面签署了《联合国气候变化框架公约》及其京都议定书等。并且与周边国家签署了一些环境保护的双边协定,如 1981 年我国和日本签订的《保护候鸟及其栖息环境协议》。

另一标志中国环保战略思想发生改变的行动,是“六五”计划首次将环境保护纳入社会发展计划之中。为此,中央政府于 1982 年经过第一次机构改革,成立了环境保护局归属于城乡建设环境保护部,1983 年将环境保护确立为一项基本国策,1984 年成立国家环保局。“六五”时期,环评和“三同时”制度,执行率比 1980 年有大幅度提高,1985 年全国 360 个自然保护区中的 90% 是 1980 年以后新建的。然而,因“六五”后期固定资产投资规模过大,经济发展过热,造成环境污染和生态破坏加剧,使中国成为世界上污染严重的国家之一。“七五”时期,与 1985 年相比,由于治理资金不配套,到 80 年代末期未经处理的废水、废气、和工业固体废物排放总量更大,环境状况恶化相当严重。在此期间,中国的环境法律制度体系初步形成,并迅速发展。但是一方面,法律的制定越来越完善,一方面,现实的环境污染越来越严重。生态环境遭到了严重的破坏,环境问题迅速地凸显了,植被覆盖率下降、水土流失严重、生物环境恶化、自然灾害频发。比如著名的鄂尔多斯草原,由于长期掠夺性经营和粗放耕作,造成严重水土流失,沙化面积由 50 年代初的 1000 万亩扩展到 80 年代初的6000万亩，占该草原面积的50%以上。

在这个历史时期制定的诸多法律当中，特别值得一提的是1987年的《中华人民共和国大气污染防治法》的制定，1987年以前颁布的法规，已对防治大气污染有政策陈述和原则的规定，能发挥防治大气污染的法律作用，但是，没有一项专门的大气污染防治法，还没有构成一个完整的环境保护法体系，为了解决我国严重的大气污染问题，制定一项牵头的法律是势在必行的。1987年9月5日，第六届全国人民代表大会常务委员会第22次会议通过《中华人民共和国大气污染防治法》，并于1988年6月1日起实行，该法以防治煤烟型污染为核心内容，整部法律六章41条，它的实施对保护大气环境发挥了重要作用。

第三节　中国环境法律制度的变革时期

中国环境法律制度的变革时期是从1989年修改并颁布《中华人民共和国环境保护法》到2000年修改颁布《中华人民共和国大气污染防治法》。

1984年后，中国的社会主义经济体制由原来的社会主义计划经济走向有计划的商品经济、进而全面转向社会主义市场经济。这一时期，中国的环境法律面临着进一步完善环境立法，同时又要修改已不适应新形势环境保护需要的原有环境法律的局面。[①]为了适应社会主义市场经济体制，中华人民共和国第七届全国人民代表大会常务委员会第十一次会议于1989年12月26日通过并予以公布了《中华人民共和国环境保护法》，自公布之日起实施。并且宣布自公布实施之日起《中华人民共和国环境保护法(试行)》同时废止。1989年的新环境保护法改变了1979年《中华人民共和国环境保护法(试行)》的法律结构，将七章33条改为六章47条，虽然少设了一章，但是增加了14条，突出了环境监督管理和法律责任的内容，使得环境保护的对象更加明确，条款更加规范，法律责任更加具体，也更加便于实践操作。新环境保护法规定了环境保护的对象、任务、方针、政策、环境保护的基本原则和制度，保护自然资源、防治污

① 汪劲.环境法学[M].北京：北京大学出版社，2014.

染等一些基本制度和措施,以及环境管理机构的职责等等。至此,中国环保法律体系初步形成。

1992 年,邓小平发表南方谈话,围绕什么是社会主义怎样建设社会主义这个根本问题进行了论述,指出:计划经济和市场经济都只是经济手段,不是区分社会主义和资本主义的本质。1992 年,中国共产党“十四大”明确提出建立社会主义市场经济体制这一目标。1998 年国家环境保护局升格为国家环境保护总局(正部级)。但环保总局只是国务院的直属单位,而不是国务院的组成部门,尽管在行政级别上也是正部级单位,但在制定政策的权限,以及参与高层决策等方面,与作为国务院组成部门的部委有着很大不同。

1992 年联合国环境与发展大会在巴西里约热内卢召开,会上通过了《里约环境与发展宣言》《21 世纪议程》,提出了“可持续发展”新理念,将其作为各国处理环境问题和社会发展的指导思想。这标志着世界环境与发展的中心议题由斯德哥尔摩时代的环保理念向“里约热内卢时期”的可持续发展理念转变。大会前,党中央和国务院批准了《中国环境与发展十大对策》,认为中国必须转变发展战略,走可持续发展道路。1993 年,全国人大常委会设立了环境与资源保护委员会。1994 年,我国国务院通过了《中国 21 世纪议程:中国 21 世纪人口、资源、环境与发展白皮书》,首次把可持续发展战略纳入我国经济和社会发展规划。1996 年,第八届全国人民代表大会第四次会议通过了《国民经济和社会发展“九五”计划和 2010 年远景目标纲要》,明确提出在我国实施可持续发展的战略思想。我国环境法对此予以接受,环境法律制度的建设进入了变革发展时期的新阶段。

这一时期开端的标志是《中华人民共和国环境保护法》的正式颁布,全国人大常委会于 1989 年对运行十年的《环境保护法(试行)》进行修订,并于当年正式颁布实施。同时在《中华人民共和国刑法》(1997 年修订)中专门在第六章妨害社会管理秩序罪中设立了一节“破坏环境资源保护罪”,在第九章“渎职罪”中增加了“环境保护监督管理失职罪”的规定。确立了由于污染造成的环境事故或破坏自然资源所要承担的刑事责任。在此期间,中国还制定并修改了许多环境保护方面的法律法规。在 1992 年联合国环境与发展大会以后,发布了《中国 21 世纪议程——中国 21 世纪人口、环境与发展白皮书》,制定了一些新的环境保护法律法规。如制定了《水污染防治法实施细则》(1989年)、《大气污染防治法实施细则》(1991年)、《国务院关于进一步加强环境保护工作的决定》(1990年)、《环境保护行政处罚办法》(1992年)、《淮河流域水污染防治暂行条例》(1995年)、《固体废物污染环境防治法》(1995年)、《节约能源法》(1997年)等,修改了《大气污染防治法》《矿产资源法》《森林法》《海洋环境保护法》《水污染防治法》《土地管理法》等。此外,国务院在城市市容和环境卫生管理、环境噪声污染防治、农药管理、城市绿化、海洋污染防治等方面制定了一系列行政法规。为加强环保立法和强化执法监督,全国人大于1993年增设了环境保护委员会(1994年更名为环境与资源保护委员会,简称环资委),之后的环境立法和执法监督工作开始由国家立法机关全面统筹。环境立法方面,八五期间通过了《水土保持法》和《固体废物污染环境防治法》,1995年,随着社会主义市场经济的不断发展,人们对经济利益的不断追求,生产规模的不断扩大,忽视了环境保护,又加上我国汽车工业的不断发展,汽车数量日益增多等问题,致使20世纪90年代初,我国大气污染的形势相当严峻。大气污染的防治任务越来越重,1987年大气法的一些规定已明显不适应客观现实的需求,亟待改修改补充和完善,全国人大常委会于1995年8月29日做出了修改《中华人民共和国大气污染防治法》的决定。从限制和淘汰落后生产工艺和设备,煤炭的洗选加工和限制燃用原煤,二氧化硫,酸雨及含铅汽油等几个方面,对1987年制定的《中华人民共和国大气污染防治法》进行了修改,虽然由原来的六章41条增加到了六章50条,但是因为诸多控污制度遭到国家经济主管部门的强烈反对而未有实质进步。修法其实就是一个保护环境优先还是经济建设优先的问题,修法没有达到预期的结果是一个信号,除了反映政府经济与环境管理决策体制内部存在着许多认识分歧和部门利益冲突外,更体现了在这个历史时期的重大问题决策方面中国政府经济发展优先的理念。1996年,全国人大通过了国民经济和社会发展第九个五年计划和2010年远景目标,该计划强调经济发展要和环保相协调,提出了可持续发展的预期目标,以及将主要污染物排放总量等环保目标予以量化。修改法律是九五时期环境立法的重要工作,主要修改了《中华人民共和国矿产资源法》《中华人民共和国水污染防治法》《中华人民共和国海洋环境保护法》《中华人民共和国大气污染防治法》等,还制定了《中华人民共和国环境噪声污染防治法》和《中华人民共和国节约能源法》。

2000年，国家再一次对《中华人民共和国大气污染防治法》进行了修订。1995年修改后的大气法由于在大气污染排放总量控制排污许可和排污收费等方面存在不足，在应对全国大气污染物排放量居高不下等问题上难有大的作为，再一次修改大气法非常必要也非常迫切。全国人大常委会于2000年4月29日对《大气污染防治法》进行了修改，从重点城市大气污染防治，加大燃煤污染控制力度，控制机动车船排放污染物、控制扬尘污染、新能源新技术研究和推广、环境管理制度等几个方面，进行了修订和完善，修改修订后的大气污染防治法共七章66条。由于很多行业的技术比较落后，生产率比较低，控制环境污染和生态破坏，合理开发利用资源与能源的重视程度和技术手段相对都比较低，主观意愿也不高，所以很多行业对环境的影响都是非常巨大的。

20世纪末期，我国经历了十几年的经济高速发展，但与之相伴的是环境污染越来越严重。生态环境遭到了严重的破坏，环境问题迅速凸显：植被覆盖率下降，水土流失严重，生物环境恶化，自然灾害频发。其中最为严重的就是大气污染，雾霾已成为中国的呼吸之痛！而作为我国最重要的大气污染防治立法，大气污染防治法却是原地踏步，其立法目的及相关制度已不能适应区域性、复合性和压缩性人气污染防治的需求，人们对其修改的呼声越来越高。

第四节　中国环境法律制度的发展新时期

中国环境法律制度的发展新时期是从2000年起到2014年修改颁布《中华人民共和国环境保护法》以及2015年修改颁布新的《中华人民共和国大气污染防治法》。

进入21世纪以后，我国对环境保护工作的重视程度进一步提高，不断加强环境与自然资源保护方面的各项立法。这一方面源于我国不断恶化的环境形势，如大气、水、土壤三大环境要素污染严重，自然资源日益枯竭，生态系统功能退化严重，另一方面是我国加入的国际环境保护公约和协定的要求。同时改革开放以来,中国进行了一系列经济体制的改革和对外开放,虽然中国经济上取得了举世瞩目的成就,但是由于“迅猛发展的工业化”和“日益加快的城市化”使原本危殆的自然生态雪上加霜,同时,环境污染问题伴随而至,更加重了中国生态环境的整体负担。全国范围内的环境污染问题日益严重,最突出的是城市化进程的加快。城市是人类社会政治、经济、文化、科学教育的中心,经济活动和人口高度密集,面临巨大的资源与环境压力。中国是世界上人口最多的国家。改革开放以来,我国的城镇化进程不断加快。政府公布的城镇化率从1993 年的 28%提高到了 2004 年的 41.7%,11 年提高了 13.7 个百分点。于2011 年首次超过 50%,2013 年更达到 53.73%,标志着中国的城镇化进程正在进入转型发展的关键期。数据显示 2004 年我国共有建制城市 661 个,城市市辖区土地面积仅占全国土地总面积的 6%,而人口则占全国总人口的 41.7%。城市是人类社会文明发展到一定历史时期的产物,它的产生和发展取决于经济的发展,同时也受上层建筑的影响。近几十年来,城市人口的迅速增长和经济的高速发展引起了一系列的环境问题。城市人口增长过快对经济、社会发展不利,还会对城市居民的就业、住房、交通、医疗等方面造成极大困难,人口增长对土地、森林和水资源等构成的巨大压力,那么未来几十年后的生态和环境恶化将不可避免,这无疑危及人民起码的生存条件和社会经济的可持续发展。城市对我国 GDP 的贡献为 65.5%。城市化水平不断提高,进入快速增长期。城市在整个国民经济中占有十分重要的地位。而并非广为人知的事实是:世界十大环境污染最严重的城市当中有一半已落入了中国的版图之内,更加触目惊心的事实是:1/3 的中国地区降过酸雨,七大中国河流中有一半污染严重,1/4的中国居民没有清洁的饮水源,1/3 的城市人不得不呼吸着污浊的空气,经过环保处理的城市垃圾只占不到 20%的少数。环境污染也提高了生产成本,造成的经济损失占到国民生产总值的 8%到 15%,而人民的健康代价更是无法估算,单只在北京 70%至 80%的癌症病因与环境有关,尤其是肺癌,已经成为居民的第一大死因。

除了“日益加快的城市化”在市场经济大力发展的条件下给环境污染带来的困扰之外,“迅猛发展的工业化”也是重要的原因。随着中国工业化和城市化步伐的日益加快,工业生产中的“三废”等污染明显增多。从某种意义上说,这一时期，由于在生态环境污染治理的技术手段和管理水平落后等因素的共同作用下，中国的生态环境污染等问题并未能从根本上加以大规模治理，并在一定程度上影响着中国经济社会的可持续发展，阻碍着社会主义现代化建设的总体进程。概而论之，进入21世纪以来，中国在全面推进现代化建设的进程中，经济社会发展出现了巨大的变化，在全面追求经济发展的过程中，完全不顾自然生态环境的可承受能力，市场化和全球化带来的激烈的竞争下，由于制度上的缺陷，导致生态环境的日益恶化。工业化的环境问题，主要是“工业三废”（是指工业生产所排放的“废水、废渣、废气”）。“工业三废”中含有多种有毒、有害物质，若不经妥善处理，如未达到规定的排放标准而排放到环境（大气、水域、土壤）中，超过环境自净能力的容许量，会对环境产生了污染，破坏生态平衡和自然资源，影响工农业生产和人民健康，污染物在环境中发生物理的和化学的变化后又产生了新的物质，许多都对人的健康有危害。这些物质通过不同的途径（呼吸道、消化道、皮肤）进入人体内，有的直接产生危害，有的还有蓄积作用，会更加严重地危害人的健康。不同物质会有不同影响。如废气二氧化碳、二硫化碳、硫化氢、氟化物、氮氧化物、氯、一氧化碳、硫酸（雾）、铅、汞、铍化物、烟尘及生产性粉尘，排入大气会污染空气。如废水排入江河湖海，会导致水质败坏，破坏水产资源并影响生活和生产用水。

国家力图解决的一些深层次环境问题，也没有取得突破性进展。产业结构不合理，经济增长方式粗放的状况没有根本转变；环境保护滞后于经济发展的局面没有改变；体制不顺、机制不活、投入不足、能力不强的问题仍然突出；有法不依、违法难究、执法不严、监管不力的现象仍然普遍存在。

2008年3月的政府机构改革，将环保总局升格为环保部，这标志着中国国家环保机构从国务院直属机构演变成为国务院的组成部门，意味着国家环保职能在规划，政策执法，解决重大环境问题上的综合协调能力也将随之加强。这一变化说明国家非常重视环境保护问题，同时也表明了国家保护环境和治理污染的决心。

按照2001年编制的“十五计划”，水、石油等重要资源短缺，部分地区生态环境恶化，是当时经济和社会发展中存在的突出问题。2002年国家环境保护“十五计划”指出，环境形势仍然相当严峻，环境污染和生态破坏在一些地区已经成为危害人民健康、制约经济发展和社会稳定的一个重要因素。2003 年我党提出科学发展观的概念时，可持续发展观和统筹人与自然和谐发展等环境理念再次得以重生。2005 年国务院发布的关于落实科学发展观，加强环境保护的决定，要求在宏观决策领域加强环保工作。2006 年国民经济和社会发展"十一五"计划，在"十五"计划的基础上，将环保单独列为一篇，并首次确立了定量描述的约束性指标，单位 GDP 能耗下降 20%，主要污染物排放总量比"十五"减少 10%。据此，环保总局和国家发改委发布了"十一五"期间全国主要污染物排放总量控制计划，将该约束性指标按照污染物的种类和地区进行了具体分配，此间以环境影响评价法为首的十部环境与资源保护法律的制定和修改，标志着国家开始重新重视环保工作。"十二五"计划第一章就是发展环境，表明了国家对环境保护的重视程度。

环境污染已经影响到了百姓的日常生活，治理污染，功在当代，利在千秋。环境保护与我们的生活息息相关，要有高质量的生活，必须有一个好的生活环境。我们要蓝天白云，我们要绿水青山，必须从我做起。环境和我们每个人都息息相关，保护环境是我们每个人的义务。

土壤、大气和水并列为人类环境的三大要素，是人类赖以生存的物质基础，在人类生活中具有至关重要的地位，土壤与大气、水等环境要素具有紧密的关联性。环保部《全国土壤污染状况调查公报》指出："全国土壤环境状况总体不容乐观，部分地区土壤污染较重，工矿业废弃地土壤环境问题突出，耕地土壤环境质量堪忧。工矿业、农业等人为活动以及土壤环境背景值高是造成土壤污染或超标的主要原因。土壤总的超标率为 16.1%。"

我国于 2001 年 11 月加入了 WTO，为迎接 21 世纪和中国加入 WTO 后的挑战，我国再一次加强了环境法律制度建设。2002 年 1 月，国务院召开了第五次环境保护会议，批复了《国家环境保护"十五计划"》。2003 年，中国共产党十六届三中全会在北京召开，会上提出了"科学发展观"："坚持以人为本，树立全面、协调、可持续的发展观，促进经济社会和人的全面发展。"其强调第一要务是发展，核心是以人为本，基本要求是全面协调可持续，根本方法是统筹兼顾，这成为中国共产党的重大战略思想，也是指导我国经济社会发展的战略思想。

2007 年中共十七大提出了"建设生态文明"，生态文明作为一种新的文明形态,在中共十八大报告中被提到前所未有的战略高度,强调要把生态文明建设放在突出地位,融入经济建设、政治建设、文化建设、社会建设各方面和全过程,与经济建设、文化建设、政治建设、社会建设一起被称为中国特色社会主义“五位一体”建设。

这一时期我国制定并修改了诸多环境保护法律和法规。全国人大常委会制定了《中华人民共和国防沙治沙法》《中华人民共和国清洁生产促进法》《中华人民共和国环境影响评价法》《中华人民共和国放射性污染防治法》《中华人民共和国海域管理使用法》《中华人民共和国可再生能源法》《中华人民共和国畜牧法》《中华人民共和国城市规划法》《中华人民共和国突发事件应对法》《中华人民共和国循环经济促进法》《中华人民共和国海岛保护法》《中华人民共和国环境保护税法》,修改了《中华人民共和国水法》《中华人民共和国渔业法》《中华人民共和国野生动物保护法》《中华人民共和国节约能源法》《中华人民共和国水污染防治法》《中华人民共和国水土保持法》。此外,国务院制定了《排污费征收使用管理条例》《危险化学品安全管理条例》《全国污染源普查条例》《规划环境影响评价条例》等行政法规。

环境问题在中国已不是单一的经济问题,随着民众环境意识的觉醒,环境问题正在变成严重的社会问题,并且很可能演化为有损社会和谐的社会危机。更为严重的是,如果环境污染在中国造成的危害过大,很可能全面颠覆中国多年改革获得的小康成果。

中国几千年文明史中,人与自然的矛盾从未像今天这样严重,中国经济社会持续发展,中国人口的继续膨胀,开始愈来愈面临资源瓶颈和环境容量的严重制约。

我们没有足够的资源总量来支撑高消耗的生产方式,我们没有足够的环境容量来承载高污染的生产方式。必须强化全民的资源环境危机意识,必须发展循环经济以提高资源使用效率,必须发展清洁生产以降低生产过程中的污染成本,必须发展绿色消费减少对生态的破坏,必须发展新能源以实现生产方式的彻底超越。只有这样,才能远离历史上出现过的种种灾难,建立一个全新的社会,培育出一个全新的人与自然、人与人双重和谐的生态文明。

2014 年 4 月 24 日,经过四审的《中华人民共和国环境保护法》在第十二届全国人大常委会第八次会议上获得通过，于2015年1月1日起施行。修订后的《中华人民共和国环境保护法》强化了企业污染防治责任，加大了对环境违法行为的法律制裁，还就政府、企业公开环境信息与公众参与、监督环境保护做出了系统规定，法律条文从原来的6章47条增加到7章70条，增强了法律的可执行性和可操作性，并且首次将生态保护红线写入法律。新法规定：国家在重点生态保护区、生态环境敏感区和脆弱区等区域，划定生态保护红线，实行严格保护；省级以上人民政府应当组织有关部门或者委托专业机构，对环境状况进行调查、评价，建立环境资源承载能力监测预警机制。新法同时也加大了对生态保护地区的财政转移支付力度，法条中涉及地方人民政府需落实生态保护的补偿资金，确保其用于生态保护补偿。

多年来，国家环境立法不少，但由于违法成本低，对违规企业的经济处罚并未取得应有的震慑效果，导致法律法规并未起到真正的约束作用。环境违法成本低，也是新法着力解决的一个问题。新修订《中华人民共和国环境保护法》规定，企业事业单位和其他生产经营者违法排放污染物受到罚款处罚，被责令改正、拒不改正的，依法做出处罚决定的行政机关可以自责令更改之日的次日起，按照原处罚数额按日连续处罚。“按日计罚”这一记重拳是针对企业拒不改正超标问题等比较常见的违法现象而采取的措施，目的就是加大违法成本。在中国现行行政法规体系里，这是一个创新性的行政处罚规则。新法扩大了环境公益诉讼的主体，此举对增强公众保护环境的意识，树立环境保护的公众参与理念，及时发现和制止环境违法行为，具有十分重要的意义和作用。扩大环境公益诉讼主体的规定，是借鉴了国际惯例，国际上对诉讼主体的要求是由环境公益诉讼的性质和作用来决定的。由于专业性比较强，要求起诉主体对环境问题比较熟悉，要具有一定的专业性和诉讼能力以及比较好的社会公信力，或者说宗旨是专门从事环境保护工作，要致力于公益性的活动，不牟取经济利益的社会组织，才可以提起公益诉讼。专家表示，目前我国国内符合条件的社会组织有300家左右。新环境保护法明确公众的知情权、参与权和监督权，规定公民、法人和其他组织依法享有获取环境信息、参与和监督环境保护的权利。各级人民政府环境保护主管部门和其他负有环境保护监督管理职责的部门应当依法公开环境信息、完善公众参与程序，为公民、法人和其他组织参与和监督环境保护提供便利。

《中华人民共和国大气污染防治法》已由中华人民共和国第十二届全国人民代表大会常务委员会第十六次会议于 2015 年 8 月 29 日修订通过并公布，自 2016 年 1 月 1 日起施行。

从修订前的七章 66 条，扩展到现在的八章 129 条，法律条文增加了近一倍，分别对大气污染防治标准和限期达标规划、大气污染防治的监督管理、大气污染防治措施、超排重罚、煤的清洁化利用和重点监控范围、重点区域大气污染联合防治等内容做了规定，并取消了现行法律中对造成大气污染事故单位罚款“最高不超过 50 万元”的限额。除了响应“大气十条”的要求，将挥发性有机物、生活性排放等物质和行为纳入监管范围，严控船舶大气污染排放，加强重污染天气预警，加强环境风险的预防和控制，细化社会参与和监督，推行排污权交易，加强与《环境保护法》衔接，增加行政处罚条款，加强行政强制力，惩处监测数据造假，规定约谈制度外，还理顺了大气环境质量和污物排放总量的关系，体现了立法逻辑的科学性。

修订后的《大气污染防治法》之亮点：

(1)联防联控。明确规定由国家建立重点区域大气污染联防联控机制，统筹协调区域内大气污染防治工作，对大气污染防治工作实施统一规划、统一标准，协同控制目标。

(2)源头治理。解决大气污染防治问题，必须找准关键，然后有针对性地去解决。因此《大气污染防治法》的这次修改，重点解决的就是工业、交通以及燃煤污染问题，这才是找准问题的关键。

(3)对环境违法行为的处罚力度明显加大。其中取消造成大气污染事故环保罚款 50 万元上限额度，变为按倍数计罚，是重典治霾的具体体现，必将对污染企业产生极大的震慑作用。

清新的空气，湛蓝的天空，是人们梦寐以求的大气环境，大气环境质量良好，可以保障人们的身体健康，精力旺盛地进行劳动和生活，工农业生产和各项建设事业不受污染之害，促进经济的协调发展。但历史告诉我们，在工业高度发展和人口激增的当今社会，如果不对大气环境进行严格的管理，任凭污染物排放，良好的大气环境不会自动到来，环境质量日趋下降的局面将不可避免。

总之,2014 年修改颁布新的《中华人民共和国环境保护法》以及 2015 年修改颁布新的《中华人民共和国大气污染防治法》标志着中国环境法律制度进入了发展新时期。

第二章　中国环境法律制度的现状

第一节　环境法的基本原则

环境法的基本原则是指在环境法的创制和施行过程中形成的、表达我国环境法立法目的、落实在具体环境保护法律制度中并具有约束力的根本准则。环境法的基本原则可以明确规定在环境法律中，如协调发展原则；也可以通过具体法律条文体现出来，如预防原则。

2014年我国修订的《环境保护法》第五条将我国环境保护的原则明确为“保护优先、预防为主、综合治理、公众参与、损害担责”，这是确立我国环境法基本原则的主要依据。

国内学者对环境法基本原则的观点不尽相同，本书综合我国环境法相关规定和国内外学者观点，将我国环境法基本原则归纳为协调发展原则、预防为主原则、污染者负担原则、公众参与原则。

一、协调发展原则

协调发展原则是指经济建设、社会建设和环境保护要统筹兼顾、有机结合，以实现人类与自然的和谐共存，使经济和社会发展可持续地进行。协调发展原则是法理中利益衡平原则在环境法中的体现，即各种开发建设活动应当综合考虑各种利益。

从20世纪70年代开始，许多国家在环境立法中将协调发展规定为一项基本原则，并制定一系列法律制度予以实施。1983年召开的第二次全国环境保护会议上制定了“经济建设、城乡建设和环境建设同步规划、同步实施、同步发展，做到经济效益、社会效益、环境效益的统一”的方针，这是协调发展原则在我国的具体实践。①

环境法的立法目的是保护环境，这就要求必须处理好经济建设、社会发展和环境保护之间的关系。在可持续发展理念提出之前，人类对经济建设和环境保护之间关系的认识停留在先污染后治理上，认为应当先牺牲环境利益进行经济建设，当经济发展到一定阶段再去治理环境问题。1992 年联合国环境与发展大会上提出了“可持续发展”的新理念：“人类应享有与自然和谐的方式过健康而富有成果的生活的权利，并公平地满足今世后代在发展和环境方面的需要。”这对环境法的发展产生了深刻的影响。

协调发展原则建立在可持续发展思想的基础上，既能实现经济社会的可持续性发展，又能满足环境保护的要求，是处理经济建设、社会发展和环境保护三者间关系的基本原则。

2014 年我国修订的《环境保护法》中首次将“保护优先”确立为环境保护的原则，保护优先是指经济建设和环境保护发生矛盾时，应当优先保护环境。由此看来，保护优先原则是协调发展原则的进一步发展。

二、预防为主原则

预防为主原则是指在环境保护工作中应把防止发生环境问题放在首要位置，先采取预防、分析和防范措施，防止人类活动对生态环境和自然资源造成污染和破坏，以避免并消除环境损害。

我国环境立法中的预防为主原则包括预防为主、防治结合，除了强调将环境保护的重点放到防止发生环境污染和生态破坏上，还主张治理已经发生的环境污染和生态破坏，恢复生态系统服务功能。

“预防”是在预测到人类活动会产生环境问题的时候，事先采取有效措施，避免环境问题的发生或加剧。“防治结合”中的“治”是指对已经发生的环境问题，采取技术手段进行恢复治理，从而消除其危害。预防和治理都是保护环境的措施，保护环境两者必须有机统一，在强调预防为主时，不能忽视治理的作

① 蔡守秋主编.环境资源法学[M].长沙：湖南大学出版社，2005.

用,坚持防治结合才能解决环境污染和生态破坏问题。①

预防为主原则在我国的具体实践有环境影响评价制度、环境规划制度和环境标准制度。环境影响评价制度是预防原则实施的首要措施,其事前评价的特征符合预防原则的理念。环境规划是统筹考虑经济建设和环境保护、城市与农村、工业与农业的关系,制定国土利用规划、城市规划、区域规划等,使各项事业协调有序地发展。严谨、科学的环境标准可以确立合理的环境保护目标,严格执行既定环境标准可以把开发建设活动控制在环境可承受程度,从而实现预防的目的。

三、污染者负担原则

关于污染者负担原则,学界有很多种表达,如污染者付费原则、污染者治理原则、开发者保护原则、受益者负担原则,但核心思想基本一致。污染者负担原则是指造成环境污染和生态破坏的人都有治理环境的义务,应承担相应的责任。

由于工业化进程的加快,环境污染严重影响了人类的生活,环境污染作为首要环境问题进入人们的视线,所以人类制定环境法律首要关注的问题也是环境污染。1979 年我国《环境保护法(试行)》表述为“谁污染,谁治理”,1989 年《环境保护法》中将该表述修改为“污染者治理”。污染者负担原则具体包括两个方面的内容:缴纳排污费和污染治理。我国《环境保护法》第四十三条规定:“排放污染物的企业事业单位和其他生产经营者,应当按照国家有关规定缴纳排污费。”第四十二条规定:“排放污染物的企业事业单位和其他生产经营者,应当采取措施,防治在生产建设或者其他活动中产生的废气、废水、废渣、医疗废物、粉尘、恶臭气体、放射性物质以及噪声、振动、光辐射、电磁辐射等对环境的污染和危害。排放污染物的企业事业单位,应当建立环境保护责任制度,明确单位负责人和相关人员的责任。”

① 柯坚.环境法原则之思考——比较法视角下的共通性、变异性及其规范性构建[J].中山大学学报(社会科学版),2011(03).

四、公众参与原则

环境法中的公众参与原则是指公众有权通过一定的程序参与环境保护相关决策，监督环境的利用和资源的开发。环境保护的决策会对环境中的所有主体产生强烈的影响，因此为防止决策的盲目性并保护公众的环境权益，应在环境保护决策中充分听取公众的意见，接受公众的监督。

公众参与思想开始形成于20世纪60、70年代，美国1969年《国家环境政策法》中明确了公众参与原则，目前各国环境法都确立了公众参与的基本原则。我国1989年《环境保护法》第六条规定："一切单位和个人都有保护环境的义务，并有权对污染和破坏环境的单位和个人进行检举和控告。"该规定为公众参与环境保护活动提供了法律依据。2003年我国《环境影响评价法》中首次在环境立法中规定了明确的公众参与条款，建立了公众参与环境影响评价制度。2014年修订的《环境保护法》中将"公众参与"确立为环境保护的一项基本原则，更是提高了公众参与在环境法中的地位。

第二节　环境法律体系

一、环境法律体系的概念

环境法律体系指一国现行的有关保护和改善环境和自然资源、防治污染和其他公害的各种法律规范所组成的相互联系、补充和协调一致的统一整体。①

环境法律体系是以宪法关于环境保护的规定为结构基础，还包括环境保护基本法；保护环境和自然资源、防治污染和破坏的一系列单行法规；规范性的环境标准以及其他部门法中的环境法律规范。

---

① 刘洋.我国环境法律体系的架构与完善[J].法制与社会.2015(7).

二、《宪法》中的环境保护规定

《宪法》关于环境保护的规定，是我国环境法的基础，是我国各种环境法律、法规和规章的立法依据，具有最高法律效力。

我国《宪法》中关于环境保护的规定主要包括三个方面：

(1)规定环境保护和维护生态平衡是国家的一项基本职责。

《宪法》第 26 条规定："国家保护和改善生活环境和生态环境，防治污染和其他公害。"

(2)规定了公民环境权的基础。

《宪法》第 51 条规定："中华人民共和国公民在行使自由和权利的时候，不得损害国家的、社会的、集体的利益和其他公民的合法的自由和权利。"

(3)规定对自然资源和一些重要的环境要素的所有权保护。

我国《宪法》第 9 条第 1 款规定："矿藏、水流、森林、山岭、草原、荒地、滩涂等自然资源，都属于国家所有，即全民所有；由法律规定属于集体所有的森林和山岭、草原、荒地、滩涂除外。"

《宪法》第 10 条第 1、2 款和第 9 条第 2 款规定：我国"城市的土地属于国家所有。农村和城市郊区的土地，除由法律规定属于国家所有的以外，属于集体所有"，"国家保障自然资源的合理利用，保护珍贵的动物和植物。禁止任何组织或者个人用任何手段侵占或者破坏自然资源。"

《宪法》第 10 条第 5 款规定："一切使用土地的组织和个人必须合理地利用土地。"《宪法》第 22 条第 2 款对我国名胜古迹、珍贵文物和其他重要历史文化遗产的保护；第 51 条对公民行使个人权力不得损害公共利益的原则规定，其中包括防止个人滥用权力造成对环境污染和破坏等。

三、环境保护基本法

环境保护基本法是以《宪法》中关于环境保护的规定为立法依据的，是对环境保护方面的重大问题加以综合调整的综合性实体法。[①]地位：在环境法体

① 史玉成.环境与资源法学[M].兰州：兰州大学出版社，2006.

系中,除《宪法》外它占有核心的地位,是其他单行环境法的依据。对环境保护问题做了全面的规定,主要包括以下六个方面:

(1)规定了环境法的任务和目的是为了保护和改善生活环境与生态环境,防治污染和其他公害,保障人体健康,促进社会主义现代化建设的发展。

(2) 规定了环境保护的对象是那些直接或间接影响人类生存和发展的环境要素的总体。

例如:大气、水、海洋、土地、矿藏、森林、草原、野生生物、自然遗物、人文遗迹、自然保护区、风景名胜区、城市和乡村等。

(3)规定了环境保护的基本原则和基本制度。

例如:环境保护与经济建设和社会发展相协调原则;预防为主、防治结合、综合治理原则;以及环境影响评价制度、"三同时"制度、许可证制度等。

(4)规定了保护自然环境、防治环境污染的基本要求和相应的法律义务。

例如:向大气中超标排放污染物为违法行为,防治水土流失、建立环境保护责任制等。

(5)规定了环境管理机构对环境监督管理的权限、任务以及公民个人保护环境的义务。

例如:《环境保护法》第六条规定:一切单位和个人都有保护环境的义务,并有权对污染和破坏环境单位和个人进行检举和控告。第十四条规定:县级以上人民政府环境保护行政主管部门或者其他依照法律规定行使环境监督管理权的部门,有权对管辖范围内的排污单位进行现场检查。被检查的单位应当如实反映情况,提供必要的资料。检察机关应为被检查机关保守技术秘密和业务秘密。

(6)规定了违反环境法的法律责任,即行政责任、民事责任和刑事责任。

例如:《环境保护法》第四十三条规定:违反本法规定,造成重大环境污染事故,导致公私财产重大损失或者人身伤亡的严重后果的,对直接责任人员依法追究刑事责任。

四、环境保护单行法

环境保护单行法是以《宪法》和《环境保护基本法》为依据,针对特定的保护对象或特定的污染防治对象而由国家立法机关制定的单项法律法规。它是进行环境管理、环境纠纷处理的直接依据。

目前，环境保护单行法从内容上可分为四个部分，包括：

(1)污染防治法：包括针对大气、海洋、水的污染以及噪声、震动、放射性、电磁辐射以及有害化学品和危险物品的危害等制定的污染防治法等。

例如：2001 年制定的《防沙治沙法》、2000 年修订的《大气污染防治法》、1996 年制定的《环境噪声污染防治法》等。

(2)自然保护法：以保护某一环境要素为主要内容，也包括对自然资源管理和防治对该类自然资源污染和破坏的法律规范。

例如：《水法》《土地管理法》《野生动物保护法》《自然保护区条例》和《土地复垦规定》等。

(3)土地利用规划法：

①区域开发整治法：农业区域整治法、城市规划法、村镇规划法等。

②国土整治法：包括整个国土的开发、利用、治理和保护。

③环境管理行政法规：指由国务院依照宪法和法律的授权，依照法定权限和程序颁布或通过的关于环境保护方面的行政法规。

主要包括四个方面：

一是环境标准、环境监测管理的行政法规。

例如：《环境标准管理方法》和《全国环境监测管理条例》。

二是各种建设项目和经济区的环境行政管理法规。

例如：《建设项目环境保护管理条例》《对外经济开放地区环境管理暂行规定》等。

三是对企业的环境行政管理法规。

例如：《关于加强乡镇、街道企业环境管理的规定》《工业企业环境保护考核制度实施办法》等。

四是关于环境管理机构的设置、职权及行政处罚程序的规定。

例如：《国务院关于进一步加强环境保护工作的决定》《污染源治理专项基金有偿使用暂行办法》等。

五、环境标准

环境标准是国家为了维护环境质量、控制污染、保护人体健康和生态平衡而制定的各种技术指标和规范的总称。[①]环境标准是制定环境目标和环境规划的依据，是判断环境是否污染、排污行为是否合法及污染纠纷双方所出示的“证据”是否合法的依据。

我国的环境标准主要分为五类:

(1)环境质量标准:指对一定区域内,限制有害物质和因素的最高允许浓度所做的综合规定。是衡量一个国家、一个地区环境是否受到污染的尺度,是制定污染物排放标准的依据。省、自治区、直辖市只能就国家环境质量中未规定的项目制定地方补充标准,对国家已有规定的,不能另行制定标准。例如:《生活饮用水卫生标准》《大气环境质量标准》等。

(2)污染物排放标准:是为了实现环境质量标准,结合技术经济条件和环境特点,规定污染源允许排放的污染物的最高限额。

省、市、自治区对国家污染物排放标准中未规定的项目,可以制定污染物排放标准,对国家已有规定的,只能制定严于国家污染物排放标准的地方污染物排放标准,而且地方污染物排放标准优先于国家污染物排放标准执行。

(3)环境基础标准:是对环境保护工作中需要统一的技术术语、符号、指南、导则、代码及信息编码等所做的规定。例如:《制定地方大气污染物排放标准的技术原则和方法》《大气污染物排放标准制定原则》等。

(4)环境方法标准:指为监测环境质量和污染物排放、规范采样、分析测试、数据处理等技术而制定的技术规范。例如:《锅炉烟尘测试方法》《大气粉尘浓度测定方法》等。

(5)环境标准样品标准:是为保证环境监测数据的准确、可靠,对用于量值传递或质量控制的材料、实物样品而制定的技术规范。例如:《水质 COD 标准样品》等。

---

① 金瑞林主编.环境与资源保护法学[M].北京:高等教育出版社,2006.

六、其他部门法中的环境法律规范

(1)行政法关于环境保护的规定:主要包括环境行政处罚的运用,环境纠纷的行政处理,环境损害的行政救济等。

例如:属于行政法规的《治安管理处罚条例》中对未构成犯罪的环境违法行为有给予行政处罚的规定。

(2)民法关于环境保护的规定:对国家和集体所有自然资源的所有权、使用权、经营权以及单位和个人对自然资源管理、保护、合理利用义务的规定。

例如:第 80 条、81 条对国家和集体所有的土地、森林、山岭、草原、荒地、滩涂、水面和矿藏等自然资源,规定了所有权、使用权、经营权、收益权受国家法律的保护。

(3)刑法关于环境保护的规定:1997 年修改后的新《刑法》专门设立了“破坏环境资源保护罪”,其中有 14 种具体犯罪的规定。例如:重大环境污染事故罪;非法进境倾倒、堆放、处置固体废物罪;非法采矿罪等。

(4)经济法关于环境保护的规定:在我国现行各类经济法规中,都多少包含一些环境保护的法律规范。

例如:《中外合资经营企业法实施条例》第 5 条规定:申请设立合营企业,如有造成环境污染的情况,将不予以批准。

第三节　环境法基本制度

环境法的基本制度是指为实现环境法的目的，根据环境法的基本理念和基本原则,通过环境立法形成适用于环境保护某一领域、调整某一环境法律关系的环境法律规范的总称。我国环境法的基本制度主要包括:环境规划制度、环境影响评价制度、环境标准制度、“三同时”制度、排污收费制度、突发环境事件应急预案制度、生态修复制度、环境税费制度、环境信息公开制度等。

一、环境规划制度

环境规划制度是指政府根据当地环境与自然资源状况编制的环境保护与自然资源开发,污染物排放控制、污染治理的整体安排。

环境规划是科学研究和决策产生的，是指导我们进行环境保护活动的重要依据。制定环境规划的目的在于实现国家环境管理目标,防治环境污染,加强生态保护,实现环境与经济、社会的可持续发展。环境规划包括环境保护规划和自然资源规划两类。

(一)环境保护规划

环境保护规划是指政府为防治环境污染、保护生态环境做出的各种规划。从时间角度看,环境保护规划可以分为环境预测与规划、中期环境保护规划和年度环境保护规划。从行政地域上看,环境保护规划可以分为全国环境保护规划、省市环境保护规划、区县环境保护规划等。从环境要素上看,环境保护规划可以分为水流、大气、土壤、固体废弃物、噪声环境污染防治规划等。我国《环境保护法》确立了环境规划制度,其他污染防治法中也有环境规划制度的相关规定。

(二)自然资源规划

自然资源规划是政府为实现自然资源的合理开发而进行的规划。我国现行自然资源法中大都包含自然资源规划制度,如《中华人民共和国水法》规定了水资源规划,草原法规定了草原保护、建设和利用规划等。自然资源规划一经法定程序批准,即具有法律效力,有关部门、单位必须贯彻实施。

二、环境标准制度

环境标准视为防治环境污染,维护生态安全,保护人体健康,由政府依法制定的多种技术规范和技术要求。随着我国对环境保护工作的认识不断加深,国家和地方先后制定了许多环境标准，形成了较完备的环境标准制度。在我国,环境标准可以分为国家环境标准和地方环境标准。国家环境标准包括国家环境质量标准、国家污染物排放标准、国家环境监测方法标准、国家环境标准样品标准和国家环境基础标准。[①]其中环境质量标准、污染物排放标准和法律、行政法规规定必须执行的其他环境标准属于强制性环境标准。地方环境标准包括地方环境质量标准和地方污染物排放标准。

在我国，国家环境质量标准由国务院环境保护行政主管部门制定，省、自治区、直辖市人民政府对国家环境质量标准中未做规定的项目，可以制定地方环境标准，并报国务院环境保护行政主管部门备案。

三、环境影响评价制度

环境影响评价是指在一定区域内进行某项开发建设活动之前，对该建设项目的选址、设计、施工及建成后可能对周围环境产生的影响进行调查、预测和评定，并为防止和减少环境损害制定最佳方案，为建设项目决策提供科学依据。

环境影响评价需要由取得“建设项目环境影响评价证书”（以下简称“评价证书”）的设计、科研、高等院校、监测部门等单位互相协作，环境影响评价人员还必须“持证上岗”，以保证评价工作的质量。环境影响评价制度也叫环境影响报告书（表）制度，是指对环境影响评价、环境影响报告书（表）按照法定程序进行的法律制度。

实行环境影响评价制度，在建设项目的可行性研究阶段，不仅要考虑资源、能源、交通、经济、技术等因素，还要考虑该建设项目本身对周围环境的影响，为建设项目决策者选择技术上可行，经济和布局上合理，对环境的有害影响较小的最佳方案，从而做到有利于经济建设和环境保护的协调发展。

我国《环境保护法》第十九条规定：“编制有关开发利用规划，建设对环境有影响的项目，应当依法进行环境影响评价。未依法进行环境影响评价的开发利用规划，不得组织实施；未依法进行环境影响评价的建设项目，不得开工建设。”《中华人民共和国环境影响评价法》已由中华人民共和国第九届全国人民

---

① 《中华人民共和国环境保护标准管理办法》第三条规定：“环保标准包括环境质量标准，污染物排放标准，环保基础标准和环保方法标准等。”

代表大会常务委员会第三十次会议于 2002 年 10 月 28 日通过，自 2003 年 9 月 1 日起施行,共 5 章 38 条。2016 年 7 月 2 日,第十二届全国人民代表大会常务委员会第二十一次会议重新修订。

四、“三同时”制度

“三同时”制度是指新建、改建、扩建项目以及区域性开发建设项目中的环境保护设施必须与主体工程同时设计、同时施工、同时投产使用的制度。“三同时”制度是我国环境管理的一项基本制度,也是我国所独创的一项环境保护法律制度,是控制新污染源的产生,实现预防为主原则的一条重要途径。

我国的“三同时”制度,有一个形成和发展的过程。早在 1973 年国务院批转的《关于保护和改善环境的若干规定(试行草案)》中就明确规定了这一制度。《环境保护法》第 26 条规定:“建设项目中防治污染的设施,必须与主体工程同时设计,同时施工,同时投产使用。”在此后的一系列环境法律、法规中也都重申了“三同时”的规定。

(一)“三同时”制度的建立与发展

“三同时”制度,是我国环保工作的一项创举。1972 年,国务院批转的《国家计委,国家建委关于官厅水库污染情况和解决意见的报告》中,首次提出“工厂建设和三废利用工程要同时设计、同时施工、同时投产”的要求。

1979 年颁布的《中华人民共和国环境保护法(试行)》中规定:“建设项目中防治污染的设施,必须与主体工程同时设计、同时施工、同时投产使用。防治污染的设施必须经原审批环境影响报告书的环保行政主管部门验收合格后,该建设项目方可投入生产或者使用。防治污染的设施不得擅自拆除或者闲置,确有必要拆除或者闲置的,必须征得所在地的环境保护行政主管部门同意。”

1984 年,国务院发布的《关于环境保护工作的决定》中,把“三同时”制度的适用范围扩大到可能对环境造成污染和破坏的一切工程建设项目和自然开发项目。

1986 年《建设项目环境保护管理办法》明确了有关部门和建设单位的职责及管理程序和审查、审批的时限要求,确立了“以新带老”的原则和“建设项目环境保护设施竣工验收报告”制度等。

1996年，国务院《关于环境保护若干问题的决定》中，重申了必须严格执行“三同时”制度，在建设项目审批和竣工验收过程中，对不符合环保标准和要求的建设项目，环保行政主管部门不得批准环保设施竣工验收报告，其他各有关审批机关一律不得批准建设或投产使用，有关银行不予贷款。凡违反规定的，必须追究有关审批机关和审批人员的责任。

2002年10月28日《中华人民共和国环境影响评价法》：建设项目建设过程中，建设单位应当同时实施环境影响评价文件审批部门审批意见中提出的环境保护对策措施。

（二）“三同时”制度的法律规定

《环境保护法》第26条第1款规定：“建设项目中防治污染的措施，必须与主体工程同时设计、同时施工、同时投产使用。防治污染的设施必须经原审批环境影响报告书的环境保护行政主管部门验收合格后，该建设项目方可投入生产或者使用。”

1. “三同时”制度适用范围的规定

一切能对环境造成污染和破坏的工程建设项目和开发建设项目，都必须执行“三同时”制度。

2. “三同时”制度在项目不同建设阶段的要求的规定

为保证建设项目落实“三同时”制度的要求，“三同时”制度对项目不同的建设阶段都提出了环境保护管理要求。

在建设项目正式施工前，建设单位必须向环境保护行政主管部门提交初步设计中的环境保护篇章，经审查批准后才能纳入建设计划，并投入施工。以此来保证环境保护设施与主体工程同时设计；在建设项目正式投产和使用前建设单位必须向负责审批的环境保护行政主管部门提交《环境保护设施验收申请报告》，说明环境保护设施运行的情况、治理的效果、达到的标准；经环境保护行政主管部门验收合格后，才能投入生产和使用。防治污染的设施不得擅自拆除或者闲置，确有必要拆除或者闲置的，必须征得所在地环境保护行政主管部门的同意。以此来保证环境保护设施与主体工程同时施工、同时投产使用。

环境保护行政主管部门自接到《环境保护设施验收申请报告》之日起，要在一个月内组织审查验收，并在“验收申请报告”上签署意见。逾期不签署意见的，视为已批准，环境保护设施竣工验收合格必须具备相关的法定条件，环境保护行政主管部门验收时应严格标准。

五、排污收费制度

排污收费制度是对于向环境排放污染物或者超过国家排放标准排放污染物的排污者，按照污染物的种类、数量和浓度，根据规定征收一定的费用。

世界上最早实行排污收费制度的是德国的鲁尔工业区，它在 1904 年就实行了排污收费。1976 年 9 月德国制定了《废水收费法》，专门规定排污收费事项。随后，在世界上许多国家都实行了这一制度，但各国对于排污收费的范围、标准、方法、收费的使用并不一致。

我国在 1978 年《环境保护工作汇报要点》中，首次提出排放污染物的收费制度。1979 年《环境保护法(试行)》确定了这一制度，并在苏州、杭州、济南三个城市试点。1982 年国务院发布《征收排污费暂行办法》(已于 2002 年废止)，标志我国排污收费制度正式建立。1984–1991 年，完善排污费的财务管理和会计核算制度。1988 年发布《污染源治理专项基金有偿使用暂行办法》。1989 年《环境保护法》第二十八条规定：“排放污染物超过国家或地方规定的污染物排放标准的企业事业单位，依照国家规定缴纳超标准排污费，并负责治理。”1996 年，国务院发布《关于环境保护若干问题的决定》中提出，要按照“排污费高于污染治理成本”的原则。2003 年 1 月 30 日国务院通过《排污费征收使用管理条例》7 月 1 日实施。环保总局颁布了《排污费征收标准管理办法》和《排污费资金收缴使用管理办法》。

排污收费制度可以促进企业、事业单位加强经营管理，节约和综合利用资源和能源，加速污染的治理，保护和改善环境。缴费人缴纳排污费仅仅是履行法律规定的一种义务，并不免除其法律规定应承担的治理污染、赔偿损害等法律责任。征收排污费的出发点是促进排污单位加强管理，提高资源能源利用率和加速污染的治理，目的还是保护和改善环境。

六、突发环境事件应急预案制度

突发环境事件是指突然发生，造成或者可能造成重大人员伤亡、财产损失、生态破坏和严重社会危害的环境事件,具体包括突发环境污染事件、生物物种安全环境事件以及辐射环境事件等。由于突发环境事件具有突发性、蔓延性以及很大危害性等特点,需要实现对如何应对做出安排。突发环境事件应急预案制度是国家为应对突发环境事件而采取的一系列规范性措施的统称,它是对环境事件报告和处理制度的进一步发展和完善。

突发环境事件应急预案制度的内容包括突发环境事件的应急组织体系、预防和预警机制、应急响应机制、保障机制和善后处理等。

突发环境事件的应急预案制度的运行机制包括:

(一)进入预警状态,启动应急预案

当突发环境事件即将发生或者可能发生时,应当按照相关应急预案执行。进入预警状态后,当地县级以上人民政府应当立即启动相关应急预案,并采取相应紧急措施。

(二)应急响应

地方各级人民政府按照相关规定全面负责突发环境事件应急处置工作，环保部及国务院相关部门根据情况给予协调支援。突发环境事件责任单位和责任人以及负有监管责任的单位发现突发环境事件后，应在一小时内向所在地县级以上人民政府报告,同时向上一级主管部门报告,并立即进行现场调查。

(三)应急状态终止

在突发环境事件得到有效控制之后,依法终止应急状态,并做好总结评估。

(四)善后处置

应急状态终止后，地方各级人民政府应做好受灾人员安置、受灾范围评估、补偿以及对遭受污染的环境的恢复建设等各项善后工作。此外,还应建立突发环境事件社会保险机制。

七、生态修复制度

生态修复法律制度是指为调整与规范在生态修复活动中发生的各种社会

关系，在我国现有法律法规基础上构建起并能够在全国统一施行的规范制度的总和。生态修复法律制度是我国环境法体系的重要组成部分，它属于环境保护法这一部门法。此外，在生态修复法律制度下，还包含有生态修复规划制度、生态修复影响评价制度、生态修复技术标准制度、生态修复激励制度及生态修复责任制度等子制度。

根据受损生态系统的成因，可以将生态修复分为对污染环境的修复、对破坏生态系统的修复、对生态系统退化的修复等。

生态修复制度的内容主要包括：

（1）对生态受损状况进行调查、评估，采取有针对性的措施；

（2）制定生态修复规划，保证生态修复有计划地进行；

（3）按照污染者负责的原则，落实生态修复的责任；

（4）设立生态修复基金；

（5）实行生态修复保证金制度。

八、环境税费制度

环境税费制度是指国家对于环境污染、生态破坏和资源使用或消费等影响环境的行为采取的，旨在提高经济效率、促进环境状况和资源使用状况好转的一系列法律规范的总称。包括环境保护税、生态补偿费、资源使用税费、资源补偿税费、资源与生态消费税费等在内的税费机制。我国目前急需采取各种方式防治污染、改善环境、保护资源，尤其是要不断完善形成符合时代发展要求和中国国情的环境税费法律制度，以达到加强环境和资源保护的目标。

我国环境保护税费制度主要包括三个方面的内容：

（一）环境保护税

2016 年 12 月 25 日，《中华人民共和国环境保护税法》由第十二届全国人民代表大会常务委员会第二十五次会议通过。

我国《环境保护税法》第二条规定：“在中华人民共和国领域和中华人民共和国管辖的其他海域，直接向环境排放应税污染物的企业事业单位和其他生产经营者为环境保护税的纳税人，应当依照本法规定缴纳环境保护税。”第三条规定：“本法所称应税污染物，是指本法所附《环境保护税税目税额表》《应税污染物和当量值表》规定的大气污染物、水污染物、固体废物和噪声。”

（二）生态补偿费

我国目前已经颁布了《中华人民共和国资源税暂行条例》《中华人民共和国耕地占用税暂行条例》《渔业资源增值保护费征收使用办法》《陆生野生动物资源保护管理费收费办法》《育林基金管理暂行条例》《矿产资源补偿费征收管理规定》等规范性文件，规定了资源收费、生态补偿费、生态恢复保证金、土地出让金、土地增值税等制度。

（三）分散在不同税种中的税收优惠政策及措施

例如，增值税对综合利用“三废”生产的产品适用低税率或者给予免税优惠，增值税法中与环境保护有关的规定是，对于原材料中掺有不少30%煤矸石等废渣的建筑材料产品和利用废液、废渣作为生产原料的产品在一定时期内给予免税优惠。

九、环境信息公开制度

环境信息公开制度是指通过法律、法规或其他形式确立的，保障不同环境信息需求者的环境信息获得权的制度。一方面，在以权利为基本价值的法律体系中，制度是为了保障权利的实现。环境信息公开制度的建立是为了保障公众环境信息获取权而存在的，公众环境信息获取权可分为获取政府环境信息权和获取企业环境信息权。要保障这两项权利的实现，需要相应建立政府环境信息公开制度和企业环境信息公开制度。另一方面，在环境信息由不同主体所拥有和掌握的现实状态下，如何强制和促使不同主体公开其所拥有的环境信息，是环境信息公开制度研究中面临的最大和最重要的问题。

因此，我们探讨的环境信息公开制度将是分别针对不同信息拥有主体而确立的环境信息公开制度，即政府环境信息公开制度、企业环境信息公开制度和社会环境信息公开制度。鉴于目前在我国包括非政府组织在内的各种社会组织所拥有和掌握的环境信息极其有限，政府和企业事实上是最大的环境信息拥有者和主要的环境信息披露者，其环境信息公开的状况决定着我国环境信息公开的整体状况和水平。

第四节　环境法律责任

环境法律责任是指环境法律关系主体不履行保护环境的义务而依法承担的具有强制性的法律责任，是法律责任制度在法律中的具体体现。

环境法律责任主要包括环境行政责任、环境民事责任和环境刑事责任。

一、环境行政法律责任

环境行政责任是指公民、法人或其他组织实施违反环境法律规范的行为，而应承担的行政方面的不利法律后果。

（一）行政责任的构成要件

（1）行为的违法性，即行为违反了法律所规定的义务。

（2）行为的危害后果，即实施违法行为所造成对社会危害的后果。危害后果主要是指造成环境污染、生态恶化以及造成公私财产损失或人身伤亡的结果，但危害后果不是承担行政责任的必要条件。

（3）违法行为与危害结果之间存在因果关系。这是以危害结果作为承担行政责任必要条件的场合所要求的另一个必要条件。在环境法不要求将危害结果作为承担行政责任的必要条件的场合，则不存在确定因果关系的问题。

（4）行为人的过错，即实施污染或破坏环境行为者的一种心理状态。随着环境问题的日益严重，人们倾向于对这个要件做扩大解释，即不管有没有主观过错，只要客观上造成了污染或损失，就要承担环境行政责任。

（二）环境行政责任类型

1. 行政处罚

（1）警告，即环境行政主管部门对违法的行为人以书面形式做出的告诫和谴责。

（2）罚款，即环境保护行政主管部门对违反环境保护法规者的一种经济上的惩罚。

（3）拘留，是公安机关对环境违法行为人实施的在短期内剥夺其人身自由的处罚方式。它只能由公安机关实施，拘留期限最长不超过 15 天。

(4)没收，即环境保护行政主管部门对违法的行为人没收其违法所得和没收从事非法活动的工具、财物等的处罚。

(5)停业、关闭，是指环境保护行政管理机关依法对从事营业性活动的违法行为人强令其停止营业的处罚。其方式主要有责令限期改正、责令停止违法行为、责令限期排污、责令退运固体废弃物、责令停止建设、责令重新安装使用污染防治设施、责令停止生产或者使用、责令停业、责令关闭、责令停止开垦等。[①]

(6)扣留或吊销许可证，即环境保护行政主管机关对违法行为人所持有的许可证予以吊销或扣留的处罚。

2. 行政处分

受到环境行政处分的人员，既可以是企业单位的职工，也可能是国家机关工作人员，因此其处分形式也有所不同。根据《国务院关于国家行政机关工作人员的奖惩暂行规定》第 6 条，对国家工作人员的行政处分分为如下 8 种：警告、记过、记大过、降级、降职、撤职、开除留用察看、开除。根据《企业职工奖惩条例》第 12 条的规定，对企业职工监督管理权的部门做出；行政处分则是由受处分人所在单位或政府主管机关依照行政上的隶属关系做出。

二、环境民事法律责任

环境法的民事责任是指公民、法人因其排污行为(产生环境污染和其他公害行为)导致造成他人权利侵害时应当依法承担的赔偿损失或者恢复原状等的责任。

(一)环境民事责任的构成要件

环境民事责任的构成要件是指环境侵权行为人承担环境民事责任的必备条件。一般民事责任有四个构成要件与环境民事责任构成有两个明显的区别。一是客观方面，承担环境民事责任的环境侵权行为不一定是违法的，合法的行为造成环境危害后果也要承担环境民事责任；二是主观方面，承担环境民事责

① 程雨燕.环境行政处罚的立法方向——兼论《环境保护法》的修改[J].南京大学法律评论，2012(1).

任不要求侵权行为人主观上有过错，对于无过错行为也要求承担责任。因此，环境民事责任的构成要件如下：

（1）必须有污染或破坏环境行为的存在。

（2）必须有环境损害事实存在。

（3）侵害行为与损害后果之间有因果关系。

一般情况下，侵害环境的行为与环境损害事实之间的因果关系是比较好认定的，但对一些复杂的因果关系则要具体情况具体分析。两种以上的环境侵权行为，造成了一种损害结果，这也就是“多因一果”的情况。例如，多个污染源分别排污，造成一条河流污染，对此，应按共同侵权处理，让所有的排污者对损害结果负连带责任。但一定要区分清楚每个侵权人的主要原因和次要原因、直接原因和间接原因。另一种情况是“一因多果”，也就是一种环境侵权行为造成了两种以上的损害结果，对于这种情况，应让侵权行为人对多个损害后果承担责任。此外还要注意因果关系的确定问题。

（4）不要求行为人有主观过错。

（二）环境民事责任的免除

环境民事责任的免除，是指环境法所规定的在因环境污染或破坏行为造成他人财产和人身损害时可以不承担法律责任的情况。包括以下几种情况：

1. 不可抗力

《环境保护法》第 41 条第 3 款规定：“完全由于不可抗拒的自然灾害，并经及时采取合理措施，仍不能避免造成环境污染损害的，免于承担责任。”

2. 因受害人自身引起的损害

是指受害人明知自己污染或破坏环境的行为会发生损害自己的后果，而希望或放任这种损害后果的发生。

3. 因第三人的过错引起的损害

是指除由于环境开发利用者和环境损害受害人以外的第三人的故意或过失致使受害人遭受损害的情况。即第三人的行为是造成环境污染和破坏的唯一原因。同时，损害后果又完全是因为第三人过错所致，而环境开发利用者的行为与损害后果之间完全无关，此时应免除环境开发利用者的法律责任。对此我国《海洋环境保护法》第 43 条规定：“完全由于第三者的故意或过失造成污染损害海洋环境的，由第三者承担赔偿责任。”《水污染防治法》第55条第3款也做了同样的规定。

(三)环境民事责任的承担方式

(1)停止侵害；

(2)排除妨碍；

《环境保护法》第41条首先明确规定：“造成环境污染危害的，有责任排除危害。”排除危害的费用应由造成危害的人承担。

(3)消除危险；

(4)恢复原状；

(5)赔偿损失。

赔偿损失的范围包括财产损失和人身伤害，财产损失既包括直接损失，也包括间接损失。人身伤害的赔偿包括因人身伤害而引起的财产损失，根据我国《民法通则》第一百一十九条的规定，造成身体伤害的，应当赔偿医疗费、因误工减少的收入、残废者的生活补助费等费用；造成死亡的，应当支付丧葬费、死者生前扶养的人必要的生活费等费用。①

三、环境刑事法律责任

(一)环境刑事责任的构成要件

1. 犯罪主体

根据环境保护法和刑法的规定，关于环境犯罪的主体，已打破了“个人刑罚观”，除了达到法定年龄具备刑事责任能力的自然人以外，还包括法人。

2. 犯罪客体

破坏环境资源罪的犯罪客体，是侵害各种环境要素和自然资源从而侵犯财产所有权、人身权和环境权。环境犯罪的客体具有复合客体的特征。

3. 犯罪的客观方面

犯罪的客观方面是指有污染和破坏环境及自然资源的行为及其社会危害性。环境犯罪造成的危害后果可能特别严重，往往会造成重大污染事故，致使

---

① 黄锡生，张天泽.论环境污染民事法律责任的形式[J].江西理工大学学报，2015.

公私财产遭受重大损失或人身伤亡的严重后果。未造成严重后果的环境违法行为通常是追究其行政责任。危害后果是否严重是区别行政责任和刑事责任的重要依据。

4. 犯罪的主观方面

犯罪的主观方面是指犯罪主体进行犯罪行为时的故意或过失的主观心理状态。故意犯罪,应当负刑事责任。迷失犯罪,法律有规定的才负刑事责任。一般而言,破坏环境和资源的行为多为故意,而污染环境的行为多为过失。

(二)刑事责任的承担方式

环境刑事责任的形式同一般的刑事责任的形式没有区别，主要分为主刑和附加刑。主刑包括管制、拘役、有期徒刑、无期徒刑和死刑;附加刑有罚金、没收财产、剥夺政治权利和驱逐出境。对于环境犯罪主体是自然人的,这些刑罚种类基本上都适用。而对于单位构成环境犯罪主体的,目前能够适用的刑罚只有财产刑,也就是罚金或是没收财产。

第三章　中国环境面对的严重问题

第一节　大气污染问题

一、我国大气污染现状

（一）大气污染的概念

大气污染是指由于自然和人为的原因，尤其是在一定的局部空间范围内，大气的某些成分可以明显地增加或减少。通常所说的大气污染，是指某些有害物质排放到大气中，其数量、浓度和存留时间都超过了环境所能允许的极限。即超过了空气的稀释、扩散和净化能力，使大气质量恶化，给该地区的人体、动植物以及其他物品带来直接或间接的不良影响。或者说大气污染是指由于天然或人为的原因使得大气中的一些物质的含量远远超过其正常值的含量，因而对人体、动植物及其他物品产生不良影响的大气状况。

（二）我国大气污染的现状

近年来，中国大气污染物排放总量呈逐年降低态势，部分污染较严重的城市空气质量有所好转，环境质量劣三级城市比例下降，但空气质量达到二级标准城市的比例也在减少，污染仍然很严重。中国大气污染的主要来源是生活和生产用煤，主要污染物是颗粒物和 SO_2。颗粒物是影响中国城市空气质量的主要污染物，SO_2 污染也保持在较高水平。老问题还远没解决，新环境污染问题接踵而来。随着机动车辆迅猛增加，中国部分城市的大气污染特征正在由烟煤型向汽车尾气型转变，NOx、CO 呈加重趋势，有些城市已出现光化学烟雾现象。全国形成华中、西南、华东、华南多个酸雨区，多地出现雾霾天气、沙尘暴天气。

二、我国大气污染的成因

(一)燃煤、燃油污染

以煤炭为主是中国能源结构的主要特征,2012 年我国一次能源消费构成是:煤炭占 68.5%,石油占 17.7%,天然气占 4.7%,核能占 0.8%,水力发电占 7.1%,一次能源煤炭的消费比重是发达国家的 3 倍,而清洁能源的消费比重远远低于发达国家。煤炭燃烧排放的污染占全国烟尘、二氧化硫、氮氧化物、二氧化碳排放的比重分别 70%、85%、67%和 80%。在中国煤炭消费结构中,电力行业所占的比例最大,占煤炭消费量的 50%以上。[①]

(二)其他工业废气污染

随着我国经济、社会的快速发展,我国已成为世界建材生产和消费大国,多年来水泥、陶瓷、钢铁、平板玻璃等生产量和消费量位居世界第一。建材工业大多以窑炉生产为主,高能耗、高污染、资源依赖度强。以水泥工业为例,2012 年我国水泥产量达到 22.1 亿吨,占世界水泥产量的 56%;水泥生产过程排放的可吸入颗粒物、二氧化硫和氮氧化物约占全国排放量的 15% ~ 20%、3% ~ 4%、8% ~ 10%。[②]而钢铁工业排放的废气包括:在原料、燃料运输、装卸和加工过程产生的粉尘,在烧结、冶炼等生产工艺过程产生的烟尘、二氧化硫及其他有害气体,燃料在窑炉中燃烧产生的二氧化硫及烟尘。[③]2012 年钢铁行业二氧化硫、氮氧化物和粉尘的排放量分别占全国工业排放量的 11.3%、3.4%、6.3%。

另一种工业废气是以 VOCs 为主要成分的有机废气, 主要来自石化、汽车、家电、精细化工等行业。有机废气会导致光化学烟雾、二次有机气溶胶和有机酸的浓度升高, 严重危害人体健康。2009 年我国工业源 VOCs 排放量约为 1206 万吨,其中合成材料生产、石油化工、机械设备制造等 17 个排放源占全国

---

① 尚琪,邹存国,周少磊. 煤炭的真实成本[R]. 北京:绿色和平,2010.

② 中华人民共和国环境保护部. 落实大气十条要求环境保护部发布水泥有色等重点行业污染物排放新标准 [Z]. http://www. zhb. gov. cn/gkml/hbb/qt/201312/t20131227_265763.htm.

③ 李新创,刘涛. 应对雾霾,提升钢铁工业环保水平(一)[N]. 中国建材报,2013—10—28.

总排放量的94.9%。[1]

(三)汽车尾气污染

汽车尾气含有一氧化碳、二氧化硫和氮氧化物等污染物,对环境和人体健康都有较严重的影响。2012年,汽车一氧化碳排放量为2865.5万吨,氮氧化合物、颗粒物排放量分别占全国排放总量的25%、4.8%。据统计,截至2013年底,我国汽车保有量达1.37亿辆,全国有31个城市的汽车数量超过100万辆。

(四)土地沙化污染

土地沙化直接导致沙尘暴发生的频率走高,在长距离传输过程中,沙尘暴入侵气团与沿途污染气团交汇叠加,使空气中的污染物大量增加。沙尘暴对北方居民的影响尤其明显,近年来甚至扩大到了长江流域。

三、大气污染的危害

(一)气候变暖

温室气体具有这样的特性:让阳光通过,但强烈吸收地面发出的长波辐射,从而使气温上升,起到了温室的作用。21世纪以来全球平均气温升高了0.5℃,如果温室气体按目前的速度增加,到2030年,全球平均气温将再提高2℃~3℃,灾害性天气和异常天气将更加频繁。

(二)平流层臭氧层变薄

距地面20km~30km的平流层中存在一个臭氧层,它能强烈吸收阳光中的紫外线,从而保护地球生物免遭伤害。但是,工业生产中释放的氯氟烃气体强烈地破坏臭氧层,使之减少变薄,甚至出现南极臭氧空洞。

(三)陆地和海洋生物受到污染

工业生产中排放的含有氯、铅、汞、砷的有毒物质影响生物的生长发育,使生物组织中含有有毒物质,其中有些是致癌物质。

(四)酸雨增多

工业生产中释放的二氧化硫和氧化氮使降水中酸性成分增加,形成酸雨。

---

① 陈颖,叶代启,刘秀珍,等.我国工业源VOCs排放的源头追踪和行业特征研究[J].中国环境科学,2012,32(1):48—55.

酸雨可使湖泊酸化,造成鱼类死亡;酸雨还可遏制森林生长,甚至导致森林死亡。

当前,我国大气污染主要呈现为煤烟型污染特征。城市大气环境中总悬浮颗粒物浓度普遍超标;二氧化硫污染保持在较高水平;机动车尾气污染物排放总量迅速增加;氮氧化物污染呈加重趋势;全国形成华中、西南、华东、华南多个酸雨区,以华中酸雨区为重。

第二节　水污染问题

一、我国水污染的现状

(一)河流污染

水利部门对全国10万公里河流的调查结果表明,中国90%以上的城市水污染严重。水体中的Hg经微生物的作用,能够转化成毒性更大的甲基汞,会使藻类植物改变颜色、海鱼大量死亡。不仅仅是Hg,其他大部分重金属如Pb、Cr等也和其一样会危害生物的正常生命活动。汞在水中转化成甲基汞后,富集在鱼、虾体内,人若长期食用了这些食物就会危害中枢神经系统,有运动失调,痉挛、麻痹、语言和听力发生障碍等症状,甚至死亡。生物的富集作用是指一些污染物(如重金属、化学农药),通过食物链在生物体内大量积聚的过程。

(二)湖泊污染

我国湖泊普遍遭到污染,尤其是重金属污染和富营养化问题十分突出。多数湖泊的水体以富营养化为特征,主要污染指标为总磷、总氮、化学需氧量和高锰酸盐指数。在几大湖泊中,75%以上的湖泊富营养化,尤以太湖、巢湖和滇池污染最为严重。

(三)地下水污染

全国195个城市监测结果表明,97%的城市地下水受到不同程度污染,40%的城市地下水污染有逐年加重趋势。地下水超采与污染互相影响,形成恶性循环。水污染造成的水质型缺水,加剧了对地下水的开采,使地下水漏斗面积不断扩大，地下水水位大幅度下降；地下水位的下降又改变了原有的地下水动力条件，引起地面污水向地下水的倒灌，浅层污水不断向深层流动，地下水水污染向更深层发展，使地下水污染的程度不断加重。

（四）海洋水污染

全国近岸海域水质总体为轻度污染，与上年相比，水质略有上升。近海大部分海域为清洁海域；远海海域水质保持良好。四大海区近岸海域中，黄海、南海近岸海域水质良，渤海水质一般，东海水质差。北部湾海域水质优，黄河口海域水质良。海洋水污染情况对我国海上渔业有很大影响。

（五）工业污染

工业生产所排放的污水是水环境中污染物的主要来源之一，虽然其排放量要比生活污水少，但是其危害要比生活污水大得多，如果这些废水不经处理直接排到自然水体中，将对生态环境造成严重破坏。工业污染主要集中在少数几个行业，造纸、化工、钢铁、电力、食品、采掘、纺织等 7 个行业的废水排放量占总量的 4/5。造纸和食品业的 COD 排放量占 COD 排放总量的 2/3，有色冶金业的重金属排放量占重金属排放总量的近 1/2。①工业污染是指工业企业在生产过程中，对包括人在内的生物赖以生存和繁衍的自然环境的侵害。污染主要是由生产中的“三废”（废水、废气、废渣）及各种噪音造成的，可分为废水污染、废气污染、废渣污染、噪声污染。

二、我国水污染的主要来源

（一）工业废水

在工业生产中，热交换、产品输送、产品清洗、选矿、除渣、生产反应等过程均会产生大量废水。产生工业废水的主要企业有初级金属加工、食品加工、纺织、造纸、开矿、冶炼、化学工业等。

（二）生活污水

生活污水是来自家庭、机关、商业和城市公用设施及城市径流的污水。新鲜的城市污水渐渐陈腐和腐化使溶解氧含量下降，出现厌氧降解反应，产生硫

① 苏腊红.我国水资源保护问题探究[J].法制与经济，2012(1).

化氢、硫醇、吲哚和粪臭素，使水具有恶臭。生活污水的成分 99%为水，固体杂质不到 1%，大多为无毒物质，另外还有各种洗涤剂和微量金属；生活污水中还含有大量的杂菌，主要为大肠菌群。

另外生活污水中氮和磷的含量比较高，主要来源于商业污水、城市地面径流和粪便、洗涤剂等。

（三）医院污水

一般综合医院、传染病医院、结核病院等排出的污水含有大量的病原体，如伤寒杆菌、痢疾杆菌、结核杆菌、致病原虫、肠道病毒、腺病毒、肝炎病毒、血吸虫卵、钩虫、蛔虫卵等。这些病原体在外环境中往往可生存较长时间。因此，医院污水在污染水或土壤后，能在较长时间内通过饮水或食物途径传播疾病。此外，水体中贝类具有浓缩病菌和病毒的能力，故水体污染后，生食水中贝类有很大的危险。

（四）农田水的径流和渗透

我国广大农村，习惯使用未经处理的人畜粪便、尿液浇灌菜地和农田。过去几十年来，化肥、农药的用量在迅速增加，土壤经施肥或使用农药后，通过雨水或灌溉用水的冲刷及土壤的渗透作用，可使残存的肥料及农药通过农田的径流，而进入地面水和地下水。农田径流中含有大量有病原体、悬浮物、化肥、农药及分解产物。

农药种类繁多，性质各异，故毒性大小也不相同，有的农药无毒或基本无毒，有的可引起急慢性中毒，有的可能致癌、致突变和致畸，有的对生殖和免疫机能有不良影响。[①]

（五）废物的堆放、掩埋和倾倒

一些暂时堆放于露天的废物可以因雨水淋湿或刮风等原因被带入水体中，一些废弃物人为倾倒进入水体，一些难于处置的废弃物被人们掩埋在地下深层，但如地下处置工程设置不当或不加任何处理填埋，会影响处置地区周围的地质与环境，使被处置的污染物进入水体，引起水体污染。

---

① 薛玉宝、郗慧群.我国水资源污染现状与治理对策[J].中国环境管理，2010，(3).

第三节 土壤污染问题

一、我国土壤污染现状

2005～2013年12月，我国开展了第一次全国土壤污染状况调查。根据2014年环保部和国土资源部联合发布的《全国土壤污染状况调查公报》公布的结果来看，我国的土壤环境状况整体形势较为严峻，尤其是土壤重金属污染较为严重，在一些工矿废弃周边的土壤重金属污染问题尤为突出，在全国16.1%的土壤总超标率中，轻微超标的占到了11.2%，轻度超标的为2.3%，中度以上的超标情况占到了2.6%。

2014年4月17日，环境保护部和国土资源部发布了《全国土壤污染状况调查公报》，认为"全国土壤环境状况总体不容乐观，部分地区土壤污染严重，耕地土壤环境质量堪忧，工矿业废弃地土壤环境问题突出。工矿业、农业等人为活动以及土壤环境背景值高是造成土壤污染或超标的主要原因"。"耕地土壤点位超标率为19.4%，其中轻微、轻度、中度和重度污染点位比例分别为13.7%、2.8%、1.8%和1.1%，主要污染物为镉、镍、铜、砷、汞、铅、滴滴涕和多环芳烃"。这是从2005年4月至2013年12月近9年时间首次全国土壤污染状况调查样点真实而表观的反映。

二、我国土壤污染的类型

（一）有机污染

土壤的有机污染作为影响土壤环境的主要污染物已成为国际上关注的热点，有毒、有害的有机化合物在环境中不断积累，到一定时间或在一定条件下有可能给整个生态系统带来灾难性的后果。目前我国土壤的有机污染十分严重，且对农产品和人体健康的影响已开始显现。如我国从1959年起在长江中下游地区用五氯酚钠防治血吸虫病，其中的杂质二噁英已造成区域性二噁英类污染，洞庭湖、潘阳湖底泥中的二噁英含量很高。有机氯农药已禁用了近20

年，土壤中的残留量已大大降低，但检出率仍很高。广州蔬菜土壤中六六六的检出率为99%，滴滴涕检出率为100%%。太湖流域农田土壤中六六六、滴滴涕检出率仍达100%，一些地区最高残留量仍在1mg/kg以上。[①]

（二）重金属污染

随着工业、城市污染的加剧和农用化学物质种类、数量的增加，土壤重金属污染日益严重，污染程度在加剧，面积在逐年扩大。重金属污染物在土壤中移动性差、滞留时间长、不能被微生物降解并可经水、植物等介质最终影响人类健康。

据我国农业部进行的全国污灌区调查，在约140万 hm^2 的污水灌区中，遭受重金属污染的土地面积占污水灌区面积的64.8%，其中轻度污染的占46.7%，中度污染的占9.7%，严重污染的占8.4%。我国每年因重金属污染而减产粮食1000多万t，被重金属污染的粮食每年多达1200万t，合计经济损失至少200亿元。从目前开展重金属污染调查情况来看，我国大多数城市近郊土壤都遭受不同程度的污染。

（三）放射性元素污染

随着核技术在工农业、医疗、地质、科研等各领域的广泛应用，一些放射性污染物如处理不当会进入到土壤中。

（四）病原微生物污染

土壤中的病原微生物，主要包括病原菌和病毒等。来源于人畜的粪便及用于灌溉的污水。人类若直接接触含有病原微生物的土壤，可能会对健康带来影响；若食用被土壤污染的蔬菜、水果等则间接受到污染。

三、我国土壤污染的成因

（一）过量施用化肥

我国每年化肥施用量超过4100万t。虽然施用化肥是农业增产的重要措施，但长期大量使用氮、磷等化学肥料，会破坏土壤结构，造成土壤板结、耕地

① 韩素清，迟翔.土壤污染的类型及影响和危害[J].化工之友，2007(5).

土壤退化、耕层变浅、耕性变差、保水肥能力下降、生物学性质恶化，增加了农业生产成本，影响了农作物的产量和质量；未被植物吸收利用和根层土壤吸附固定的养分，都在根层以下积累或转入地下。残留在土壤中的氮、磷化合物，在发生地面径流或土壤风蚀时，会向其它地方转移，扩大了土壤污染范围。过量使用化肥还使饲料作物含有过多的硝酸盐，妨碍牲畜体内氧气的输送，使其患病，严重导致死亡。

（二）农药是土壤的主要有机污染物

全国每年使用的农药量达 50 万 ~60 万 t，使用农药的土地面积在 2.8 亿 hm^2 以上，农田平均施用农药 13.9kg/hm^2。直接进入土壤的农药，大部分可被土壤吸附，残留于土壤中的农药，由于生物和非生物的作用，形成具有不同稳定性的中间产物或最终产物无机物。喷施于作物体上的农药，除部分被植物吸收或逸入大气外，约有 1/2 左右散落于农田，又与直接施用于田间的农药构成农田土壤中农药的基本来源。农作物从土壤中吸收农药，在植物根、茎、叶、果实和种子中积累，通过食物、饲料危害人体和牲畜的健康。

（三）重金属元素引起的土壤污染

全国 320 个严重污染区约有 548 万 hm^2 土壤，大田类农产品污染超标面积占污染区农田面积的 20%，其中重金属污染占 80%，粮食中重金属镉、砷、铬、铅、汞等的超标率占 10%。汽油中添加的防爆剂四乙基铅随废气排出污染土壤，使行车频率高的公路两侧常形成明显的铅污染带。砷被大量用作杀虫剂、杀菌剂、杀鼠剂和除草剂，硫化矿产的开采、选矿、冶炼也会引起砷对土壤的污染。汞主要来自厂矿排放的含汞废水。土壤组成与汞化合物之间有很强的相互作用，积累在土壤中的汞有金属汞、无机汞盐、有机络合态或离子吸附态汞，所以，汞能在土壤中长期存在。镉、铅污染主要来自冶炼排放和汽车尾气沉降，磷肥中有时也含有镉。①

（四）污水灌溉对土壤的污染

我国污水灌溉农田面积超过 330 万 hm^2。生活污水和工业废水中，含有氮、磷、钾等许多植物所需要的养分，所以合理地使用污水灌溉农田，有增产效果。

① 王永生.遏制土地污染确保生命线安全[J].国土资源，2006(12).

未经处理或未达到排放标准的工业污水中含有重金属、酚、氰化物等许多有毒有害的物质，会将污水中有毒有害的物质带至农田，在灌溉渠系两侧形成污染带。

(五)大气污染对土壤的污染

大气中的二氧化硫、氮氧化物和颗粒物等有害物质，在大气中发生反应形成酸雨，通过沉降和降水而降落到地面，引起土壤酸化。冶金工业排放的金属氧化物粉尘，则在重力作用下以降尘形式进入土壤，形成以排污工厂为中心、半径为2~3km范围的点状污染。

(六)固体废物对土壤的污染

污泥作为肥料施用，常使土壤受到重金属、无机盐、有机物和病原体的污染。工业固体废物和城市垃圾向土壤直接倾倒，由于日晒、雨淋、水洗，使重金属极易移动，以辐射状、漏斗状向周围土壤扩散。

(七)牲畜排泄物和生物残体对土壤的污染

禽畜饲养场的厩肥和屠宰场的废物，其性质近似人粪尿。利用这些废物作肥料，如果不进行物理和生化处理，则其中的寄生虫、病原菌和病毒等可引起土壤和水域污染，并通过水和农作物危害人群健康。

(八)放射性物质对土壤的污染

土壤辐射污染的来源有铀矿和钍矿开采、燃煤发电厂、磷酸盐矿开采加工等。放射性污染，放射性散落物中，90Sr、137Cs的半衰期较长，易被土壤吸附，滞留时间也较长。

第四节 生态破坏问题

一、我国生态破坏问题的现状

(一)森林生态功能仍然较弱

虽然经过近50年的努力，我国的森林覆盖率，据第四次全国森林资源清查，已增加到13.92%，森林面积达13370.35万公顷，森林蓄积量101.37亿立方米。但由于历史和自然条件的限制，我国森林生态功能仍然较弱，人均占有森林面积 0.12 公顷，只有世界人均水平的 18.75%；人均占有森林蓄积量 10.39 立方米，只有世界人均水平的 14.43%；同时因我国森林资源分布不均，主要分布在东北和西南林区，其次为中南和华北，加之单位面积蓄积量在持续下降，有林地面积逆转较为严重。因而，森林资源的供求矛盾仍将十分突出。

（二）草场退化加快

我国共有草地 4 亿公顷，人口的过快增长和片面追求牧畜头数，使草场退化日趋严重，退化率由 70 年代的 16%上升到现在的 37%，平均以每年 67 万公顷的速度递增，牧草单位面积产量下降 1/2 至 1/3。同时，草地牧畜头数直线增长。畜草平衡遭到破坏，不仅直接制约了畜牧业的发展，而且加剧了草地灾害的发生。与草地灾害相伴生的是牲畜饥饿、营养不良和冬瘦春死的大量发生，每年因掉膘和死亡而造成的经济损失高达 20 亿元。

（三）耕地日趋减少，土壤沙化面积扩大

全国国土面积 960 万平方公里，居世界第三位。但由于人口众多，各项建设用地不断增加，致使人均占有量呈直线下降。1957~1990 年，各项建设用地、弃地、浪费与因灾害损失的耕地 4273 万公顷，目前还在以每年 60 万公顷的速度减少。40 年前我国的人均耕地面积为 0.18 公顷，如今仅为 0.085 公顷，我国耕地承载力已处于严重的危机状态。新中国成立以来，土壤沙化的发展很快。我国沙漠面积几乎扩大 1 倍，从 6667 万公顷扩展到 13000 万公顷，约占国土面积的 13.5%，还有近 670 万公顷耕地和 1/3 的天然草场不同程度地受到沙化的威胁与影响，每年因风沙造成的经济损失达 45 亿元，损失粮食 5 亿 ~10 亿公斤。

（四）水土流失严重

全国水土流失面积 492 万公顷，分布于黄土高原、长江流域、辽河上游、横断山脉地区和南方丘陵地区，年损失粮食 1030 亿公斤，直接经济损失 4060 亿元。仅黄河、长江两大水系每年流入海洋的泥沙相当于 40 万公顷良田沃土，其中 N、P、K 含量超过我国化肥一年的施用量，折合人民币 24 亿元。由于水土流失难以遏制，新中国成立以来新建的水库已有 25%淤塞，直接经济损失 200 亿~300 亿元，水库工程效益大大下降。水土流失造成河道淤塞，破坏了航运与交通。全国的内河航运里程比50年代缩短6.4万公里,减少34%。更为严重的是水土流失使水域生态环境恶化,地貌植被遭到破坏,产生新的水土流失,恶化了我们的生存空间。

(五)自然资源短缺

我国多年平均水资源总量为28124亿m^3,降水62076亿m^3,低于地球大陆平均水平,居世界第六位。但人均拥有水资源只有2637m^3,排在世界第88位。目前,全国有近300个城市缺水,400万公顷耕地及草地总面积的1/3受到缺水的威胁,另有5000万农民和4000万头牲畜缺乏足够的饮用水。在1986至1993年间,全国灌溉面积减少107万公顷。

二、我国生态破坏问题的成因

(一)生态环境基础薄弱

今天的生态环境是历史塑造的。目前我国一些重大生态环境问题,如森林覆被率低,黄土高原严重的水土流失,北方大面积的沙化土地等,都是在长期的历史开发过程中形成的。我国历史上曾是多林的国家。在太古时代,森林覆被率估计为49%,东北、四川和云南地区高达80%~90%。直至清初,森林覆被率还有26%,从18世纪初到解放前的200多年间,我国森林资源遭到了前所未有的严重破坏,这是造成我国生态环境基础薄弱的根本原因。

(二)人口增长过快,生态环境压力大

当今人类面临的人口、资源、环境三大问题中,人口是第一位的。资源和环境问题都与人口密切相关,从某种意义上来说,人口问题是其他所有问题的根源。人和自然之间相互作用、相互影响。一方面,人要改造自然,为自己创造适宜的生存条件,并不断地向自然界索取资源,满足自己的需要,同时也排放废弃物污染环境;另一方面,自然界也反作用于人类,限制其无节制的开发活动,以各种灾害施加报复。1998年夏季发生在我国的特大洪灾就是最好的例证。

(三)对生态规律缺乏认识

生态环境涉及人口、资源、社会、经济各个领域,具有内在的规律性。人类活动干预环境,环境反作用于人类。经济活动只有既遵循经济规律,又遵循生态规律,才能获得长期稳定的发展。在过去相当长的时间内,甚至现阶段的某些经济活动中,决策人员没有充分认识我国生态环境的特点,未能从环境的区域性、整体性和生物资源的潜在价值出发,因地制宜全国规划、统筹安排。有些工程项目,只顾近期或眼前,片面追求经济利益,没有认真考虑其生态效益,违背了生态规律,结果受到了惩罚。例如,位于塔里木河下游的罗布泊,原是一片绿洲,60 年代以后,塔里木河上游垦田用水,水量大大减少,后来又修建了大西海子水库,把塔里木河完全切断,致使罗布泊整个干涸,下游大片胡杨林因缺水死亡,沙化面积扩大。

（四）法律制度不完善

科学管理是使现代人类经济和社会活动有序化的根本手段，对于生态环境的保护与改善,管理更具有特殊意义。我国在污染控制的管理方面虽然已取得一些成就,但仍是有待加强的薄弱环节,尤其在生态环境的管理方面,可以说很不完善。这亦是我国生态环境恶化的主要原因之一。比如,许多毁林盗伐、哄抢乱采国家资源、滥捕滥猎珍稀动物、任意排放污染物等造成重大生态环境破坏的人或单位,因缺乏具体量刑标准受不到应有的法律惩罚,因而无法遏止破坏环境的违法行为。

（五）生产技术落后

人与环境的关系随着科学技术水平的提高而改变。在远古时代,人是环境的掠夺者;在农业社会,人是环境的利用者;在工业社会,人是环境的创造者;而正向知识经济时代迈进的今天,人成了环境的协调者。在漫长的历史中,人类沿用的生产技术在不断发展,旧的被淘汰,新的产生出来,总是朝着投入少产出多的方向发展。而我国至今仍有不少部门和地区沿用着陈旧的技术,原料的消耗高,成品产出少,不适应人口增加,资源减少的客观现实。如我国森林采伐技术仍比较落后,一般都是蚕食式采伐,使一些地方资源枯竭,而另一些地方则是过熟林自然枯损。在林木加工上,木材利用率低。在造林方面,没有形成一套科学合理的造林整体规划,而是习惯于搞造林运动,在造林中又不重视造林技术,轻视管护,从而成活率、保存率、成林率、成材率都较低。

第四章　目前我国环境法面临的困境

新中国的成立，为现代环境法在中国的发展创造了前提。1979 年 9 月 13 日五届全国人大常委会通过《中华人民共和国环境保护法（试行）》，标志着我国环境保护工作进入了法制阶段，我国环境法体系开始逐步建立。

三十多年来，我国已颁布了八部环境保护法律、十部资源法律、地方性环境保护法规一千余件。由宪法关于自然资源和环境保护的规定、环境基本法、环境资源保护单行法、环境行政法规与规章、地方环境法规与规章等组成的环境法体系已初步形成。

然而，当代中国环境法体系实际上并未发挥出其应有作用。环境法的一些规定在实践中形同虚设，难以在公众中获得信任和支持。当代中国环境法在立法与学术研究领域取得显著成就的同时，在实务领域已然遭遇了困境。正确认识当代中国环境法遭遇的困境并找出遭遇困境的原因，对于中国环境法制建设及环保事业整体的持续、健康发展有着重要意义。

第一节　我国环境法实施面临的困境

一、环境影响评价制度流于形式

环境影响评价制度是预防原则的重要体现，对于预防新的污染和破坏性生产具有重要意义，但环境影响评价制度在实施过程中却流于形式。

（一）环评项目“未批先建”现象严重

2005年“环评风暴”中，原环保总局在全国范围内查处的30个大型建设项目，都是未经过环评审批就开工的项目。究其原因，一是对环评违法的处罚轻；二是法律规定未办环评者还可以补办环评，且事实上补办必过；三是其他政府部门违法审批，即在环评文件未被审批之前就批准项目开工建设，助长了环评违法行为。另外，还存在环保部门违法不作为的情形，由于环保部门害怕承担监管不力的责任，于是让企业“试生产”一段时间，如果没有发生污染事故才批准环评文件，环评由事前预防性质转变成为事后验收性质了。

（二）环保部门跟踪检查措施缺位

环评文件被审批通过之后，并非就可以束之高阁，环评的实际效用归根结底是要落实环评文件所要求的措施。但长期以来环保部门的跟踪检查措施缺位，从施工期间环境保护设施的建设，到污染防治设施验收，再到跟踪评估都存在监管不力的情况。以至于有些项目污染防治设施未建成，或者建成后不验收就直接投入生产，造成污染。另一方面，缺少跟踪检查也难以对环评文件的质量做出考核，不利于提高环评服务机构的能力，也不利于环保部门提高自身的审批水平。

（三）环评文件质量不高

在环保部《关于2016年度全国建设项目环评文件技术复核发现环评文件质量问题处理意见的通报》中指出，青岛新源热电有限公司扩建高温高压锅炉项目环评文件编制存在的主要质量问题有：①未分析工程建设与相关供热规划相符性；②未提出区域内现有污染源削减的数量和来源，不满足《重点区域大气污染防治“十二五”规划》关于重点控制区执行2倍削减量替代的有关要求；③未以合计排放量确定大气评价等级和评价范围，确定大气评价等级和评价范围的方法错误；④未执行《火电厂大气污染物排放标准》特别排放限值。[①] 因此，环评文件的质量不得不被人质疑，其中不仅存在提供环评服务机构和环评审批部门的能力问题，更重要的在于它们之间存在利益关系。虽然政府要求

---

① 中华人民共和国环境保护部.环境保护部关于2016年度全国建设项目环评文件技术复核发现环评文件质量问题处理意见的通报［Z］. http://www.zhb.gov.cn/gkml/hbb/bgth/201704/t20170401_409196.htm.

提供环评服务机构与环保部门在行政隶属关系上脱钩，以保证其作为中立第三方的性质。但脱钩的表现仅是要求其财政上独立，而在其他方面却还存在千丝万缕的联系，如在组织管理上提供环评服务机构的负责人依然由环保部门任命，这就使得项目单位会尽可能委托与环保部门有关系的机构做环评，使环评文件易于通过。在这种利益关系之下，环评文件的质量难以保障。

二、排污收费名不符实

排污收费制度是“外部不经济性内部化”理论的具体体现，目的是使污染者承担自己所造成的环境污染和破坏的损失，所以排污费的征收与使用都应该围绕环境污染和破坏的恢复来运行，但就目前排污费的实态来看，却并非如此，甚至出现了背道而驰的情形。

（一）作为排污收费依据的污染物排放量真实数据难以确定

环保部门通常是按企业申报的污染物排放量的数据作为征收排污费的依据，这主要是由于环保部门在线监测设施数量少以及能监控的污染因子有限，对于企业实际污染物排放量难以准确核查。于是环保部门通常是按照上年度确定的排污量推算本年度的排污量，这种方法主观因素太大，难以精确计算出污染物的排放量，所以只要企业申报的数据不离谱，环保部门一般都会将企业申报的数据作为征收排污费的依据。

（二）排污费较难核算

由于排放污染物的种类和数量（浓度）的收费标准高低与流域或区域环境容量和环境质量控制要求没有任何联系，难以发挥环境改善的促进作用。环保部门在征收排污费时，更多考虑的是单个排污者排放的污染物数量，而没有考虑整个区域对于污染物的容纳能力，这就有可能使某一区域内某些污染物含量过高而造成污染。只有对排放量多的污染物征收更高标准的排污费，以促进企业改进技术，减少污染物的排放总量，排污收费的经济杠杆作用才会被发挥出来。

（三）排污费与污水处理费重复征收

法律规定对向城市污水集中处理设施排放污水的，按规定缴纳污水处理费，不再征收污水排污费。但在很多地方，国家为了支持污水处理厂建设，在污水处理厂建设前三年,允许自来水公司按照企业取水的多少,向企业预先征收三年的污水处理费作为污水处理厂的建设资金。实际上,即使污水处理厂建设完工，由于配套的污水处理管网建设缓慢，企业仍不得不向环境水体排放污水,也就应缴纳排污费,于是出现了双重收费的现象。

(四)排污费没有按规定用途使用

排污费挪用的情形较多,特别是在环保部门经费不足的地方,排污费成为“开门办公”所需经费最重要的来源,因此环保部门对于污染企业的态度也有所转变。为了能征收更多的排污费,一些环保部门在企业排污未超标时,故意放纵企业排污,而企业一旦超标,环保部门马上重拳出击,加倍征收排污费,以补贴环保部门“办公”之需。环保部门由监督保护环境转变成倾向于放纵污染。

三、现场检查难以有效开展

现场检查是环保部门进行监督管理的重要手段，是发现查处企业环境违法行为的主要方式。现场检查应该是环保部门对企业进行定期或者不定期的检查,以监督排污企业是否履行环境法律义务;但在这一过程中,由于多种因素的影响,现场检查却很难发挥有效作用。

(一)进入企业进行现场检查困难

环保部门对企业进行现场检查,很多时候会被拒绝,而此时环保部门无可奈何。一是环保部门没有强制检查的权力,在被拒绝后只能对企业进行罚款;二是某些企业有地方政府为了优化所谓的投资环境而颁发的“重点保护”招牌,限制包括环保部门在内的行政机关进入企业监督检查。进入现场对于基层环保部门来说如此,中央环保部门同样存在该问题。2017 年 4 月 16 日,环境保护部强化督查第十五督查组对济南市历城区仲宫镇山东绿杰环保节能科技有限公司检查时发现：该企业车间内燃煤手烧炉未列入当地燃煤小锅炉淘汰名单,电焊生产工段无粉尘及废气收集处置装置,车间内噪声比较大,地面粉尘较重。该企业负责人王某拒绝检查,不提供相关环保资料,不允许检查人员离开,扣留执法人员超一小时。[①]由此可见,环保部门进行现场检查的难度之大。

① 中国新闻网.环保部执法人员在山东企业检查时被扣留超 1 小时[Z].http://news.qq.com/a/20170417/001409.htm.

(二)检查过程中取证难

环保部门即使能进入现场进行检查,如果企业不提供有关资料,环保部门的检查也是难以进行的。如对于查找企业排污暗管来说,如果没有特制的雷达就很难发现,通常被形容为“地道战”。

(三)环境监督管理职权的分割,对某些领域无法检查

如《水污染防治法》就规定对于船舶的污染防治工作由海事部门负责,环保部门是无权监督船舶污染状况的。但环保部门又承担着对整个水环境质量的监管责任,于是出现了环保部门要与海事部门拉关系的情况。

四、限期治理久拖无期

限期治理制度作为“末端控制”的方法,立法意图在于通过限定期限的方法逐步解决企业或者行业长时期的污染问题。限期治理作为中国环境管理中普遍采用的一项制度,在促进企业实现达标排污、改善环境质量状况方面起到了一定的积极作用;但该制度在实施三十年后,还能继续发挥作用就显得有些自相矛盾。对于新的建设项目或者改建项目来说,经过了环评和三同时制度之后,应该不存在限期治理的问题。而对于老的污染项目来说,限期治理制度实施之后,该治理的应该治理完毕,治理完不成的就应该予以关闭。所以,限期治理在理论上应该可以淡出历史舞台或者不会大规模使用, 而现实情况是该制度还一次一次发挥着热度,且在执行过程中还出现各种问题。

(1)享有限期治理决定权的行政主体不统一,做出限期治理决定困难。环境保护法律对限期治理决定权规定不一致,有的规定由人民政府决定,有的规定由环保部门决定, 有的甚至是授权性的规定, 使得限期治理决定权难以确定。而对于将限期治理决定权配备给地方政府的规定,在地方保护主义和对短期经济利益追逐的情况下,限期治理形同虚设。

(2)“限期”变“无期”,成为污染企业违法的借口。限期治理制度在实践中日益演化为地方政府替当地污染严重的利税大户逃避环保责任的“挡箭牌”和“保护伞”,且有愈演愈烈之势。在地方政府的纵容和袒护下,许多污染企业将限期治理制度当成其“救命稻草”,在合法的限期治理掩盖下违法排污。甚至有企业将限期治理通知当成“免死金牌”,在一个期限过后即使没有治理好也不

会被关闭，而是再来一次限期治理，把“限期”变成了“无期”，限期治理通知书成为一纸空文，限期治理也就久拖无期。

五、行政执法人员素质低

据《全国环境统计公报》的统计数字，自 1998 年环保总局成立至 2015 年，各级环保系统人数从 112626 人增至 23.2 万人；环境监察机构也从 2145 个增加到 3039 个。[①]

从数据来看，环保部门的机构数量与人员数量呈现了较快的增长势头，即使在这种状况之下，环保部门还是难以应付环境执法任务。

环保部门通常是由环境行政机关及其所属的事业单位构成，它们的人员数量受到编制严格限制，虽然可能存在超编的现象，但由于经费的限制，不可能多出太多。在环保部门之中，从事环境监督执法的主要是环保部门所属的环境监察机构（通常属于事业单位编制），所以环境监察机构的人员数量在环境行政执法中也就显得尤为重要。

除了人员数量不足外，环保部门工作人员的素质也难以保障。在学历方面，调查显示，省级执法机构人员拥有高层次学历的人员比例明显高于市级，而市级又明显高于县级。被调查省级机构工作人员学历无中专以下学历人员，其中中专以上（不含中专）学历的人员占到了 94.4%；市级机构中专以上学历者占总人数的 83.9%；而县级机构中这一比例仅为 63.1%。研究生、本科生比例从省级到县级依次递减，被调查的县级执法机构中没有拥有研究生以上学历的工作人员。在环保部门的执法实践中，其工作人员的技术和法律运用情况则更能够体现环保部门工作人员的素质。

造成此种现象除了一些历史原因外，最主要的因素在于环保部门录用人员的机制不健全，地方环保部门工作人员很多都是通过各种关系进入，难以保障其具备环保执法能力。

---

① 中华人民共和国环境保护部.全国环境统计公报（2015 年）[Z].http：//www.zhb.gov.cn/gzfw_13107/hjtj/qghjtjgb/201702/t20170223_397419.shtml.

六、环境保护财政投入不足

环境行政执法的成本是非常高的，除人员经费、办公经费外，最主要的还有技术设备、人员培训等费用，特别是购买各种仪器设备，成本比较大，但如果没有相应仪器设备，环境行政执法将成为不可能完成的任务。环境行政执法费用本应该由政府财政全额负担，而实际上是不足的，所以才出现了如前所述的“吃排污费”现象。据一项研究表明，环境行政执法的经费与经费预算需求相比，总体缺口 40%，其中监督执法经费、仪器设备购置经费、基础设施经费缺额较大，缺口率分别为 50.8%，104.5%和 146.2%，难以保障各项环保工作的需要。如此看来，环境行政执法投入不足，无法配备相应的技术设备，严重制约环境行政执法的效果。

第二节　我国环境法实施困境的成因分析

一、现行环境法体系存在缺陷

（一）《中华人民共和国环境保护法》的环境基本法地位没有得到肯定

环境基本法，是指在一国环境法体系内，由国家立法机关制定，包含国家环境政策目标、基本原则和基本制度在内的综合性环境保护法律。2014 年修改的新《中华人民共和国环境保护法》由全国人大常委会通过，是我国环境法体系中的基本法律。但在我国，基本法律与普通法律的界限是依照制定机关权限和地位来划分的。基本法律的制定权依法属于全国人大，其常委会有基本法律外其他法律的制定权。现行《环境保护法》由全国人大常委会通过，这使得其在法律效力层级上与其他环境单行法律没有区别，难以体现环境基本法的核心地位。

（二）环境法律规范的“政府管制型”立法特点不能适应现实需要

新中国环境法体系建设真正起步于改革开放初期，一些环境法律法规至今仍具有一定的政府管制色彩。这种“政府管制型”法律规范过多强调公民保护环境的义务,对公民的环境权利重视不足;过多强调政府部门的权力,忽视其应尽的义务。注重政府管制,对公民环境权利保护不足的立法特点,不能适应我国经济发展和法制现代化的现实需要。

(三)过于简括的立法方式造成许多环境法律规范缺乏可操作性

以简括为特征的“粗线型”立法方式是我国环境法律制度的一大特点。以《环境保护法》为例,该法“法律责任”一章仅主要列举了应予处罚的环境违法行为,而没有说明具体处罚标准或依据。类似状况也存在于其他环境保护单行法中。过于简括的立法方式,造成许多环境法律规范较为抽象,缺乏约束力。环境法律规范较差的可操作性,还造成其必须依靠大量行政规章和地方性法规的支持以发挥效力,削弱了环境法在实施中本应发挥的影响。

二、环境执法和司法体制不健全

(一)我国现行环境行政执法体制及其问题

近年来,我国建立了以集中执法检查为推动,以日常监督执法为基础的环境行政执法体制。但我国现行环境行政执法体制仍存在一定问题:首先,环境行政执法权分散于多个政府部门,环保部门难以起到统一监管和协调作用。其次,各级环保部门本身是同级政府组成部分,很多时候难以保证严格依法独立行使职权。另外,一些地方环保部门人员编制少,执法力量薄弱;部分环保部门财政拨款不足,不得不靠收排污费以支付工资,当然也就难以严格执法。

(二)我国现行环境司法体制

我国的环境司法活动可分为环境刑事诉讼、环境民事诉讼和环境行政诉讼三大类。受制于环境立法现状,我国环境司法体制也存在有待完善之处。如在环境民事诉讼中,人身和财产权益可能未因环境违法行为受到直接、实际损害,但环境权益已受损的公民或其代表,一般无法利用司法途径,通过寻求侵权损害赔偿方式获得救济等。另外,很多环境案件的处理需要科技的运用,在目前我国基本没有专门环境司法机构,司法人员培训与实践经验不足的情况下,司法机关难以保证能正确、恰当地运用环境法律规范解决有关案件。

三、地方保护主义的干扰

地方保护主义是指地方政府为维护所辖地区的利益不惜牺牲社会公共利益,利用公共权力为其辖区内各主体提供各种保护的行为。[①]地方保护主义对于环境保护的影响主要体现在某些地方政府片面强调本地区经济发展，严重忽视资源和环境保护,甚至滥用职权干预环境执法和司法工作上。地方政府为保证经济利益,往往要求环保部门顾全“大局”,对本地企业的环境违法行为采取宽容的态度,造成环保法律制度实施不力。

四、环境保护缺乏公众参与

公众参与原则是我国环境法的一项基本原则。然而,虽然通过宣传教育,公众对于环境保护的认识已有了显著提升，但由于现行环境法对公众参与制度规定仍显不足,缺乏必要保障措施,现实中,对于环境影响评价听证、环境执法监督等活动,公众参与的程度并不高。法律的有效实施有赖于多数社会成员的自觉遵守和支持。缺乏公众的有效参与,当代中国环境法就不会有稳固的群众基础,难以在中国社会顺利实施。由于环境法律实施缺乏厚实的社会基础,即使环境执法力度不断加大,环境执法成本不断上升,但是环境法律的实施仍然步履维艰。

五、政府绩效考核制度的内容以 GDP 为主

有的地方不执行环境标准,违法违规批准严重污染环境的建设项目,有的地方对应该关闭的污染企业下不了决心,动不了手,甚至视而不见,放任自流;还有的地方环境执法受到阻碍,使一些园区和企业环境监管处于失控状态。上述针对的是一些较为普遍的现象:有的地方环保局局长“站得住”就“挡不住”,“挡得住”就“站不住”[②]。有地方“土政策”规定,在环境评价上可以“先上车后买票,甚至上了车也不买票”;有的地方规定,环保执法权由开发区代办,环保部

① 于游. 环境法的立法与实践——传统环保理念的当代价值. 法学论丛,2010(2).

② 夏振鹏. 环境执法突围之困[J]. 环境经济,2008(2):42-46.

门一年只能进园区检查一次。这些现象反映出某些地方政府正在与环境法律之间的“角力”。可是，作为环境法律的执行者与监督者，这些地方政府缘何要“变通”环境执法？除了可能出现的“权力寻租”情况外，地方政府 GDP 至上的发展观是一个较为普遍的原因。由于环境法律已成为影响 GDP 不良增长的“拦路虎”，因此，一些地方政府出台各种土政策规避、对抗与抵制环境法律，环境法律也因此被“架空”，环境法律陷入实施困境。

GDP 至上的政绩观可使政府官员“不准确”地执行法律，“权力寻租”行为可使政府官员“不廉洁”地履行其职责，“官僚”作风则可为政府官员的不勤勉进行注解。[①]李启家教授指出，政府决策及权力行使中的不当和失误以及失范是环境问题最直接和最重要的问题；许多问题乍看是企业行为，背景因素其实是政府行为问题；政府行为的影响具有宏观性、长期性和深远性。

六、公民环境法律意识薄弱

环境法律意识是指人们在认知环境状况和了解环境法律规则的基础上，根据自己的基本价值观念而形成的自觉遵守和贯彻实施环境法律、积极参与环境保护的自觉性。环境法律意识所反映的是贯彻实施和遵守环境法律与人类的生存及发展的关系，即环境法制与经济发展的关系。在环境法律实施过程中，环境法律意识起调整作用，使人们的行为与环境法律规范相协调。

在我国环境保护实践中普遍存在的环境违法行为向我们揭示，我国公民的环境法律意识仍然薄弱，许多公民依然把环境法律义务视为异己之物，而缺乏对环境法律的应有尊重，环境法律的权威性削弱，因此环境法律强制仍在促进公民守法中发挥着关键性作用。

七、环境行政管理中的官僚作风

环境问题的复杂性、不确定性和技术性，使得柔性的环境管理措施成为重要手段，决定了技术援助、提供信息、资金补助、环境教育等措施对于鼓励与促进企业、公民自觉守法的重要意义。但是，一些地方长期的威权模式，培育着一

① 晋海. 我国基层政府环境监管失范的体制根源与对策要点[J]. 法学评论，2012(3).

些政府官员高高在上的“主人意识”和“官僚作风”，这些官员津津乐道于如何挥舞着手中越来越严厉的“大棒”，却很少想到利用引导、示范、支持、暗示等柔性管理手段。环境行政管理中的官僚作风，不仅难以排除公众对环境法律的异己感和盲目感，更难以使行政相对方感知、领悟环境法律对其自身的关怀和保障。

第五章　部门行为对环境法律制度实施的影响

经过三十余年的发展，环保理论和实务界都经历了从期待环境立法、环境行政管理、公众参与环境保护、实现环境法治化失利，到确立环境公益诉讼制度收效甚微，再到近期尝试施行中央垂直环保监督制度的阶段，部门行为对环境治理似乎一直表现出来的是头绪不清和信心不足。在现行体制下，企业污染得到利润，领导获得提拔升迁，社会承担污染恶果。环境污染引发了当地居民的环境迁徙、国民经济运行的效率下降等一系列影响中国社会发展的不良后果，成为政府亟待解决的问题。

根据亚里士多德在《政治学》中关于法治的论述，"法治应包含两种含义：已经成立的法律获得普遍的服从，而大家所服从的法律又应该本身是制定得良好的法律"[①]。即"良法"和"普遍服从"。环境法治，即要求制定的环境法规范应是有利于生态发展和人类福祉，且能被广泛遵守，而达到一种人与自然和谐相处的状态。

笔者认为，中国的环境法治的困境体现在环境立法、环境行政和环境公益诉讼等环节，从目前中国环境立法、环境行政和环境公益诉讼的状况看，很难认为是达到了完善的法治。环境法治的困境，究其根本，是国家治理的低效在环境治理领域的体现。

---

① 亚里士多德. 政治学[M]. 吴寿彭，译. 北京：商务印书馆，1983.

第一节　立法技术问题对环境立法的影响

国家治理理论认为,民主化是衡量国家治理是否现代化的标准之一,所有公共政策从制定过程到实践结果都要体现人民的意志和人民的主体地位。[①]良法是善治的前提与基础,扩大公众对环境立法的参与和监督,超越部门和地区利益,挣脱既得利益的束缚,站在人民根本利益的高度,才能充分发挥民主科学立法的功能,推进国家治理现代化。

中国的环保法制定始于 1972 年在斯德哥尔摩召开的联合国人类环境会议宣言的触动,至今已拥有与西方环境法治国家匹敌的环境法数量。中国环境法很大程度上是由舶来的理论构成的复合体。通过大规模的立法复制,环境法中包含的抽象的原则体系、概念集群与规则丛林与社会事实存在较为严重的不对称性。[②]所以,中国的环保法律"看上去很美,却既无大错也无大用"。环保法律在运行中遭遇的一系列问题表明：对环境法的专业学科知识的偏好使得研究者更侧重于环境技术和法律文本本身，却忽视了中国环境法治运行中的一些现实问题,结果反映在法律条文上详细和全面,在实际生活中作用却非常有限。然而,立法技术上造成的问题只是法律规则"低效"的原因之一,某些情况下却是因为立法过程中的一些"高效"行为造成的。有环境法的立法不当问题，其特点为：一是涉及环保技术的法规制度很容易产生腐败而不被公众察觉;二是一些利益集团将法规制度变为为地方或部门谋取私利的工具;三是法规制度层级越低,越容易发生腐败现象。

一、国内利益集团对环境立法的侵扰

在中国,利益集团则习惯于通过各种不公开的方式影响着立法,包括环境

① 俞可平. 论国家治理现代化[M]. 北京:社会科学文献出版社,2015.

② 徐亚文. 实践法理学与环境法学的新视角[J]. 中国地质大学学报(社会科学版),2010(6).

立法。带来的结果可能是：

第一，使污染标准低于国际通行标准、使某该退出生产的行业继续存在、使某法律在制定时就注定了实施时面临困难。例如，欧盟各国对电气与电子设备所产生的废弃物进行填埋处理的比例高达90%以上，废弃物中所含有害物质铅、镉等对水、土壤以及空气造成污染，并将最终对环境与人类健康造成危害。为此，欧盟于2003年1月颁布了WEEE和RoHS(《关于报废电子电气设备指令》和《关于在电子电气设备中禁止使用某些有害物质指令》)。其中，RoHS指令要求电子电器在制造过程中禁止使用铅、汞、六价铬、镉和多溴联苯(PBB)、多溴二苯醚(PBDE)。而中国的相关立法目前甚至还只停留在对废旧电器回收处理分类管理的层面。该领域立法的核心问题是利益的确认和衡平问题，[①]而从结果上看，是大众的健康权利让位于电器产品制造商的经济利益。

第二，环境法对污染的处罚力度小，低额度的罚金降低了企业的违法成本。例如，2005年11月13日，吉林石化公司双苯厂一车间发生爆炸，约100吨苯类物质(苯、硝基苯等)流入松花江。11月21日，哈尔滨市政府向社会发布公告称全市停水4天，"要对市政供水管网进行检修"。23日，环保总局向媒体通报，受中国石油吉林石化公司双苯厂爆炸事故影响，松花江发生重大水污染事件，并向中国石油天然气股份有限公司吉林石化分公司开出了100万元的罚单。这已是我国法律规定的最大限额，但是如果将污染环境遭到的处罚金额与环境被污染后遭受的损失相比，污染企业所承担的罚款微不足道，结果只能是用百姓的税款和健康买单。欧美国家在环境法领域通常有高额的惩罚性赔偿条款，而我国的惩罚性赔偿的适用范围只限于产品质量责任、销售不符合安全食品的责任、商品房买卖合同和消费者合法权益保护。因污染环境和破坏生态造成损害的，根据我国《环境保护法》第64条，只能依照《中华人民共和国侵权责任法》的有关规定承担侵权责任，而不能主张惩罚性赔偿。2015年《财富》世界500强企业排名，中国上榜企业数量106家，居世界第二，这些公司主

① 李丹. 环境立法的利益分析——以废旧电子电器管理立法为例[M]. 北京：知识产权出版社，2009.

要是国有企业。这些控制着中国国民经济的国有大型企业主要集中在能源、化工、冶金行业，而这些行业正是当今中国生态环境最大的潜在污染源，正是这些企业代表的利益集团影响着相关法律的制定和修改。

二、为吸引国外投资立法时降低环境保护标准

自中国施行改革开放以来，特别是加入 WTO 后，市场经济和环境法治的发展愈发需要健全完善的法律制度与规范体系予以保障，但过分重视经济发展使得国家为了吸引海外投资而降低环境保护标准，即法律规则在制定的时候可能就被侵蚀了。

“污染避难所假说”适用于现阶段的中国在经济学界被普遍证成。根据“污染避难所假说”的主张：当发达国家实施严格的环境法规，会提高企业生产成本，将导致污染企业把生产转移至环境标准低的发展中国家，从而加重发展中国家环境污染。发达国家基于本国经济发展和全球区域环境质量考量，会要求发展中国家强化环境规制，避免本国制造业转向邻国。国家之间将竞相采取低于别国的环境规制，最终带来全球环境规制的松懈和环境恶化，形成一个典型的“囚徒困境”。每个国家都担心本国环境标准高于别国而使资本外流。在国际法实践中，就出现过美国和加拿大要求墨西哥不得放松本国环境规制作为北美自由贸易区谈判条件之一的情况，三国为此还签署了《北美环境合作协定》。改革开放至今，中国已成为全球最大的 FDI 吸引国。FDI 在给中国带来资本和技术的同时，也带来了环境污染问题。特别是近年来珠三角的工人收入近 10 倍于柬埔寨、越南、孟加拉国等东南亚邻国，中国的廉价劳动力优势渐失，污染产业通过 FDI 形式转移到中国的风险越来越大。一种新的基于低污染成本而非廉价劳动力优势的 FDI 吸引方式导致的新的全球化国际分工趋势正在中国上演。各种对海外制造业的招商引资及后续生产制造出来的经济繁荣背后，隐藏着的可能是低的污染标准和不具实际操作性的环保监管规则。例如，在环境法理论界诟病多年而一直未能解决的“环境影响后评价”问题在某种意义上正是这种“环保让位于经济”的思维方式的产物。“补办环境评价”制度源于几十年前计划经济时代，补办环评至今依然属于合法行为，补办的环境评价占到了

全部环境评价数量的50%。[①]环保部最近甚至还出台了《建设项目环境影响后评价管理办法(试行)》继续将这一制度合法化。环境污染型企业通常是不会先办理环评的,那么问题来了,私营部门为了让建立好的企业继续运行,自然会对相关的行政部门进行公关,只要商业贿赂能搞定行政部门的权力人,环保行政部门就无力处罚污染企业。

第二节　权力寻租和官僚主义对环境行政的影响

根据国家治理理论,效率亦是衡量国家治理是否现代化的标准之一,即国家治理体系应当有效维护社会稳定和社会秩序，有利于提高行政效率和经济效益。[②]

公司的盈利属性决定了将股东利益最大化是公司的首要目标，而对企业产生的污染物的处理往往意味着投入甚至是巨额投入，所以它从来不会是公司主动会去做的事情。从美国、日本这些环保先行国家的经验看,在法治不健全的时代,污染公司通常会收买政府官员和无德媒体,以及威胁百姓。在中国,情况则更为复杂,大型污染企业在当地往往是纳税大户和行政权力人的ATM,行政权力人基于政绩考核需要GDP的数据增长，而趋向于不关停污染的工厂。由于众所周知的原因,环境污染问题有时候往往需要通过异地媒体监督才能被广泛关注。环境治理中的中国问题是行政低效,这也是环境法面临的中国问题的核心和环境权理论的逻辑起点。

一、行政权力人招商引资的同时潜藏的腐败侵扰

在行政权力人看来,招商引资和发展经济具有正当性,一是百姓生活改善有赖于发展地方经济;二是,行政权力人考评制度将GDP增长作为一个重要指标;三是,现有的财政体制安排使得更好的地方经济意味着地方公务员更好

① 汪劲.环境法治的中国路径:反思与探索[M].北京:中国环境出版社,2011.
② 俞可平.论国家治理现代化[M].北京:社会科学文献出版社,2015.

的收入和福利。基于对职位升迁的期望、下属的期盼和臆想中的老百姓的拥护,地方官员积极创造条件进行招商引资,在促进经济发展、扩大就业的同时,只要不出环境群体事件或者被异地媒体报道,对于"隐性的"环境污染,如浮尘、噪音、地下水等涉及人民日常生活的污染可以不予重视。一些地方甚至会引入一些高消耗、高污染、低附加值的生产项目,给当地的生态环境造成严重破坏。

一个地方纳税大户造成的环境污染等问题，通常可以通过行政权力来掩盖。企业从立项、环评阶段起,一旦涉及腐败,行政权力人就会对环境部门施压。无论是针对行政部门的商业贿赂抑或是针对环保部门的商业贿赂,一旦发生,因环境污染的处罚就可能被减少甚至污染企业可以无责解脱。解决这一问题必须依靠我国《刑法》。

二、环境行政的官僚化弊端

在缺乏透明度的情况下,官僚制易滋生腐败。我国环境法行政色彩浓重,在目前的中国环境法中,"国家利益是唯一的公共利益，政府是公益的唯一代表"的理论使政府主导了环境保护的一切。而行政管理官僚化的一个重要特征就是低效率,反映在环境行政领域也不会例外。过于单一的环境行政权在遭遇复杂的环境治理现状时,自然无法从容应对。

"官僚制"是个中性的词语。但汉语中,"官僚制"通常被当作贬义词而成为效率低下的同义语,它所强调的是该制度下产生的烦琐的公事程序、拖拉的工作作风以及泛滥成灾的各种公文和会议记录，所以人们常常把它和低效率的公共行政管理等同起来。从语源学的角度来看,"官僚制"是由法文 bureau 和希腊文 kratos 复合而成。韦伯是官僚制的推崇者,他认为官僚政治是行政权运行的最理想方式,与其他形态的组织相比,官僚机构的优越性就如同机器生产方式较之于非机器生产方式,具有无可比拟的精准、迅速、持续等特征。[①]而密尔则持反对态度,他认为官僚政治带来了形式化、非人性化等弊病,还容易滋生

① 马克斯·韦伯. 经济与社会(下)[M]. 林荣远,译. 北京:商务印书馆,1997.

权力寻租行为。中国的环保部门在设立之初,制度设计者们如同韦伯一样,对该行政管理制度充满信心,确信环保部门能起到保护生态环境的作用。但事实证明并非如此。马克思关于官僚制的论述似乎可以对这个现象做出合理解释:官僚机构具有阶级统治的工具和社会管理的双重职能,但也会发生异化:一是成为具有自身利益的封闭机构,而变本职工作为形式主义;二是摆脱立法权控制、脱离统治阶级意志。[①]

或许是环保部意识到了反商业贿赂对于环境行政的重要性,对地方环保局发文要求召开一些学习的会议和活动。但根据笔者在网上检索到的某市环保局开展了“反商业贿赂”学习会议通知以及会议精神的文件,基本上是在完成上级交下来的开会任务,从文本内容上看,主要是号召体制内人员要好好学习《反不正当竞争法》以及《关于禁止商业贿赂的暂行规定》的思想,除了简要提到了要公布举报电话和分配责任人外,几乎无实质的反腐败制度安排。当前体制下环境行政的官僚化对于环境行政的侵蚀可见一斑。

三、国有企业高管的行政级别制度

自中纪委从2012年反腐败运动以来,涉嫌腐败被调查的国企高管中25%来自能源行业。中国能源行业蕴含巨大经济利益,因其透明度低,经营管理者的权力缺乏监管,为官员进行贪污和暗箱操纵提供了大量机会。除了国有能源企业,其他行业的国有企业也普遍存在腐败问题。目前,国有企业的低效率和严重的腐败已是客观的事实。国有企业的高层管理人员通常拥有行政级别,可以与对应级别的公务员相互“交流”。

地方政府与当地污染企业的矛盾可以看作是地方官员与企业管理者的冲突,而官员通常会避免发生矛盾。这种国有企业管理人员的行政级别设计,使得地方官员无力干涉比他们级别更高的国有企业的污染。当国有企业的腐败和国企造成的环境污染两个问题交织在一起的时候,就会出现特别的现象。例如,当一个副部级企业在你的城市污染时,即便是分管环境工作的副市长出面交涉,场面也可能会比较尴尬。如前文中所述,国有企业势力强大且分布面很

① 项佐涛.马克思对官僚政治的批判研究[J].科学社会主义,2012(3).

广,很多城市都有一家甚至几家重型污染型国有企业。在当前的管理制度下,国有企业行政级别决定了对于其污染行为,当地的环保行政部门力所不逮。

第三节 司法制度的缺陷对环境公益诉讼制度的影响

国家治理理论主张,法治是衡量国家治理是否现代化的标准之一,宪法及法律成为治理的最高权威。环境法治的主要实践是环境公益诉讼,而没有效率的司法制度运作出的同样是司法的腐败。[①]2013 年初实施的新《民事诉讼法》第 55 条规定了民事公益诉讼制度,2015 年初实施的新《环境保护法》解决了环境公益诉讼主体问题。这些新规定的出台为环境公益诉讼扫清了法律障碍,环境公益诉讼理应可以在中国如火如荼地开展了,但事实并非设想的那么乐观。根据笔者在网上的检索,在 2015 年 1 月 1 日"检察院提起环境公益诉讼"制度实施后三个月,全国仅有 4 起立案。

笔者认为,司法腐败的存在是前置于环境公益诉讼制度健康运行的基本问题。

根据最高法院 2015 年 1 月 6 日颁布的《关于审理民事公益诉讼案件适用法律若干问题的解释》法释〔2015〕1 号,将公益诉讼分为"民事公益诉讼"和"行政公益诉讼"两类。

一、司法腐败和表现为司法行政化的司法腐败

环境民事公益诉讼主要是指由检察院、环保局或者环保公益组织针对污染企业发起的诉讼。司法腐败的行为部分表现为污染者对地方政府官员、检察院和环保部门的商业贿赂,党政部门对环境诉讼的干预,但究其实质,司法制度设计缺陷则是司法腐败的根源,司法制度设计者也意识到了这个问题。最新版的《中国共产党纪律处分条例》第 119 条,司法改革中所提出的司法系统与行政系统在行政区划上分离,以及出台相关针对干预司法活动的党内纪律,可

① 徐显明,齐延平. 论司法腐败的制度性防治[J]. 法学,1998(8).

以起到减少部分党政人员对司法活动的干预的作用。

二、司法制度设计缺陷

在环境民事公益诉讼中,①检察院诉污染者。地方党政部门对司法的干预是制度设计使然,环境公益诉讼这样的新生事物在大环境下也很难幸免。检察院和法院都接受政法委的组织领导。司法部门往往会以不符合立案条件、建议庭外调解等理由,拒绝受理环境污染案件。法院的环保庭面临着当地政府的压力,甚至会主动提出要求"了解党委政府对社会经济发展的重大规划,环保司法不脱离党委政府的工作大局"[①],避免做出不利于当地经济发展的判决。②环保局诉污染者。相对于环境保护,地方党政部门更乐于关心经济增长,当环境民事公益诉讼对当地每一个企业都较真的时候,自然影响到 GDP 数据,过程中无论是否涉及商业贿赂,都有可能干涉环保行政部门的执法。国务院最近出台的省级以下环保行政部门直属改革,这一情况可能会得到改善。③环境公益组织诉污染者。根据最新的环保法,符合新环保法两项条件而取得提起公益诉讼资格的环保公益组织有 700 余家,但真正具备财力、环保专业知识、法律能力,有可能进行诉讼的数量极少。即便克服了这些困难,如果没有当地政府支持则很难胜诉。

环境行政公益诉讼制度的产生是因为"政府低效"。环境行政和环境司法是相互联系的,一项制度出现问题,得依靠另外一个制度来补救。环境行政公益诉讼是个非常有效的制度设计,它可视作中国作为"前法治国家"在转型中的一个"面向"。环境行政公益诉讼,意即检察院或者环保公益组织起诉环保局,达到监督环境行政机关依法行政的目的。在过去的一年中,检察院诉当地环保局不作为的案件数量极少, 笔者在网上检索到的全国首例检察机关提起环境行政公益诉讼案,是贵州省毕节市金沙县检察院以"环保局怠于处罚逾期不缴纳排污费的企业"为由诉金沙县环保局,受理法院为遵义仁怀市法院。我们不妨大胆设想一下检察院诉环保局"行政不作为"背后的缘由,环保局在面对一些纳税大户,不敢违背上级部门指示对其进行执法,会不会反而希望检察

① 许家华. 完善环境诉讼制度的相关建议[N]. 广西法治日报,2015—08—25.

院出面将自己告上法庭而得到法院的一纸“执行行政处罚”判决书，这样对上面也有了个交代，毕竟司法系统和咱们行政机关不是同一个系统，而且此案还是个异地审理。表面上看，环境行政公益诉讼制度沦为行政机关的救命稻草，但其实正是“中国环境法治中的政府低效”才造就了这项法律制度。另外，此案中的异地审理等回避制度倒是适合作为环境行政公益诉讼的一项基本原则在全国推广。

下　编

中国环境法律制度的未来展望

第六章　完善环境法律中各项制度

第一节　完善环境保护公众参与法律制度

一、环境保护公众参与法律制度的基本含义

公众参与是公众依据法律赋予的权利及义务参加社会事务管理，是社会成员参与、管理、监督公共领域政府行为的参政原则。公众参与意味着在立法和决策过程中，对与公共利益密切相关的紧要问题，行政机关鼓励个人和普通公民传递相关信息，提出自己的意见和建议，从而使得决策更合法、科学及合理，以提高我国的立法技术水平。公众参与公益事务的价值目标是社会及公民个人的多层次、全方位进步，进一步扩大公众参与国家事务的范围，推动社会的稳定和发展。公众参与的主体具有广泛性，主体无论知识水平及社会地位的差异，都有权参与社会管理。

在环境保护领域的公众参与，形成于20世纪60年代，将公众参与管理环境事务的思想引入保护生态环境机制中。公众依据相关的环境立法，可以自由、平等地参与涉及其私人利益的所有环境行为，属于公民的关于环境管理的重要权利。

对环境保护公众参与法律制度进行研究的前提和基础是对环境保护公众参与准确定位。2014年5月27日，环境保护部出台了《关于推进环境保护公众参与的指导意见》，将环境保护公众参与定义为："环境保护公众参与是指公民、法人和其他组织自觉自愿参与环境立法、执法、司法、守法等事务以及与环境相关的开发、利用、保护和改善等活动"。同时提出公众参与环境保护是维护

和实现公民环境权益、加强生态文明建设的重要途径。2015 年 1 月 1 日施行的《环境保护法》增加有关“信息公开和公众参与”的专篇，具体规定了公众监督政府环境保护执法权、参与环境保护权、信息知情权，举报违法行为的权利，建设项目征求意见权，符合条件的社会组织提起环境公益诉讼的权利，详细规定了环境保护公众参与的具体主体。

公众参与，一方面包括参与相关环境影响评价，主动参加环境保护的立法和决策。另一方面还包括参与监督有关环境行政机关、自觉遵守环境领域的法律法规。公众参与国家立法及决策是让普通市民参与管理环境的重心。在政府决策进行时，个人拥有参与环保的权利，提出意见和给予批评相结合，推动环保事业的顺利发展。公众参与决策的重点包括监督政府执法行为，环境法律、规划没有经过公众参与，将会存在立法程序上的瑕疵，规划和建设项目没有征求公众的意见将不得组织实施。公众参与，对保护生态环境，解决普遍出现的各种环境问题，系统管理环境事务起着重要作用。

环境保护公众参与制度，是指涉及环境保护问题，个人依照法定的程序，参与所有和环境利益有关立法、执法、司法等行政行为，使得政府行政行为更符合个人切身利益的基本制度。公众参与的方式是主动参与环境保护的公益活动，参与政府环境执政监督行为。还有参与有关环境保护法律法规的立法与实施，全程加入环境影响评价，提起侵害环境权益的诉讼等等。该制度的确认和完善使得公众参与原则在环境保护的领域更加具体化，使我们确信，只有建立起较为完善的环境保护公众参与制度体系，才能让人民拥有参与环境保护的各项实体权利。①

二、我国环境保护公众参与法律制度的立法现状

（一）宪法中的相关规定

我国《宪法》第二条规定公民有权依照合法程序，管理社会事务和国家事务。明确了保障公民管理环境事务的各项基本权利，是社会大众参与环境保护相关制度的立法基础。但宪法对公民的环境权没有以法条的形式规定下来。宪

① 蔡守秋. 环境资源法学教程[M]. 武汉：武汉大学出版社，2000.

法法条第二条只是总体地概括规定了公民享有的权利。

(二)《环境保护法》中环境保护公众参与制度的规定

1989 年颁布的《环境保护法》第六条规定全体组织和个人都应当履行保护环境的义务；2015 年新修订的《环境保护法》第五十三条规定个人、组织和机关依照法律规定享有参与环境保护的权利，政府和有关部门应当依法公开环境信息。完善公众参与环境保护的程序，有助于个人、组织和机关参与监督环境保护。可以看出，我国个人、机关、团体都负有保护环境的义务和责任。在立法上，国家对公众参与环境保护予以鼓励。法律规定公民管理环境事务时，享有检举权、控告权和受奖励权，明确了公众参与环境保护的途径、程序，保障公民环境保护参与权。但环境基本法规定的公众参与制度比较抽象，没有具体的执行条款，公众参与的范围也过于狭小，另一方面，主要强调政府保护环境的权利、义务和责任，重点明确在环境保护领域政府的突出作用和巨大贡献，忽视了公众的重要性，使得环境保护主体偏向政府管制，单方面发展环境保护事业。

(三)《环境影响评价法》中环境保护公众参与制度的规定

2002 年 10 月颁布的《环境影响评价法》第五条规定："国家鼓励有关单位、专家和公众以适当方式参与环境影响评价。"第十一条规定："专项规划的编制机关对可能造成不良环境影响并直接涉及公众环境权益的规划，应当在该规划草案报送审批前，举行论证会、听证会，或者采取其他形式，征求有关单位、专家和公众对环境影响报告书草案的意见。但是，国家规定需要保密的情形除外。编制机关应当认真考虑有关单位、专家和公众对环境影响报告书草案的意见，并应当在报送审查的环境影响报告书中附具对意见采纳或者不采纳的说明。"

(四)行政法规中环境保护公众参与制度的规定

国务院 2007 年颁布的《政府信息公开条例》中规定了公开信息是政府的法定职责和义务，且明确规定了公民申请信息公开的相关途径、法律程序和政府应履行的义务，有利于公众参与环境保护。国务院 2009 年颁布的《规划环境影响评价条例》和以前 1998 年颁布的《建设项目环境保护管理条例》都对环评报告书必须征求公众意见做出了明确规定。

(五)部门规章中环境保护公众参与制度的规定

环保总局在相关环境保护部门规章中规定了环境保护公众参与制度。如《环境保护法规则制定程序》第十三条规定环境保护法中有关公民的利益,可以公开征求法律意见稿。《环境保护行政许可听证暂行办法》规定了行政许可听证的范围和具体程序。《环境信访办法》规定了众多环境信访者的权利,检举权、控告权、批评权、建议权等权利。环保总局2006年公布的《环境影响评价公众参与暂行办法》,明确了公众享有参与环境影响评价的权利。在环境法学领域,这是我国第一部关于公众参与的正式的规范性文件。其具体规定了参与环评的范围、参与的程序、方式及时间,真正做到落实公众的环境知情权。

(六)其他相关单行法律法规中环境保护公众参与制度的规定

《大气污染防治法》规定所有公民和组织都有保护大气环境的义务和责任,监督、控告及检举污染大气环境的行为。《水污染防治法》规定公民和组织都有义务和责任保护水资源。这些单行法规以条文的形式明确规定了公众参与大气环境、水资源等领域的保护。

综上所述,有关我国环境保护公众参与的立法现状,宪法没有明确规定公民享有环境权,法条的规定比较杂散。公众参与制度比较抽象,没有具体的执行条款。公众参与的范围也过于狭小, 忽视了公众在环境保护方面的主体地位。总之,我国尚未形成完善的环境保护公众参与制度。

三、环境保护公众参与法律制度的理论基础

(一)民主理论

公众参与是民主制度的主旨,民主理论是公众参与的理论推力,民主理论在环境法的含义就是公众参与环境管理事务。公众参与,从经济角度是发展市场经济的需求,从思想角度是个人自由、平等的中心主义思想的要求。依据民主理论,公民有权利管理国家事务。环境权作为公民的基本权利,包括于国家事务中。公众参与环境事务,民主理论是其政治基础,符合民主社会的发展趋势。

（二）环境公共财产理论

1960年，美国的萨克斯教授针对公民在良好环境中生活的法律依据是什么的提问，提出了“环境公共财产论”“环境公共委托论”等理论。环境公共财产理论认为人类生活需要的空气、阳光、水等环境要素不应再被视为“自由财产”而作为所有权的客体，而应该是全体公民的公共财产，任何个人不得对其随意占有、支配和损害。针对损害环境的行为，任何个人和组织都有权运用法律手段阻止环境污染，监督过程及进行侵犯后的救济。

（三）环境公共信托理论

环境是“公共财产”，为了合理支配和保护环境公共财产，应当按照信托的原理，由广大公民作为信托人，将其委托给作为受托人的国家进行管理。环境公共委托理论强调国家是全体国民的受托人，国家应该秉承全体国民的意志，妥善地管理环境。同时，环境问题的广泛性和复杂性决定了国家在行使环境管理的委托权时必然享有广泛的自由裁量权。但这种自由裁量权一旦膨胀必然损害处于弱势的委托人即公众的环境利益，表现在环境法治领域就是环境立法不当、环境执法不严、环境违法不究等。因此，必须引入环境的权利主体——公众的参与，对国家的自由裁量权的范围和幅度加以限制，对国家的环境管理进行监督，使其真正符合公众的利益。这样既合理地解释了国家环境管理权力的来源和权力获得的正当性，也在国家和国民之间形成了相应的法律关系，国民基于此对国家的环境管理行为进行监督，而让公众参与环境管理无疑就是达成对政府权力进行监督和制约目的的最佳安排。

（四）环境权理论

环境权是指全体国民有权在一个和谐的环境中工作和生活。这些环境管理权利包括身体权、健康权、通风权、资源可持续利用权、环境处理权等权利。环境权又可分为环境知情权、环境保护参与权、健康权、监督政府执法权和诉讼权等。环境权是公众参与环保的基础，为公众参与环境事务管理提供了法律法规的立法前提。

公民环境权的研究和提出始于20世纪60年代，这一理论产生的背景也是基于对政府施政合理性的不信任，其目的之一就是以公民环境权来限制国家权力，保障公民权。20世纪60年代德国首先提出来了环境权的主张，之后日本进一步丰富了环境权的含义,认为环境权的基本原则包括“环境权为集体性权力”及“环境共有”原则。研究环境权始于一次控告行为,从而引发了一次有关人权的大讨论,讨论是否认可环境权是欧洲人权的组成部分。公民环境权理论认为,每一个公民都有在良好环境中生活的权利,环境权是公民最基本的权利之一,应当受到法律的保护。1972 年联合国人类环境会议通过了《人类环境宣言》宣告:“人类有权在能够过有尊严和福利生活的环境中,享有自由、平等和充足的生活条件的基本权利, 并且负有保护和改善这一代和将来世世代代的环境的庄严责任。”这标志着公民环境权取得了国际社会的承认,成为公民应享有的一项基本权利。此后,许多国家陆续承认公民的环境权,在各自的宪法和环境法律中确认了公民环境权或涉及环境权的内容, 从而使环境权成为一项新生的基本权利。我国《宪法》第 26 条规定了保护公民的生活环境是国家的权利和义务,把保护公民的环境权以宪法的形式予以明确规定。

以上四种理论从不同角度分析了环境管理和公民权益的关系。同时也说明了环境问题是关乎社会公共利益的课题, 也是和每一个公民的生命安全和人身健康息息相关的切身利益问题,促使公众广泛参与其中,这些理论为公众参与环境保护提供了基础。

四、完善环境保护公众参与法律制度的必要性

(一)完善环境保护公众参与法律制度有利于维护公民环境权益

环境是稀缺公共资源,是人类生存与发展的基本要素,社会公众与环境有着密切的联系,社会公众要自觉和积极管理环境。管理环境就是合理控制和分配环境这种公共资源,但现实生产生活中出现的污染环境、破坏生态的行为屡禁不止,侵犯了公民的环境权。社会公众是环境问题的主要承受者,保护环境是经济社会可持续发展和公民健康生活的共同利益诉求,公众参与,切实维护自身环境权益,提高自身的生活质量,满足现今公民和子孙后代的要求,促进社会的可持续发展。在环境领域,经济发展和社会公共利益之间的冲突日益明显,公众参与可以平衡两者的利害关系,解决冲突及矛盾,使经济发展建立在生态平衡的系统上。

我国宪法规定环境权是公民的基本权利, 而环境保护公众参与制度正是

公民保护自己环境权益的一个很好的渠道。环境的好坏直接影响到经济的发展和人类切身的利益，所以公众对于维护自身的利益应当享有相应的权利，对破坏环境的行为有权利制止和提起诉讼。只有公民参与环境保护和管理环境资源才能协调好各方面的关系和利益冲突。公众的主人翁地位得以认可，增加了对政府的信任，加强了社会责任感，才会更加配合政府的工作，这样颠覆了以往环境保护只靠政府排除公众参与的情况，建立起了人与环境的和谐关系，大大保障了环保事业的顺利开展。

（二）完善环境保护公众参与法律制度能够弥补政府环境管理的缺陷

公众参与能够弥补单纯依靠政府从事环境保护的缺陷，政府在环境管理中处于被动和事后治理的地位。弱势群体在社会上受到不平等的待遇，容易被政府忽视，被强势群体压制，无法表达自己的需要和利益。公众参与，让弱势群体可以畅通地表达自己的环境利益需求和主张，参与政府的决策过程，保障弱势群体的合法环境利益。将民众的意见回馈于政府，合理分配环境公共资源，提高政府决策的质量。行政机关在决策时，综合考虑整体利益，降低管理环境的成本，政府要秉持公开的原则依法执政。公众参与环境保护是实现政务公开的主要方式，也有利于实现社会的稳定和公正，符合民主管理理念。有时候为了经济发展、短期或局部利益，政府会忽视或放纵污染环境的行为。公众参与可以在一定程度上限制行政机关的自由裁量权，提高政府民主执政意识，保障政府决策的民主性和科学性。

（三）完善环境保护公众参与法律制度有利于对政府行为进行监督

公众参与环境保护便于环境资源管理工作的开展，使新环保法在实践中得到更全面的实施，更有利于对政府行为的监督。在如今的环境问题面前，仅仅依靠政府的力量是远远不够的。环境资源的辽阔，破坏环境行为的大量存在，只用有限的政府力量去抗衡，是导致“政府低效”现象大量出现的主要因素。公众加入环境保护的行列，正是弥补了政府力量的不足。一方面对破坏环境的行为，公众可以起到监督反馈作用，减少政府低效的现象。另一方面，通过公众的意见反馈，使政府认识到环境问题的严峻性，加强环境保护措施。

（四）完善环境保护公众参与法律制度有利于提高公民的环保意识

在环境问题方面，公共利益之间常常存在不同程度的冲突，主要依靠政府行政权力管理环境事务是不够的。调节不同群体的利益冲突,需运用民主观念思考问题,也需要公众的广泛参与。公众的生活与保护环境息息相关,公众易参与环境保护,能提高公民的民主政治意识,推动社会政治文明的发展。公众参与环境保护,发现生产和生活中的环境污染等问题,保护生态文明的前提是调节人与自然的矛盾,从而最终实现构建和谐社会的目的。

环境意识，是人们主观上对环境问题的认识水平和为此采取行动的意愿程度的一种表现形式,是人们对客观存在的自然环境的主观反映,其核心是人类对自然环境及其相关问题的认识、判断、态度及行为取向。环境保护的根本动力在于公众的广泛参与，其外在表现形式是民间环保组织和环保活动的发展,而其基础却是公众环境意识的普遍提高。 建立并运行公众参与环境保护法律制度,通过赋予公众一定范围内的参与权和决策权,在环境保护领域营造一种自我自觉治理的氛围，逐渐改变在政府长期单向主导下公众的传统习惯和思维模式,使公众逐步培养同政府进行积极的合作和主动监督的精神,从而实现公众与政府之间的密切高效合作。这种互动合作本身必然对民主生活方式的培育起到极大的推动,实现一定程度的环境自主治理,从而使多元化、不同层次的环境利益得到表达,并以对话、协商和妥协方式在法律框架内体现,实现社会公平。

五、完善我国环境保护公众参与法律制度的思考

(一)确立公民环境权的法律地位

目前,我国大体上形成了以宪法为框架,以环境保护法为基本法,以其他单行法律、法规为主要内容的环境法律体系。我国环境保护法律制度不断完备,但污染环境仍然在不断加剧,公民参与环境保护的积极性受挫,这与我国缺乏明确的环境权有关。明确环境权的法律地位,创设公众参与环境保护的权利根基迫在眉睫。①

公民的环境权是一项基本人权,发达国家大多数将环境权立法,这也是我国环境法学理论和实践发展的必然趋势。公众参与环境保护一定要具备权利

---

① 严音莉.环境保护公众参与制度研究[J].法制与社会.2012(30).

基础,没有环境权,公众就没有办法参与环境保护。只有以强大的环境权作为支柱,公众才可以自由民主地参与环境事务的管理。作为权利来源基础的公民环境权在我国尚未得到法律的充分确认。

现有规定公众环境权的法律及其条款过于分散、粗略,缺乏逻辑性,没有形成完整的权利体系。构筑完整的环境权立法体系,笔者认为需要分为三个步骤。首先,创设环境权利的来源,在宪法里明确规定环境权。使环境权具有宪法地位,并且在宪法中明确政府行政主体、环境资源所有权的代表者和监护者的身份,详细、明确规定行政机关保障公民环境权的义务。宪法上明确环境权,环境基本法就更易于正当合法地衍生出环境权的子权利, 也更易于细化为程序性环境权。如环境参与决策权、环境知情权等权利,是实现公民实体环境权的有效方式。其次,在环境保护基本法中明确环境权基本权利的地位,明确规定哪些公共领域允许公众参与环境决策, 而不仅仅是规定公众只能参与建设项目环境影响评价过程。区分环境权这种社会经济权和行政权、文化权等权力的界限,使环境权由应然权利上升为法定权利。第三,在有关环保单行法律法规中具体增加环境权涵盖的部分,从而构建系统充实的环境权权利体系。从我国实际出发,明确环境权中公众具体参与的方式、内容、步骤、参与程度等。再辅之配套的法律机制,使得社会大众的环境权具体化、步骤化。引导公众主动投入到环境保护的公共事业,从而保障宪法上的环境权。

(二)构建环境保护公众参与立法体系

1. 确立公众参与为环境立法的基本原则

公众参与立法制度应确立为基本原则,具体途径可以通过在《立法法》修改中专门设立"公众立法参与"一章,或者在专项立法的"总则"部分,将公众立法参与的基本原则作为公众立法参与制度的价值目标与准则予以确立。在我国的法律秩序上,很大程度上是自上而下的,这也就使得我国公众在立法过程中根本无法主动自觉地参与,只能是"由上级安排",大大加深了政府与公众之间的紧张关系。政府部门所做的很多法律措施也无法与实际生活相结合,脱离公众生活,为此,只有政府部门和公众参与两者相互结合,才能更有力地保证立法过程中的完善性。总之,笔者认为势必要确保公众参与在环境立法中的现实可行性。通过实践可以看出,政府在解决和处理环境问题时要多考虑基层群众的意见与建议。国家鼓励走群众路线,正是因为一切问题归根结底都是群众问题,公众对问题的来源发展了解得比较全面透彻,可是法律并不是万能的,立法者也不是完美的,虽然新法明确了公众参与是一项基本原则,但理论运用到实践方面还需要一段时间,往往容易造成法治的空白区,公民不能及时有效地行使自己的权利。有专家学者提到公众在认识水平及专业知识上欠缺,从而阻碍公众参与原则的推进,但是实践证明,这并不能影响公众参与原则入法,同时只有尽快配套公众参与的可操作性途径,才不至于使法律落空。

从国际理论来看,《人类环境宣言》[①]中也明确指出公众参与,是法律意义上的权利。因此,要与国际接轨,完善我国立法目标,就必须贯彻落实民主制度在我国法律上的体现,从立法及法律实施过程中,保障基层群众的意见都能体现在立法、执法及司法的每一个环节。

2. 扩大环境立法中公众的范围

虽然从严格意义上讲,我们所希望的公众参与的方式是每个人都实现终极意义上的真正参与,真正保护每个人应该被保护的环境权益,但是,在中国,政府这一高度组织化的机构面临的个体过于繁多,对于信息的全部采集很难实现,这是目前需要解决的。就现在形势而言,我国的社会团体力量在环境立法中占有很大的比重,同时社会团体被立法所接受,社会团体与个体之间的力量就显得格外的悬殊,社会团体就有不可取代的优越性。因为社会团体的影响力,使得社会团体提出的意见更加具有实践意义。因此,目前在我国,我们可以看到环保团体可以解决在实践过程中环境问题的阴影,而且效果尤为显著,政府应听取环保团体和普通公民的个人意见。

1995 年法国创造了“关于加强环境保护”这一咨询系统,法律规定在涉及集体利益的时候,按照本国的法律所规定,必须采纳民众的意见和建议,为此专门设置了行政机构来完成此项工作,对于所采集上来的建议,会作为立法的主要依据。公众可以通过社会组织在提案、立法上发表自己的见解和看法,效果是非常明显的。近几年我们的民间环保组织发挥了很大的作用,环保意识渐入人心,使一些问题得到了解决,以至于整个社会的环保意识也跟着提升起来。

---

① 联合国人类环境会议与《人类环境宣言》[J].中国投资.2011(2).

3. 改进公众参与立法的程序

我国公民可以通过提供材料、向有关部门反映问题等形式去参加听证会，对公民环境权的保护方式，目前还不确定，真正解决问题还需要经历很多程序。并且在真正实施的过程当中要经历政府部门不采纳、地位被动等诸多问题，这就在很大程度限制了公众获取自己的权益，影响公众的积极性。笔者建议在我国立法过程中设立政府通告和环境评论者两个步骤，来弥补公民参与在我国环境立法中的漏洞。

法规的发布需要在行政机关发布法规之前先向社会公开法规内容，社会公众根据具体内容通过书面形式表达自己的看法。行政机关一定要估计公众的不同建议，在公众的建议之上进行详细的分析探讨决定后才能发布最后的法规，并且对公众意见的采纳与否进行解释说明。[①]通知评论程序的优点：第一，方便快捷，方便成本控制，不会对行政资源引起负担，不影响行政效率；第二，可以保障热爱环境积极人士的利益，方便这一群人参与到环境行政立法中去；第三，与构建公平公开透明政府相呼应，反映了环境行政信息公开的政策；第四，有法律的支持，让群众从法律的角度学习法律更成熟，更适应，法律效力也相应会更好。

但是在现实操作中应该注意以下几点内容：第一，要明确程序的适用极限，在如今有一些特别的情况下，应该排除应用评论程序，环境立法应该更接地气，不能出现无用法律；第二，我们对要制定的程序要求进行了详细的分析，在理论上，程序包括通知审查，在我们国家，可以以方便的形式，如电视报纸新闻发布会等等方式来进行，近些年来网络的发展也使得网络媒体成为不可或缺的一个宣传渠道，不难想象，这些渠道的建成对意见收集的行政机关的能力也是一种考验，行政机关应该认真对待这些公众的意见和声音，进行归纳分析整理后进行回复，否则对公众的积极性也是一种打击。如今我们国家在环境立法前会在官方网站上发布草案，接受公众的意见和建议，但是，在与公众交流答疑层面还有留白，一定程度上影响了部分公民的积极性，应引起重视并加以完善。除此之外，我国也没有法律颁布之后的救济程序，公民对环境立法的参

① 美国《联邦行政程序法》第 533 条。

与程度也远远不够,这是我们国家环境立法的重要方向。

(三)完善环境影响评价公众参与制度

《环境影响评价法》第二十一条规定可能影响环境建设项目报送环境影响报告书审批前,召开听证会,公开征询公众的建议和意见。而社会大众保护环境的实践需要环境影响评价制度的保障,环评机制更是相关参与制度的核心。

1. 细化参与评价主体的规定

(1)给予环境权益主体参与环评的平等机会。

出于减少成本、提高效率的考虑,我国现行的相关法规只是让政府人员和专家学者,及群众代表来参加环境影响评价的过程。但是,实际操作中,被选定为参与主体的人员是十分有限的,甚至是固定的。这造成了环评的过程流于形式,环评的结果可以控制,根本起不到限制污染和保护环境的目的。笔者认为,必须要在制度上合理设计,更多地给生活在即将施工的项目周边的群众更多地参与进环境影响评价的权利和机会,他们虽然缺乏专业知识,但是由于切身相关的环境权益的趋势,必然会提出更加有实际效果的意见和建议。在此基础之上,再将拥有一定专业知识的人或组织吸纳进环评的过程中,来弥补因公众缺少专业知识而造成的缺陷。

(2)让民间环保组织发挥应有的作用。

一个人的力量是弱小的,很难对政府的决议造成太大的影响。而社会团体则不同,通过团体有组织、有计划的行动,往往能起到意想不到的效果。民间环保组织集结了一些热爱环境,愿意把精力投入到环境保护事业中的人,他们热衷于研究环境热点、难点问题,并向外界积极宣传保护环境的理念。民间环保组织所拥有的环境领域知识甚至不比政府环保部门工作人员少,也可以在环评过程中提出许多建设性的意见,甚至还可以利用自身的影响力来帮助政府进行宣传教育。政府部门与环保组织对立,百般阻挠,生怕环保组织“多事”、组织民众“闹事”,阻碍项目的上马进程,这是非常错误的想法。[①]只要项目符合发展需要并且不伤害环境,民间环保组织不但不会形成阻碍,还会协助政府更好地完成项目建设。毕竟,民众要环境,当然也要发展;政府求发展,但是也希望

① 孙明媚. 论我国的环境保护公众参与制度[D]. 青岛:中国海洋大学,2009.

环境是不被破坏的，从这一点上讲，政府和环保组织的立场绝对不是对立的，政府应该欢迎民间环保组织的参与，从立法上对民间环保组织参与环境影响评价的权利加以保障。

(3)保障特殊群体参与环境影响评价的权利。

该类群体主要包括残疾人、少数民族、贫困人群等等。法律面前人人平等，不能因为他们属于特殊人群就削减他们的环境权。特殊人群因为种种原因，与一般人相比，参加环境影响评价会遇到一些阻碍。目前我国对于特殊人群参加环评没有针对性规定，这几乎就相当于将特殊人群挡在了环境影响评价的大门之外，使特殊人群没有行使环境权的机会，这个情况急需改变。建议将群体划分为不同的部分，针对群体特点的不同，设定参与的方式。对参与有一定困难的群体，给予政策上的支持，保证各个群体都可以参与到环境影响评价中来。

2. 扩大被评价对象的范围

现阶段我国在环境影响评价的客体方面，主要有两个问题需要解决。一是环境影响评价的对象过于单一，在环境影响评价发展的大概二十年间，建设项目的评价占到了绝大部分，其他类型的环境影响评价所占比例过低，对环境有重大影响的政府环境政策的制定、立法以及行政活动，都尚未纳入环境影响评价的范畴。二是评价内容过于简单。仅重视单个项目对局部环境影响的分析和预测，却没有考虑到各个项目之间的内在联系与相互影响。环境是一个十分复杂、内在联系紧密的生态系统，牵一发而动全身，一个部分出了问题，会引起一系列的连锁反应，只注重单体评价，是无法全面地反映出该项目对环境所造成的影响的。建议将国家环境政策的制定、相关立法以及行政活动归入环境影响评价的范围，增设区域开发的环境影响评价，扩大环境影响评价的广度。在环境影响评价的深度上，张波和赵华两位学者建议，调整评价的重心，将原来的以现状描述和模式预测为重点，转移到工程分析与对策研究，强调污染控制的功能。笔者同意此观点，应该将项目评价和区域评价有机结合，点面兼顾，以达到全方位保护环境的目的。另外，根据我国《环境影响评价法》的规定，我国公众参与环境影响评价程序是在编制环境影响评价报告书的阶段，而对于仅需要环境影响报告表和环境影响登记表的项目则无权介入。这样做的目的是节约时间、减少成本,但不要忽略一个事实,那就是不论是报告表还是登记表的项目,多多少少也会对环境造成影响。既然会使人们生活的环境发生变化,就应该给公众发言的权利。建议对与环境影响不大的项目,将是否对其进行评价的决定权交予公众。如果公众觉得应该进行环评,那么政府部门就该启动环境影响程序,保障公众的环境参与权。

3. 扩大参评的阶段

公众何时介入环境影响评价程序最能发挥作用呢? 国内外的学者对此问题给出了统一的答案,那就是越早越好。[①]在一些事项还没有决定前介入,才有可能影响政府对该事项的态度,在政府已经做出决定后才姗姗来迟,恐怕很难让政府改变决定。正如叶俊荣学者所说,"在环境影响评价程序的过程中,分为先后阶段,越在前的阶段,越容易吸引公众的参与,越往后的阶段专业性就越强,公众参与的效用就会打折扣。如果对参与的方式与阶段没有做合理的安排,易使公众参与流于形式,不但达不到预期的目标,有时甚至会引起不必要的误会与矛盾"。

(四)完善环境信息公开制度

环境知情权,指公民依照法律规定,享有的从负有法定公开环境信息的政府及其部门,获取相关环境保护信息的重要权利。个人有权获得政府方面、社会各界、世界各国及个人的各式各样的环境信息。在环境领域,知情权是公众参与的重要依据,也是个人管理环境问题的基本。知情权应在立法上详细规定,包括公众如何获取环境信息、获取信息的内容及合适的信息反馈途径,并用法定程序保障知情权。

我国新修订的《环境保护法》第五十三条明确规定所有个人和组织都依法享有获取环境信息权的权利。政府环境保护主管部门及其他机关部门,当依法履行法定职责,公开有关环境信息,完善公众参与环境事务的程序,为一切个体、单位和组织参与环境管理及监督政府执法行为提供有利条件。《政府信息公开条例》第十条规定政府及其部门公布包含监督、检查环境保护情况的信息。《环境保护法》规定了公民的环境知情权,《政府信息公开条例》规定了政府

① 史玉成. 论我国环境保护公众参与法律制度[D]. 上海:华东政法大学,2007.

公布信息的法定义务。公民获取环境信息的权利对应政府公开信息的义务，权利与义务相统一。

保障公民环境知情权，需要建构环境信息公开制度。从信息公开的权利主体、义务主体及权利客体等几个角度分析。这也是政府用民主、科学的管理手段，建立一套覆盖多领域、多层次的环境信息公开体系。

1. 扩大环境信息公开权利主体及义务主体的范围

信息公开的权利主体，我国现行法规规定大多是有利害关系的申请人。但环境问题涉及社会公共利益，具有普遍性和关联性，难以界定到底谁才是利害关系人。以直接利害关系人为信息公开的权利主体，加大了申请信息公开的难度，不利于实际操作。环境知情权的权利主体应包括个人、法人、机关和组织，尤其需要注意的是非政府组织。非政府组织能够克服个人参与环境保护时人力、物力、财力的弱点，以法律认可的地位参与环境各项事务，是公众参与环境保护的强大推力。行政机构是公开环境信息的主体，其掌握各种环境信息。行政机构不仅仅指行政机关，还包括法律授权的组织和委托行使行政权力的组织。

2. 具体规定信息公开的权利客体

环境知情权的客体是环境信息，法条一般采用概括式和列举式说明环境信息，既具体列举各种信息又灵活概括相关信息。环境信息是在社会生产和生活中管理环境事务的各类信息。从要素分析，环境信息包括生物要素，土地等非生物要素和噪声、废气等污染信息。从管理环境分析，环境信息包括政府行为和非政府行为的信息。尤其重要的是，要明确权利的界限，限制政府信息的保密范围。环境知情权的例外情形应以但书的形式明确规定，除了但书其余信息一律公开，例外情形限定于国家秘密和商业秘密。

3. 采用多种信息公开方式

不同类型的环境信息，有不同的公开方式，依据公民获取信息花费的时间长短和费用支出的大小，公开方式可分为方便型和低成本型。方便型是指公民获取信息的时间短，不用支付获取信息的费用，主要是政府依职权主动公开。低成本型是公民需支付一定费用来获取环境信息公开，主要是政府根据当事人申请而做出决策。依职权主动公布的环境信息往往涉及社会公众利益、影响面广、程度深，一般在电视、报纸、网络、公告栏等传媒公开环境信息。依据公开的环境信息具有的不同特点，灵活选择媒体。如稳定、长期的环境信息如环境法律法规等，应选择报纸、杂志长时间公布、保存，时事性强的环境信息，应选择传递方式及时和方便的渠道，受众多且广泛的电视、网络，定期公布的环境信息，应选择两种以上的媒体公布，与公众生命健康、食品安全紧密联系的信息，可选择在公交站台、超市入口、菜市场入口等人流密集处张贴公告栏，也可选择电视台某收视率高峰时段公开。

4. 严格政府执法，保障公民环境知情权

公众可以通过法定程序，向对应的行政机构申请公开环境信息，只要不符合但书的例外情形，该机构应在一定期限即三天至七天内提供。杜绝政府公布信息形式化和随意性，非合法将承担相应法律责任。若不属于该机构管辖，应告知公民管辖的部门，且下达书面不予管辖通知书；若该机构法定时间内未提供环境信息，公民有权向上级机关申请复议或向人民法院起诉。

（五）完善环境公益诉讼制度

《民事诉讼法》新增的公益诉讼制度是立法上的一个大进步，是司法诉讼制度的创新，具有重要的意义。具体内容规定为，对污染环境、侵害众多消费者合法权益等损害社会公共利益的行为，法律规定的机关和有关组织可以向人民法院提起诉讼。新法的修改虽然对保障基层群体的环境利益提供了法律依据，人们对环境侵权纠纷也可以通过向法院起诉来捍卫权利。但是，理想与现实还是存在差距的，法律也存在着漏洞性等缺点，首先法律未规定个人提起诉讼的资格，其次机关和有关组织也并非如人们预想的那样顺利。也就是说，仅仅做到了有法可依，但还是缺乏可操作性，同样免不了我国法律的一个通病缺陷。

1. 适当放宽原告资格

上面提到，法律并没有规定公民个人为环境公益诉讼的主体。公民诉权还需要得到法律点头同意。新修订的《民事诉讼法》，只是做出了有限的规定，赋予了有关机关或组织主体资格，对于这两种资格之外的主体，要想提起环境诉讼，只能在自己的切身利益受到损害时，且按照民诉法规定的损害原则进入司法程序。环境问题毕竟不同于一般法律问题，它具有普遍性，相应的环境破坏问题也具有普遍性，造成的影响范围广，问题潜伏的时间长，不易被及时发现。我们既然享有环境权，也应有保护环境的义务。

笔者认为,《民事诉讼法》对环境诉讼原告的规定过于宽泛,这种法律规定与实践需求是不匹配的。环境公益诉讼制度建立与否,关键还是在于原告资格的范围是否广泛,笔者认为,环境公益诉讼主体应该适当放宽,即一切机关、组织和个人都具备原告资格,都可以向人民法院提出诉讼。相信有这样的蓝本为基础,再加上实践的需求,完善环境公益诉讼制度就会指日可待。

2. 设置不同等级的诉讼证明标准

诉讼方面问题与实际互相结合,笔者认为可以制定出相对应的诉讼标准。在环境受到侵害的案件当中,公民和民间的一些团体组织提起的诉讼,应该相应地去考虑个体在技术或者资金上的缺乏,环境固然应受到保护和支持,但是在证明的标准上应该有所降低，只要证明环境即将受到损害或者被告者的行为会破坏到环境,即能够得到支持。当行政机关或者是专业机构被当作是环境诉讼主体的时候,对于证明标准应该相应地严厉和认真,应该有明确而又详细的数据证明才能予以支持。在排除了企业合理怀疑,企业能够证明自己免责事由或者减轻情节,可以采纳其意见。只有依据不同主体制定相应的证明标准,法律才能真正地体现出公平公正。

3. 保护原告人身安全

众所周知,公民的合法环境权益受法律保护不容侵犯,但由于与企业相比公民处于弱势,有些情形,例如一些企业在成为法庭被告以后,就可能会针对弱势的原告采取打击报复,在环境公益诉讼制度建立初期可能会更加严重。因此在其建立之初,就要加大对原告方的保护,尤其是对公民个人的保护。对对原告进行威胁、恐吓的行为要采取严厉的处罚措施。例如警告、大额罚款等。对触犯刑法的行为追究其刑事责任,对相关不法行为起到震慑的作用,对于报复环境公益诉讼原告的行为,一定要加大力度打击并提前用法律进行规范。此外保护环境诉讼原告的安全还需要一种强制力量，那就是统合公检法的力量形成保护网,公民有权利用法律来保护自身相关的环境权益,绝不能让公民为环保事业做出的努力因为人身安全而付之东流。

第二节 完善生态补偿法律制度

一、生态补偿法律制度的基本含义

在国内,生态补偿这一概念是20世纪80年代提出的,这是一个由中国学者在实践中不断总结归纳形成的概念,对这一概念的研究首先应当回顾当初学者们研究的成果,认真梳理学者们研究的脉络。就目前所能查到的资料来看,最早将“生态”和“补偿”相提并论的是马世骏,他认为“自然生态系统各成分之间具有一定程度相互补偿的调节功能,但这种补偿和调节作用是有限度的”①;最早将“生态补偿”作为一个概念固定搭配使用的是张诚谦②;最早将“自然生态补偿”列入工具书词条,并给出概念界定的是《环境科学大辞典》③;之后的学者们就开始不断引用该书所提出的概念作为权威表述,并开始广泛研究“生态补偿”问题。④

现在看来,国内自然科学学者提出生态补偿这一概念从一开始就没有能够区分“自然生态补偿”与“人工生态补偿”,这从逻辑上讲是有重大漏洞的。如前所述,作为第一个使用“生态”和“补偿”概念的马世骏,在研究中强调的是自然生态系统作用于自身的“自力补偿”;而之后使用“生态补偿”概念的张诚谦,在研究中强调的却是由人类向生态系统投入能量以维持生态系统的动态平衡的“他力补偿”。相对而言,《环境科学大辞典》关于“自然生态补偿”的概念解释在逻辑上是比较严谨的,因为有“自然”一词在“生态补偿”之前做限定语。但可惜的是,之后的学者们引用该辞典时,基本都是断章取义,对作为定语的“自然”一词视而不见,直接取“生态补偿”的概念用于各自的研究。然而,这个逻辑

① 马世骏.现代化经济建设与生态科学——试论当代生态学工作者的任务[J].生态学报,1981(1).

② 张诚谦.论可更新资源的有偿利用[J].农业现代化,1987(5).

③ 环境科学大辞典编委会.环境科学大辞典[Z].北京:中国环境科学出版社,1991.

④ 叶文虎,魏斌,仝川.城市生态补偿能力衡量和应用[J].中国环境科学,1998(4).

上的瑕疵竟然被学者们承袭至今，从来没有人意识到这个问题的存在，更没有人提出过置疑。这也就解释了为什么不同学科的研究，从自然科学的农林业学到环境科学、从社会科学的经济学到法学，所有学者的研究居然都是在同一的概念下展开的。

生态补偿概念本应有“自然生态补偿”和“人工生态补偿”之分，正如同“环境”有“自然环境”和“人工环境”之分。“自然生态补偿”指环境自净的过程，是生态系统所天然具备的自我调节能力，是不需要借助外力的“自力补偿”；“人工生态补偿”指与生态保护相关的人类自觉的环境管理行为，是人类对自然生态系统进行主动干预的“他力补偿”。早期学者们研究生态补偿大多是从自然科学视角对“自然生态补偿”的规律进行探讨；随着“生态补偿”研究的社会科学研究视角的创新，学者们的研究更多是在“人工生态补偿”语境下进行的。从法学视角研究“生态补偿”，其重点是进行制度层面的探讨，必然更关注“人工生态补偿”。法律是调整社会关系的制度和规范的总称，法律规范的是人的行为、调整的是人与人之间的关系，并不能规范和调整生态系统的活动和功能。这里的“生态补偿”就是人类为弥补因其行为造成的、超出生态系统自净能力而导致的自然生态功能减损所采取的措施，目的是维持自然生态系统的动态平衡。因而，将“生态补偿”定位在与生态保护相关的人类环境管理行为，是从法学角度界定生态补偿的逻辑前提。

二、生态补偿法律制度的理论基础

（一）生态学基础——生态系统服务价值理论

1997 年，Robert Costanza 等发表了《世界生态系统服务价值和自然资本》一文，这是世界上首次对全球生态系统服务价值进行的系统性研究，将生态系统服务分为 17 类，并计算出每年全球生态系统服务功能的总价值为 16 万~54 万亿美元。[①]Gretchen C. Daily 教授在其主编的《自然的服务：对自然生态系统的社会依赖》一书中指出“生态系统服务是指自然生态系统及其物种所提供

① Co-stanza，R. ，et al. The value of the world's ecosystem services and natural capital [J]. Nature，Vol 387，15 May 1997.

的能够满足和维持人类生活所依赖的条件和过程”①。2005年由联合国发布的《千年生态系统评估报告》将生态系统服务界定为“人类从生态系统中获得的收益”,主要包括供给服务、调节服务、文化服务和支持服务。该项目共有来自95个国家的1360位专家参与,使得生态系统服务概念引起了各国学者的关注。

生态系统服务功能是有价值的,对生态环境建设做出贡献的人应当得到相应的补偿,而生态利益获益者享受了生态系统服务应当要支付的对价,即进行一定的补偿。自然环境具有重要的生态系统服务功能,建立生态补偿法律机制是对其生态价值的肯定,能够保证其生态系统服务功能的有效供给。

(二)经济学基础——外部性理论

外部性理论是经济学领域的专业术语,它也可称为“外部效应理论”。最早是由阿弗里德·马歇尔在其1890年问世的《经济学原理》一书中提出的。在外部性理论的发展史上,最著名的三个人物为马歇尔、庇古以及科斯。马歇尔提出了“外部经济”理论,并划分了“内部经济”与“外部经济”的内涵:内部经济旨在说明企业内部人员技能提高、内部分工协作完备以及劳动者工作热情高涨等都会导致生产费用的节省;外部经济旨在说明企业外部关于距离原材料市场较近、运输通信技术提高等也会导致生产费用的节省。在此基础上,庇古提出了“庇古税”理论,即引入政府机构,通过征收税收,使得外部效应实现内部化。科斯在对庇古的理论进行批判和继承中,提出了“科斯定理”,引入了“在产权明晰的情况下,双方可以采取自愿协商的方式来解决问题”的理论。三位学者的理论为经济学开辟了更广阔空间,也为环境保护领域提供了理论基础。

外部性有正外部性和负外部性的区分。正外部性,也称为外部经济。在城镇化迅速发展过程中,大规模地利用自然资源,过度开发生态环境,这种行为具有明显的负外部性特征。所以,完善生态补偿法律制度来确定相关的补偿主体、补偿资金和补偿内容就显得尤为重要。

除此之外,可以借鉴庇古和科斯两位学者的理论:第一,借鉴经济学家庇古的理论,将政府引入,在政府的主导下,由各方利益主体参与来进行生态补

① Gretchen C Daily. Ed. ,Nature's service:Social Dependence on Natural Ecosystems,Island Press,1997.

偿行为。第二，借鉴学者科斯的理论，在明晰相关产权的情况下，对矿区废弃地和废弃矿区进行生态修复；在市场经济条件下，采取自愿协商的手段实施生态保护补偿，从而实现生态系统的开发者与所有者之间的二次分配，明晰相关权利人的权利义务，达到提高保护生态环境的积极性、减少破坏自然资源的负外部性行为、鼓励保护自然资源的正外部性行为的目的。因此，研究经济学领域的外部性理论对于探讨生态补偿制度的具体运行具有很大的理论意义和实践指导价值，同时也为建立和完善生态补偿法律制度提供了新的思路。

(三)法理学基础——环境正义理论

“正义有着一张普洛透斯似的脸(a Protean face)，变幻无常，随时可呈现不同形状并具有极不相同的面貌。”[①]正义是法的基本价值之一，备受人们的关注。美国哲学家罗尔斯和庞德提出社会正义即是社会基本结构的正义。所谓社会基本结构是指分配基本权利和义务的经济制度、政治制度和法律制度。社会基本结构的正义包括两个方面：一方面是社会各种资源、利益以及负担在分配上的正义；另一方面是社会利益冲突在解决上的正义。这两个方面体现了法学上的实体正义和形式正义。正义对法律的改进有积极的推动作用；法又是实现正义的手段。

“环境正义”概念最早起源于20世纪80年代的美国环境正义运动。1982年，美国华伦县的居民进行游行、示威，抗议在阿夫顿社区附近建造多氯联苯废物填埋场，拉开了环境正义运动的帷幕。这是一场因环境不正义问题而引发的环境抗议运动，推动了美国环保事业的发展。“根据美国国家环保局的定义，环境正义是指在环境资源法律、法规、政策的制定、遵守和执行等方面，全体人民，不论其种族、民族、收入、原始国籍和教育程度，应得到公平对待并卓有成效地参与。”[②]

环境正义的哲学内涵包括代内正义和代际正义。代内正义指的是同时代的所有人不论国籍、种族、性别、经济收入等差异，对良好的生态环境享有同等

① 博登海默.法理学：法律哲学与法律方法[M].邓正来译.北京：中国政法大学出版社，1999：252.

② 蔡守秋.环境正义与环境安全——二论环境资源法学的基本理念[J].河海大学学报(哲学社会科学版)，2005(6).

的权利。生态利益获益者和生态利益付出者之间的利益冲突是环境不正义的表现,也是阻碍生态环境保护的一大障碍,故实现代内正义的最优路径就是构建生态补偿法律机制,实现相关主体之间的正义。代际正义是指当代人和后代人对地球生态环境享有同等的权利,要求当代人的生产建设既要满足当代人的需要,又不能对后代人的发展需要构成危害。并且当代人对生态系统功能造成减损时,要对生态系统进行各种形式的补偿,以恢复生态平衡。

三、完善生态补偿法律制度的必要性

(一)完善生态补偿法律制度体现了法律对公民环境权的保护

公民环境权一般被简称为环境权,目前这一概念虽然得到广泛的使用,但对其的理解还存在差别,比较典型的两种认识是:一种将其理解为"环境的权利",另一种将其理解为"对环境的权利"。"环境的权利"就是指环境所拥有的权利,而不是人类对于一个健康环境拥有的权利。这种解释从生态中心主义的角度出发,将环境置于与人类同等的地位,有一定的道理。"对环境的权利"是指人类对环境的权利,表达了法律将环境作为客体的一般理念,它强调对于公民环境权的认同将增加到对生物圈的保护之中,而后者的健康安全对于人类的生存是至关重要的。这种观点也并非完全地将人类凌驾于自然之上或将自然看作人类任意奴役的对象。一般认为,有关公民环境权的经典定义是《斯德哥尔摩人类环境宣言》中的宣告:"人类有权在能够过有尊严和福利生活的环境中,享有自由、平等和充足的生活条件的基本权利,并且负有保护和改善这一代和将来世世代代的环境的庄严责任"。①

完善生态补偿法律制度是实现环境权的重要保证,生态补偿通过运用法律方式对为保护生态环境环境做出贡献的地区进行补偿,从而实现环境整体性与个体性的有效统一。生态补偿通过对区域内的生态环境进行修复和重建,尽可能防止流域自然资源的枯竭和生态环境的恶化,为地区内实现生态和经济的协同发展,以及为子孙后代提供一个安全的流域生态环境,可见,完善生态补偿法律制度有利于环境权的实现。

---

① 吕忠梅. 环境法原理[M]. 上海:复旦大学出版社,2007:54-55.

(二)完善生态补偿法律制度是法的公平与正义需要

公平性是法律追求的基本价值之一,公平作为一种价值评价准则,渗透于社会各个领域,其中与法律的关系尤为密切。法与公平的关系可以简单地描述为,人们从经济关系的需要中产生了公平的观念,统治阶级为了使自己的公平观念集体化、明确化,便通过国家将这种公平观念确定下来,成为法律。法律与公平的紧密结合、相互渗透的结果就是法律公平,任何法律必然以实现它所确认的公平为目的。人们往往把公平看作法律的同义词,认为公平是法律所应当始终遵循的价值观,这就意味着公平不仅应在静态的法律规范中得到确认和体现,而且应在动态的法律实施的各个环节中得到实现和维护。环境法理念中的公平包含代内公平和代际公平。

完善生态补偿法律制度:一方面,能够充分体现法律的公平性。如在整个流域范围内,无论上游还是下游地区,它们在对流域的生态环境做出保护(或是失去可能的发展机会)的同时,应得到应有的补偿;相反,它们对流域的生态环境受益的同时,应对良好生态环境的提供者进行必要的补偿,这就使生态服务的提供者和生态服务的受益者能够平等地享有和行使发展权。另一方面,还能较好地体现环境法中的代内公平和代际公平。如流域生态补偿正是要求那些生态服务的受益者向对流域生态系统恢复和重建做出贡献或失去可能的发展机会的个人或地区提供生态补偿,只有这样才能真正地实现当代人之间的环境公平,而且只有代内公平实现才能为代际公平提供良好的基础。

(三)完善生态补偿法律制度是生态文明建设的制度保障

生态文明作为一种新的文明形态,在中共十八大报告中被提到前所未有的战略高度,融入经济建设、政治建设、文化建设、社会建设的全过程,成为中国特色社会主义“五位一体”建设的重要一环。生态文明的核心是人与自然协调发展,但由于在生态文明建设过程中存在多方主体的共同参与,自然会出现不同利益的冲突。这些冲突是生态文明建设必须解决的重要问题,而生态补偿制度作为一种利益平衡机制,是平衡生态文明建设中经济利益和生态利益的理想选择。

按照“理性经济人”理论,生产建设者作为理性经济人,以利益最大化为原则,必然会做出最利于自己的决策。进行生态建设的投入会减少生产建设者的利益，并不是利己的选择。同样，自然资源保护者或付出者在缺乏激励机制的情况下往往也不会积极从事生态环境建设的行为。这显然与生态文明所主张的“人与自然协调发展”理念背道而驰。同时，由于生态利益具有公共物品的特性，一方进行了生态建设和保护行为却没有获得相应的回报，而利用者或受益方并没有承担相应的成本，这显然违反了生态文明的公平理念。生态补偿作为一种利益协调和激励机制，通过生态利益受益者向生态利益付出者支付补偿费用，能够确保生态利益的有效供给的行为。

可见，生态补偿法律机制要求生态利益受益者对生态利益付出者进行补偿，使人们树立起“谁受益谁补偿”的理念，改变过去无偿使用生态系统服务功能的传统观念，激励更多人从事生态环境保护行为，从而保障生态文明的建设。

四、域外生态补偿的实践及启示

美国和哥斯达黎加是国际上实施生态补偿较成功的国家。美国政府通常采用政府购买生态效益的方法来提供生态补偿资金，对生态利益付出者进行补偿。纽约市的清洁供水案例就是一个典范，纽约市 900 万市民 90%的饮用水来源于上游卡茨基尔河和特拉华河流域。1989 年美国国家环保局要求所有来自地表水的城市供水必须建立水的过滤净化设施，除非企业已有水处理环节或自然条件能够提供安全饮用水。经过估算，建立新的过滤净化设施需要投资 60 亿 ~80 亿美元，每年的运行费用也在 3 亿 ~5 亿美元之间，成本很高。如果对上游卡茨基尔河和特拉华河流域在 10 年内投资 10 亿 ~15 亿美元，用以改善流域内的土地利用方式和生产方式，水质就可以达到法规的要求。另外，这项费用的主要来源是对用水户征收 9%的附加税，期限为 5 年。但如果建造一座新的水过滤厂，其税率可能需要提高 2 倍。[①]纽约市最后决定购买上游卡茨基尔河和特拉华河流域的生态系统服务，资金来源分为三个部分：政府对用水户征收的附加税、纽约市公债以及信托基金。具体实施方式是纽约市为该流域内采取最好管理措施的奶牛场和林场经营者提供 4000 万美元，从而使他们采

① 洪尚群，等.补偿途径和方式多样化是生态补偿基础和保障[J].环境与科学技术，2001(24).

用环境友好型的生产方式来改善水质。对纽约卡茨基尔河农民的调查显示：44.3%被调查的人声称流域生态服务补偿增加了他们的经济福利，几乎所有的被调查的农民都有农业之外的收入来源。流域生态服务补偿还提供了额外的经济福利，如基础设施的改进和市场帮助，这些有助于增加流域农场的财富和效益。

哥斯达黎加主要利用市场手段进行生态补偿，提高生态效益。以哥斯达黎加的可认证可交易的“温室气体抵消单位”交易为例，哥斯达黎加政府利用通过“温室气体抵消单位”的贸易从国际市场上寻求政府在生态环境保护方面的财政支持。森林的碳固定可以被商品化为可认证、可交易的“温室气体抵消单位”(CTO)，CTO 代表了一定量的温室气体释放物，这些释放物用减少的或被吸收的碳当量来表示。CTO 指标可以在国际市场上进行交易，当一个外国投资者通过购买一定数额的 CTO 指标来支持通过造林或再造林的方式保护林业以减少温室气体排放时，相当于为当地政府的林业保护活动提供了与该交易数量等量的资金支持。1996 年哥斯达黎加政府做成了第一笔 CTO 碳交易，以 200 万美元的价格卖给挪威 20 万个 CTO 单位（相当于抵消 20 万吨碳排放）。同时，哥斯达黎加政府还启动了“森林环境服务补偿”(FESP)项目，项目规定对植树造林支付补偿费。支付资金来自政府的“碳基金”，以及政府从化石燃料中征收的销售税。

五、完善我国生态补偿法律制度的思考

(一)界定生态补偿的法学概念

由于研究生态补偿的学者的学科性质及视角不同，学界对“生态补偿”尚未形成一致的见解。法学领域研究生态补偿概念的代表性观点有：吕忠梅教授认为，“生态补偿从狭义的角度理解就是指对由人类的社会经济活动给生态系统和自然资源造成的破坏及对环境造成的污染的补偿、恢复、综合治理等一系列活动的总称。广义的生态补偿则还应包括对因环境保护丧失发展机会的区域内的居民进行的资金、技术、实物上的补偿、政策上的优惠，以及为增进环境

保护意识,提高环境保护水平而进行的科研、教育费用的支出”[①]。杜群教授认为,“生态补偿指国家或社会主体之间约定对损害资源环境的行为向资源环境开发利用主体进行收费或向保护资源环境的主体提供利益补偿性措施，并将所征收的费用或补偿性措施的惠益通过约定的某种形式转达到因资源环境开发利用或保护资源环境而自身利益受到损害的主体以达到保护资源的目的的过程”[②]。曹明德教授认为,对于生态补偿应当采取狭义的概念,“所谓生态补偿,是指生态系统服务功能的受益者向生态系统服务功能的提供者支付费用”[③]。对“生态补偿”概念进行准确的法律定位,是构建生态补偿法律制度的首要前提。笔者赞同将“生态补偿”的法学概念界定为:生态补偿是为了恢复生态平衡、保护生态环境,由自然资源开发利用者及生态利益获益者通过行政或市场等法定方式,向自然资源所有者或生态利益付出者进行补偿的制度。

生态补偿包括两大领域:一是在自然资源开发利用过程中,自然资源开发利用者因其合法行为的负外部性向自然资源所有者支付的费用；二是生态建设活动中，生态利益获益者因生态建设的正外部性而向生态利益付出者偿还的利益。

(二)明确生态补偿的主体

对生态补偿的主体按照其权利义务内容为标准,可划分为“补偿主体”和“受偿主体”两大类。补偿主体是义务主体,应依照法律规定向受偿主体承担补偿义务,受偿主体是权利主体,有权依法获得补偿主体的补偿利益。

1. 生态补偿的补偿主体

生态补偿的补偿主体是指依照法律规定负有生态补偿义务的国家、法人及其他组织、自然人。生态补偿的补偿主体包括自然资源开发利用者和生态利益获益者。

自然资源开发利用者主要是指对自然资源进行开发利用并造成环境污染

---

① 吕忠梅.超越与保守——可持续发展视野下的环境法创新[M].北京:法律出版社,2003:355.

② 杜群.生态补偿的法律关系及其发展现状和问题[J].现代法学,2005(3).

③ 曹明德.对建立生态补偿法律机制的再思考[J].中国地质大学学报(社会科学版),2010(5).

和自然资源破坏的工矿企业以及个人。工矿企业是最主要的自然资源开发利用者，是导致自然生态系统功能减损的实施者，应当为自己行为造成的负外部性向自然资源所有者交纳一定的补偿费用。此外，农民在耕作过程中长期不合理过量使用化肥、农药，广泛使用地膜而不回收等都会对农用地土壤造成一定的污染，也是自然资源开发利用者。

生态利益获益者包括国家、企业法人和其他社会组织、自然人。国家作为自然资源的所有者，必然会因生态保护行为而获得一定的生态利益，因此应当是生态利益的获益者。政府作为国家的法定代表，有义务对生态利益付出者进行一定的补偿。企业法人和其他社会组织、自然人通过生态系统服务功能的提高而获益，例如使用有生态标识的绿色产品。

2. 生态补偿的受偿主体

生态补偿的受偿主体是指因向社会提供生态系统服务或生态产品、从事生态环境建设或使用绿色环保技术，或者因其居所、财产位于重要生态功能区致使其生活工作条件或者财产利用、经济发展受到限制，依照法律规定或合同约定应当得到物质、技术、资金补偿或税收优惠的国家和国家机关、法人和其他社会组织以及自然人。[①]生态补偿的受偿主体包括自然资源所有者和生态利益付出者。

在我国，国家和集体是自然资源的所有者，享有占有、使用、收益、处分的权利，属于生态补偿的受偿主体。国家可要求自然资源开发利用者交纳生态补偿费，将其投入到生态环境建设和保护上，以维持和恢复生态系统功能，促进恢复生态平衡，并向社会和全体公民提供生态产品和服务。

生态利益付出者主要是指生态环境建设者。生态环境建设者包括依法从事生态建设的环保企业、环保组织、个人等。环保企业开发新型环保技术，环保组织进行生态建设活动，农民根据政府要求对耕地休耕轮耕，合理使用化肥、农药，改善了生态环境，从而成为生态系统服务功能的提供者，生态利益获益者应对其进行补偿。

---

① 曹明德.对建立生态补偿法律机制的再思考[J].中国地质大学学报（社会科学版），2010(5).

(三)构建科学的生态补偿法律体系

1. 生态补偿专项立法

从法理学角度来研究，首先应该明确法律体系是既反映某国家或某地区法律的整体面貌,也反映现行法律与复杂的社会系统之间的关系的。从法律位阶来分析,条例是由国务院审议通过的,它适用于不能及时立法的、需要先期、临时解决的各类问题,其法律效力小于法律。在构建法律体系之路上,以中共十六届五中全会在《关于制定国民经济和社会发展的第十一个五年规划的建议》中有关生态补偿的相关政策规定为先驱,以《环境保护法》有关生态补偿的条文为发展,以《生态补偿条例》为深化,最终的目的不仅仅是要建立相关的生态补偿法律体系,更重要的是要在生态系统的危害存在不确定性的情况下,采取谨慎的、符合大众对生态系统需求的措施,达到谨慎预防的效果。①

2. 形成系统论视域下的生态补偿

为达到生态法律制度体系化的目的，首先必备的便是系统思考问题的系统观。最初写于 1972 年的《增长的极限》中明确提出:分享系统观的一些观点,这样我们可以看到他们有意分享的东西，并且可以就这个世界的现状和未来选择得出我们自己的结论。之所以这样强调系统观的观点,是因为我们人与自然均是生态系统的要素,生态系统具有整体性,人与自然不可分割,而人与自然和生态系统之间的关系更是紧密不离。这正印证了马克思主义哲学上的观点:世界上的一切事物和现象都不是孤立存在的,整体和部分相互区别又相互联系,互为存在和发展的前提。

根据各国具体政策实践,重点是分析我国的重点生态功能区,相关的生态补偿主要涉及以下几个方面:第一,以森林、湿地、草地为核心的陆地生态系统的相关补偿机制;第二,区域相关生态补偿制度;第三,海洋、流域的生态补偿制度;第四,与矿产资源的开发相关的生态补偿制度。

以生态补偿法律体系为整体,以森林、湿地、草地、区域、海洋、流域以及矿产资源为部分进行分析研究:通过对部分的分析,使整体的框架设计更科学合理;通过对整体的研究,使部分的内容更加完善。在社会主义法治建设的大背

① 张钧.生态补偿立法的伦理学困境与出路[J].科学技术哲学研究,2014(4).

景下，"法治"是高频率出现的字眼，意味着生态补偿机制的运行和完善需要生态补偿法律体系来保障。经过多年的研究与实践，《森林法》《水污染防治法》《水土保持法》等规范性文件都不同程度地规定了生态补偿的相关补偿方式、范围、补偿资金的使用以及标准，并在实践中取得了一定的成效，这是"部分"的成果，以部分带动整体，生态补偿法律体系在系统观的指导下，必然会为生态补偿实践找到新路径。

（四）设定生态补偿的法定方式

生态补偿的方式是指由自然资源开发利用者及生态利益获益者向自然资源所有者或生态利益付出者支付补偿费用或提供补偿利益所选择的行政或者市场途径。以补偿的运行模式为标准，可将生态补偿方式分为政府主导的生态补偿和市场起决定性配置作用的生态补偿两大类。笔者认为我国生态补偿的方式应以政府主导的生态补偿为主，以市场起决定性配置作用的生态补偿为补充。

1. 政府主导的生态补偿

政府补偿是政府主导开展的对生态系统和生态利益付出者的补偿，主要包括公共财政补偿支付、生态补偿基金等。

（1）公共财政补偿支付。公共财政支付是指政府对生态利益付出者直接支付生态补偿费用。具体形式有财政拨款、财政补贴、政府奖励等。中央政府拨付的财政拨款补贴是最典型的生态补偿方式，是目前生态补偿的主要资金来源。虽然公共财政支付模式存在官僚制的效率低下、权力寻租的可能性等问题，但在我国市场经济并不成熟的情况下，公共财政支付仍应当是实施生态补偿的主要方式。生态补偿也应以公共财政补偿支付为主。

（2）生态补偿基金。中央政府通过从财政预算中安排一定资金以及向获益地区的政府、企业、社会团体和居民筹集资金，设立生态补偿基金，专项用于生态功能区的工作，实现生态利益获益者对生态利益付出者的补偿。按照"谁受益，谁补偿"的原则，那些从生态建设中获利的受益部门或单位，如大型水电站、水库等也应成为生态补偿基金的征缴义务单位。

生态补偿基金是指对可能造成环境破坏、生态恶化的主体征收一定的费用以及从地方财政预算中安排一定资金组成生态补偿基金，用于生态环境建设的制度。根据我国现状,生态补偿基金应由政府主导。此外,还应充分吸收企业、社会团体、非政府组织、个人等的捐款。

2. 市场机制生态补偿

生态标识制度是指对市场中产品标明其生长的质量等级,以间接地支付生态系统服务费用的补偿方式。随着公众生态理念的日益增强,消费者在购买产品时愈加关注其质量,追根溯源关注的是其所生长的质量。消费者愿意对根据一定权威标准认证的产品支付比普通产品略高的价格,这就间接地支付了优质的生态系统服务费用。此外,生态标识制度有利于形成污染防治的倒逼机制。生态标识制度的实行必然大大提高公众对环境质量的关注度,从而形成防治污染的强大社会压力,推动污染防治法律的出台和防治措施的尽快实施。

第三节　完善环境影响评价制度

一、环境影响评价制度的基本含义

环境影响评价的定义有广义和狭义之分。从词义上理解,环境影响评价是针对人类的各项活动对环境可能产生的影响而进行评价。这里的环境包含两方面因素:一是影响人类生存和发展的自然环境因素,如大气、水、土壤以及海洋、森林、矿藏等。二是经过人类活动改造的社会因素,诸如自然保护区、风景名胜区以及人文遗迹等。“影响”具体是指人类各项活动对环境质量产生的具体效果。而“评价”是指对人类的活动按照一定的标准进行价值判断,用法定的形式将判断结果予以呈现。广义上的环境影响评价是通过调查、分析、论证等方法对拟议中的活动进行价值判断并提出结论和可替代方案的活动。《中华人民共和国环境影响评价法》第二条从狭义上将环境影响评价定义为:对规划和建设项目实施后可能造成的环境影响进行分析、预测和评估,提出预防或者减轻不良环境影响的对策和措施,进行跟踪监测的方法与制度。

二、环境影响评价制度的理论基础

(一)可持续发展理论

1. 可持续发展理论的内涵

1987年世界环境与发展委员会发表的《我们共同的未来》将可持续发展定义为既满足当代人的需要，又不对后代人满足其需要的能力构成威胁和危害的发展。[①]可持续发展是人类环境观进步的体现,是人类重新认识人与自然关系的结果。从其内涵反映出两层意思:一是首先强调“发展”,人类社会唯有不断发展才能在寻求进步的道路上越走越远。但发展的同时又不得不考虑发展的速度以及发展的结果对环境产生的影响，因为社会的发展依赖于环境资源的开发与利用,利用率高反过来也会促进社会进步,如将两者割裂开来,一味追求发展或者抛开发展极端强调环境保护,都会导致自然失衡,发展也难以为继。可持续发展既要求满足当代人的正当环境权益,同时还强调发展的可持续性即要保证后代人享有同样的待遇。这就要求人类在追求经济利益的同时还要考虑对环境的影响，不能走穷尽资源利用的发展模式而给子孙后代留下一个千疮百孔的地球。而传统的生产方式和消费方式呈现出的却是高投入低产出的状态,不仅造成资源的大量浪费,生态环境也逐步恶化。可持续发展理论呼吁人们改变传统的生产和消费方式,力求通过加大环境技术的投入,尽可能减少对环境的不良影响而创造最大的经济收益。二是,可持续发展的核心注重人的发展。人类是社会活动的主体却不是自然的主宰,人与自然的关系应该是和谐、平衡的而不是无度索取。人类可以在自然承载能力范围内追求自己的正当权益以及自我需要的满足,超过限度必然受到自然惩罚。可持续发展理论就是以此为出发点,为人类构造出一个公允平正的发展氛围,这种公平发展的权利不仅限于当代人之间的公平,还强调与下代人之间的公平发展权利,不仅限于一国或一区域内公平发展还强调全人类的共同发展。

---

① 吕忠梅.环境法学[M].北京:法律出版社,2008:19.

2. 环境影响评价制度与可持续发展

我国确立环境影响评价制度的设立以实现经济、社会、环境三者平衡、协调发展为前提。资源作为环境范围内的一项重要因素其大部分处于一种不可再生状态,因而环境形势也随之呈现一种不可逆转的状态。经济发展离不开人的行为,人的行为又对自然环境产生影响,三者是相互作用、相互依赖的关系。而人类作为各类活动的主体,其经济结构决策的能力直接决定了环境状况的优劣。就我国目前令人担忧的环境状况来看,社会经济结构必然要做出相应的调整,减少资源要素的投入,改变能源结构通过提高利用率来增加效益已是大势所趋。怎样才能做到在投入减少的情况下创造同等分量的产出,甚至超出原来价值的产出成为经济制度改革乃至法律制度改革所要解决的首要问题。2015年的全国环境保护工作会议对生态文明建设与环境保护的新常态做了全面阐释。这种"新"必然有异于旧质,而"常态"应当理解为与发展速度相配套的稳定状态。本人理解的就是我国不仅在经济方面取得了前所未有的成就,环境形势也进入了一个全新阶段,我们必须以不同以往的制度、策略来应对千变万化的状况以求平衡。这种平衡具体表现为经济、社会、环境稳定可持续发展,三者不可偏废,缺一不可。但就目前我国的大气、水体、土壤污染的状况来看,形势并不乐观,我国的环境容量承载能力明显已经达到上限,如不及时采取降低环境要素的投入,转变经济增长方式,就环境恶化这一项问题的存在就足以影响社会的和谐发展。

实现社会的可持续发展需要良好的机制、完善的制度作为支撑。环境影响评价制度凭借其自身的优势能够弥补通过对可能造成污染的工程、项目进行科学的评价、屏蔽风险保留效益最大的项目,不仅解决了潜在的环境问题还有利于生态文明建设,还能充分保障公民发展的权利。这种保障起到的作用并不是一时的而是长效的,因而只要保证环境影响评价制度能良好地运作下去,充分发挥效力,就会对环境保护、经济发展以及社会协调起良好作用。

(二)法经济学理论

1. 法律成本与效益理论内涵

成本效益分析作为法经济学分析的主要方法,一般是指通过权衡收益与成本来评价公共项目的可取性的一种系统经济分析方法。[1]就环境影响评价中的项目或者方案而言，运用经济学分析方法一般是指将投入的社会成本和可取得的社会收益通过直接或者间接的方式运算出来，用可以计量的形式表示，实际上就是将抽象的形态具体化的过程。法律成本按照经济学理论分析可以理解为各项法律活动在具体运行过程中所需要的全部费用。具体说来就是将立法、司法、守法等各个环节视同产品流通的整个过程，而生产这些产品所需要的全部费用，例如权利的实现、义务的履行以及责任的承担所耗费的全部资源，都是为了方便法律的产生而进行的投入，这些投入必然归为法律成本。而法律成本的高低又取决于法律决策的效率，但高效率的决策未必是高成本的法律堆积而成。同样，高成本的法律也并不必然代表社会主体会主动遵守。我们还必须考量另一个概念——效益。

经济社会终究是离不开一个“利”字，辨证统一性，即没有无权利的义务以及无义务的权利。法律本身就是进行利益调节的产物，是否能够通过自身的调节来达到各方利益的平衡是衡量法律效益是否达到最大化最终成为良法的标准。而一项法律在立法、执法、守法等具体运行中所获得的所有成果便是法律收益。

将环境影响评价中的法律成本与效益分析可以作如下理解：首先，环境影响评价制度在制定之初就开始产生了法律成本，如为制定环境影响评价制度者支付报酬、为该项制度而进行资料研究、收集，以及表决、文本制作等各项必要的活动所消耗的费用。其次，在环境影响评价制度具体实施中产生了另一项成本——司法成本，即为了达到环境影响评价制度的目的以及更好地提高环境影响评价活动的有效性，对环境影响评价的对象进行初次审查、筛选重点项目、拟定工作大纲以及后续预测、评价等工作所需的费用。再次，是类比法律监督中的成本来分析环境影响评价审查监督中所耗费的费用。最终我们可以根据法律效益等于法律收益减掉法律成本之差的公式套用到环境影响评价当中，计算出环境影响评价的效益公式即将环境影响评价的收益（涉及将环境影响评价的成果量化的过程）与环境影响评价各个环节中所消

① 冯玉军.法经济学[M].北京：中国人民大学出版社，2013：111.

耗掉的成本的差额。而这个公式里的投入与产出比应以成本的合理化为基础。

2. 法律成本与效益理论在环境影响评价中的运用

经济分析的出发点一般基于主体的主观价值追求，越能满足主体的价值需求经济分析反映出的效果越优。而各种主体无不希望得到价值满足的同时又能同时收获利益，实现一种价值和利益的双赢状态。因此，每个自然人都希望在没有干预的情形下将自己的利益发挥到最大，法律收益越大，就越有利于人们厘清自己的权利。有人追求权力的天然属性，但从法律角度讲权利与义务从来是不能分离的。没有人能够牺牲他人甚至公共利益来满足自己的需求，换言之所有“效益”皆需“成本”。环境影响评价制度亦同，如果用效益来衡量一项制度的好坏，追求最大效益势必是这项制度的最终目标。因此，将成本效益理论运用到环境影响评价中最直接的作用在于能够将环境影响评价的功效发挥到最大。

从环境影响评价制度产生的背景来看，正是由于环境承载能力指数正处于临界点的边缘而各种公害污染事件却只增不减。环境影响评价制度确立之初的直接目标是为了将污染遏制在摇篮里。将经济学的成本与效益理论运用到环境影响评价的具体程序中，使环境影响评价的各个程序量化、具体化，好比将产品生产、流通的各个环节明码标价能够直观地取得产品的利益从而满足从产品中收益的根本目的。对环境影响评价进行成本效益分析同样能达到环境保护的最初目标。制定法律的作用在于规制人们的行为，保护人们能够充分享受权利履行义务。因此，怎样将法律效力发挥到最大是立法者的出发点。经济学分析方法最大的优点在于能够通过运算将资源合理分配，力求最少的投入换取最大收入。将成本效益分析方法运用到环境影响评价中可以在资源进行整合的同时通过合理运用效益分析投入产出，从而实现经济人的迫切需求即降低成本避免浪费，实现利益最大化。

三、我国环境影响评价制度的问题分析

（一）环境影响评价对象范围过窄

我国的环境影响评价法仅将规划和建设项目纳入环境影响评价的对象范

围内,在现实操作中如此单一的评价范围在某些特殊问题面前显得捉襟见肘。更何况面临经济结构调整，发展速度转型的新形势下略显单薄的评价范围并不能满足可持续发展的需求。就该项制度已近详尽、完善的美国而言,与其《国家环境政策法》以及实施的战略环境影响评价制度关于环境影响评价范围的规定相比,显然我国没有将立法活动以及政策、计划纳入环境影响评价范围之内。这就造成环境影响评价制度在具体实施当中面对决策失误、立法成本过高等问题时由于法律依据的不足,不仅使问题得不到及时解决反而被束之高阁。事实上，一国重大决策的做出或者关键计划的拟定所产生的影响远比规划的影响深远得多。基于我国实际情况来看,政策的制定主体既可以是各级党组织又可以是各级政府,但对于政策范围的界定上却显得无从下手。而中国的许多重大决策和计划往往是结合在一起制定并实施的，并没有明确地将决策和计划的概念以法律的形式予以确认。这就使得对政策以及计划的环境影响评价在具体操作中无法区分。但国家环境政策的出台往往也关乎生态环境、自然环境等要素,如果政策出错,后续的实施结果必然达不到经济与环境协调发展的要求。

(二)环境影响评价流于形式、有效性不足

现行的《中华人民共和国环境影响评价法》只是确立了审查、审批制度,对于审批的流程以及监督问题的规定依旧不足。在环保行政机关的配置上存在很多不合理的地方,由于社会条件限制,环保部门在行政体系中一直处于弱势地位,很难独立行使审批权。根据我国环境影响评价法的规定,环保部门负责审批建设项目,但专项规划草案的审批却由设区市级以上政府行政部门负责。此种情形下，环保行政部门迫于管理对象的压力甚至是同级政府或上级部门的压力,对于某些环境影响报告从审批变成了审查,甚至有的环保部门提出了环境影响评价的修改建议,但最后也有可能不被有权审批规划的机关所采纳,让环境影响评价成为摆设，为了缓解建设项目过分集中对某些部门造成过大的压力,我国采取分级式审批制度来缓解这一问题。但分级审批本身也不是无懈可击的，有些施工单位为了规避风险将本由高层级进行环境影响评价审批的项目拆分为若干低层级的项目,通过分批申报来骗取环境影响评价的通过。

环境影响评价的有效性取决于各项环保措施是否真正被实施，但在现实生活中,环保部门借助其他行政部门实现了项目的前期审批,但却忽视了项目建设期间以及建设完成之后的监测与管理。这就将环境影响评价陷入了一种仅作为环保前置程序的尴尬地位而忽略了后续的监督、检查作用。

自从确立环境影响评价制度以来,众多环评机构自建立以来就存在的缺陷导致行业潜规则横行:擅自变更环评报告、违规插手环评审批、红顶环评等现象比比皆是。不仅导致环评流于过场,还造成了大量滥竽充数的环境影响评价机构的出现以及众多挂靠的“影子环评师”的存在。

(三)环境影响评价缺乏独立性和公正性

长期以来,环境影响评价制度的公正性与独立性最遭世人所诟病。由于环保机构与政府行政机关之间的权力交割不清导致环境影响评价的公正性一直饱受质疑。再加上环境影响评价在信息公开方面不透明、不对称、不及时等状况的存在,导致公众对环境影响评价的信任一跌再跌。而我国现行的环境影响评价法中并没有对环境影响评价信息公示原则、公示主体以及公示流程做出具体规定。法律依据的缺失以及法律的相对滞后也是影响环境影响评价公正性的诱因。

此外,虽然近几年来我国公民的环保意识逐步加强,但对环境影响评价的公众参与度却普遍偏低,不仅由于缺乏有力的法律依据作为支撑,对公民参与环境影响评价的程序保障也不尽完善。一方面是公众对自己的权利认知不到位,另一方面也是公权力机关蔑视公众的参与权所导致。虽然现行的环境影响评价法规定了鼓励有关单位和公众积极参与评价的各个环节当中,但实际操作中由于缺乏对公众参与的时间以及方式的详细规定,再加上公民有一种忌惮公权力的心理,使我国的公众参与环境影响评价往往流于形式而失去了其原有的意义。不仅如此,对参与的专家、单位以及个人提出的不同意见,往往得不到充分的解释与回应,提议不仅得不到采纳反屡屡被忽视。

(四)法律监督尚不完善、相关法律责任亟须明确

对于造成污染的企业,我国一般采用谁污染谁治理的方式来进行责任承担,一般由造成污染的单位自行治理。这便给污染单位留下很多自由发挥的空间,往往出现治理不及时、治理不彻底甚至不治理的情形。而由于环境保护部门管理上的疏忽,制度上法律依据的缺乏使我国的环境污染治理困难重重。除

此之外，作为环境影响评价唯一有资质的环境影响评价机构由于缺乏严密的考核机制，在具体的环境影响评价活动之中也存在着篡改评价资料、提交虚假数据等违规操作的情形，某些地区的环境影响评价机构在甲处被取消资格却在乙处重新挂牌，某些环境影响评价机构挂靠多名从未参与评价的影子环境影响评价师。缺乏良好的考核、评测制度是造成以上行业乱象频发的主要诱因。

2012 年 11 月，环保部曾对华北地区的环境影响评价工作进行督查，发现在钢铁、煤炭化工等行业普遍存在环评未批先建、未批先试等问题。而我国环境影响评价法第 24 条规定建设单位在对与建设项目相关的主要内容包括项目的性质、规模、地点等，采用的生产工艺或者防治污染、防止生态破坏的措施发生重大变动的，建设单位应当重新报批建设项目的环境影响评价文件。有些单位就是钻了这条漏洞，抱着可以补办环境影响评价的心理，未经环评就开始施工。其他类似的做法也不占少数，往往是因为我国对环境影响评价法律责任方面的规定尚不完善。虽然环境影响评价制度在我国已经实行近 20 年，但环境影响评价法对于法律责任相关的规定却显得捉襟见肘。有些条文仅以“做出说明”这种模糊性的词语进行描述，如对建设项目的环境影响评价监督仅描述为由环保行政部门来执行，但具体的执行措施、程序却没有详细阐释。对环境影响评价机构虚假评价、篡改数据或者做出不真实评价结果的行为，仅仅采用罚款的方式进行处理，这样的违法责任显然过轻。对于任何一项法律制度，都应该有严密的法律监督体系来维护，失去监督体系的制度只能是无水之源，无本之木。

四、完善我国环境影响评价制度的思考

（一）扩大环境影响评价对象范围

1. 以法律形式界定政策、规划、计划

一项法律制度越是健全得无懈可击，其越可能长久地被遵守。我国现行的环境影响评价主要精力集中在对建设项目的大气、水体、土壤以及生态等方面造成的影响做出预估和评价。这对保护生态环境不会因为建设项目的实施而造成污染和退化起到预防的作用无可厚非。但我们必须意识到，建设项目对环

境的影响只是一方面，更重要的影响活动实际上来自国家的宏观政策以及一系列的规划、计划等的实施。但我国现行环境影响评价法仅针对规划的环境影响评价做出规定，这种单一的评价范围实际上是对环境保护产生了一定的消极限制作用。因此，有必要以法律的形式将政策、计划纳入环境影响评价的范围内。

政策、规划、计划实际上是战略环境影响评价制度所包含的三个评价对象，代表了层次不同、效力递减的三个概念。政策一般指指导政府正在进行或者即将进行的事务的路线或方针，一般具有统领性作用，是各项决策做出的指导性原则；规划是指为了进一步说明或执行政策而拟定的具有目的性和预测性的计划或战略；而计划相对以上两者要更加具体，主要描述评价对象的具体细节如评价的议程或时间表等。[①]在我国政策一词一般用于"党的政策"和"政府的政策"，主要是指国家在一定时期内制定的行动路线、方针政策等，这三者中政策的层次无疑是首位的。计划一般是指人们为了达到某种目的而对将来要进行的活动进行部署和安排。严格来讲，计划的层次应低于规划。区分以上三者的概念不仅有利于对我国环境影响评价对象的概念予以厘定，更是完善我国环境影响评价法律程序的一条必经之路。

2. 将政策、计划纳入环境影响评价范围之内

依法治国一直是我国坚持贯彻执行的重要理念，法律的完善也是法治发展的推动力量。2015 年我国开始实行新的环境保护法，其中第 14 条规定了国务院有关部门以及省、自治区、直辖市人民政府在组织制定经济、技术政策时应当充分考虑可能对环境造成的影响以及应当听取专家的意见。这两个"应当"明显是对政策环境影响评价的一种肯定。但现行的环境影响评价法显然没有突破界限，将环境影响评价的范围仍然停留在对规划和建设项目上。根据立法法第 91 条规定，同一机关制定的法律、行政法规、地方性法规、自治条例、规章，特别规定与一般规定不一致时，适用特别规定；新的规定与旧的规定不一致时，适用新的规定。现行环境影响评价法是 2002 年颁布的，出于

① 汪劲.中外环境影响评价制度比较研究——环境与开发决策的正当法律程序[M].北京：北京大学出版社，2006：121.

当时的立法条件和可操作性不足的限制才使环境影响评价对象的范围略显单一。如今经过了十几年的变化与发展,新环保法已对政策环境影响评价做出规定,如果不对环境影响评价法进行修改,不将政策纳入环境影响评价的范围之内不仅与新修订的环保法相冲突,也必然不能适应经济、社会、环境的发展。

由于经济社会不断发展、法治不断进步,近几年的环境治理实践中反映的环境问题凸显出环境影响评价法已经不能满足目前的生态与经济发展的要求,对环境影响评价法的修改已然迫在眉睫。而修改的首要问题就应该反映在环境影响评价的对象上。将政策环评以及计划环评纳入环境影响评价范围内,不仅能够扩大环境影响评价对象范围,也能够与新环保法实现良好的衔接。同时将环境因素、经济因素、社会因素进行同等考量,实现经济、社会、环境可持续发展的宏远目标。

(二)完善环境影响评价审查、审批制度

1. 事前审批与事后监管相结合

对于环境影响评价的审查与审批制度我国一直呈现出一种重前置审批轻监督的状态。这种情形下往往导致,通过审批后的企业如获大赦一般对后续工作松懈怠慢,使环境影响评价的有效性大打折扣,环保的效果也不明显。我国建设项目的审批主要是由建设单位按照规定分国务院、省、市、县四级分级呈报。我国规定的分级审批制度虽然从一定程度上解决了环保部门和行政部门权力不清、过于集中等问题,但该项制度本身也存在着某些缺陷。就拿四级当中层次最高的环保部来说,需报批环保部的项目的报批手续以及程序相对烦琐,也是最难应付的一关。这就导致一些企业不得不在项目上动了手脚,先将大项目拆分为若干小项,再分批进行上报以逃避最难对付的环保部的审查。如六九硅业有限公司是英利绿色能源一家上市公司的全资子公司,2010 年就曾被爆出其项目通过拆分获取环境影响评价。该公司在网上公布出其一期项目年产子级晶硅 3000 吨,但在实际操作中六九硅业却将 3000 吨的项目拆分为 3 个 1000 吨,分别进行上报,借此躲过了环保部的环境影响评价而直接向省级环保部门递交环境影响评价材料。①

不法分子不仅钻了审批程序的漏洞，更在于我国环境影响评价法并没有关于环境影响评价后监管的规定。缺少了对投入生产或者使用后对环境影响进行跟踪、监督这一环节，这便给一些投机分子大开方便之门，仿佛取得环保部门的批准便高枕无忧了。可见，建立环境后影响评价制度不仅可以对施工项目进行适时监督，也能及时排除环境影响评价前置程序的漏洞。将环境影响评价的前置程序和后影响评价监督有机结合起来，不仅起到预防风险、防患于未然的作用，还能保证环境影响评价制度的有效性得到提高。

2. 确保环境影响评价机构的独立性

环境影响评价机构是建设施工单位与行政机关在进行环境影响评价活动时的重要纽带，其发挥作用大小以及是否充分履行职能直接影响着评价活动的真实性与有效性。但我国环境影响评价机构在实际操作中的违规情况却不容乐观：2015 年 5 月，重庆两江志愿发展服务中心、广州绿网环境保护服务中心联合发布的《环评机构质量报告》称，在调查的 606 家环境影响评价机构中，有 182 个环境影响评价机构共有 319 条不良记录，占样本环评机构的30.03%。②从以上数据可以看出，我国环境影响评价机构的数量不算少，之所以存在过多的违规操作行为与管理分散、缺乏规制依据以及监督不到位密切相关。而解决以上问题的关键在于解决评价机构独立性，将环境影响评价机构独立出来，禁止任何人、单位通过任何非法渠道对环境影响评价活动进行干预，不仅可以保证其客观、公正地进行评价，更有利于维护环境影响评价体系的稳定。

环境影响评价机构的独立性表现在，在接受建设单位的委托之后，评价机构能够严格按照法律、法规的规定，按照法定程序独立、自主地进行评价活动，不受任何单位和个人的影响。而环境影响评价机构的独立不应仅单纯表现在从环境保护部门脱离出来，而应以法律、法规加以规制。虽然将环境影响评价机构独立出来是一项任务巨大而又系统、复杂的工程，加之长期以来的行业潜

---

① 凤凰网财经频道：《六九硅业污染屡遭投诉，英利新能源项目涉嫌违规》，http://finance.ifeng.com/roll/20101012/2697702.shtml，最后访问时间 2017 年 3 月 10 日。

② 章轲：《全国 1100 多家环评机构超 3 成曾违法违规》[N].载《第一财经日报》2015 年 6 月 10 日。

规则横行使环境影响评价机构独立出来在现实操作中难上加难。然而,改革是一个由简入难慢慢推进的过程，为了确保环境影响评价制度的目的的真正实现我们可以先从以下三个方面试行改革环境影响评价机构运行机制。首先,从环境影响评价机构自身运行体制入手:完善环境影响评价机构的财政、人事制度。在财政方面可以根据评价项目的规模、种类等自主确定环境影响评价收费标准。评价机构自身还应有充足的经费做支撑,避免为了经济利益而引发的不良竞争。其次,在环境影响评价机构的人事制度方面,应注重环境影响评价相关的人才的管理制度。环境影响评价本身是一项技术性活动,评价师的专业性对评价结果的影响尤为重要。因而,对评价师的筛选应从源头上予以控制,严格环境影响评价机构对环评从业人员的录用程序,坚决避免挂靠环评师、环评报告掺假等情况出现。最后,评价机构应能独立承担相应的责任。针对环境影响评价机构从业人员以权谋私严重损害公共利益的行为不仅取消其从业资格,避免复用之外,评价机构也应承担连带责任。

（三）保障环境影响评价独立、公开实施

1. 全面信息公开

2015 年新环保法第 56 条弥补了我国环境影响评价关于信息公开内容不明的缺陷。首次将除了国家秘密以及商业秘密之外的与环境影响评价相关的文本以法律的形式规定予以公开。这是对环境影响评价信息公开内容的细致规定。信息公开是公众了解评价项目的有效方式，只有政府积极履行公开义务,有意识地引导公众关注环境信息才能够保证公众充分地行使环境参与权，更能提高环境影响评价的民主决策效力。

首先,应全面推进环境影响评价信息公开机制建设。在环境影响评价法中应明确信息公开范围、时间、内容以及方式。具体涉及三方主体,一是建设单位要公开项目开工前(工程的选址、工期、设计单位、工程的基本情况、环保计划等)、施工中(环保措施的进展情况、环境监理情况等)、完工后(竣工环保验收结果)等信息。二是环保部门应该将环境影响评价书(表)除了涉及商业秘密部分外全文进行公开。同时,环保部门还应将环境影响评价机构以及从业人员的资质信息也对外公开,让公众了解完整的项目实施情况。

其次,环境保护主管部门、施工单位应该积极回应社会监督,对公众反映的问题应及时回复并通过调查、分析给予合理解决。采用多种平台、方式有效地将解决对策、反馈情况让公众知悉。

最后,完善信息公开保障机制。对应该公开而未公开或者未按照规定期限公开的情形,公众应要求法院权利的救济。环境影响评价活动涉及一定的专业知识,普通公众对公开的信息难免生疏、难懂。相关机关甚至环保团体应主动负责对公众进行适当的普及教育,确保信息公开实施的效率。

2. 倡导全民参与

公众参与程度直接影响了环境影响评价的有效性。参与范围越广泛越能反映公众的诉求,利于消极影响的解除。我国现行的环境影响评价法也对公众参与的时间和方式作了简要的规定,即在规划和建设项目报批前,通过听证会、论证会的方式组织公众参与环境影响评价。虽说如此,在现实实践中公众参与这项极具民主性的活动却被一些问卷调查或者简单的走访敷衍了事,更有甚者直接省略公众参与环境影响评价这一步骤,使环评影响评价的有效性大打折扣。造成以上现象的原因不仅在于相关部门的疏于监管,更主要的在于缺乏有力的法律支撑。

现行环境影响评价法第 5 条规定:“国家鼓励有关单位、专家和公众以适当的方式参加环境影响评价。”按照以往的经验表明“适当的方式”主要是指听证会以及论证会的形式,但对参与听证会以及论证会人选确定问题却没有详细规定。正是由于参与方式的不透明以及参与人选不明确造成真正的权利受害者没有合理的救济途径,导致公众群体多以非理性自发组织以聚众、游行、示威等方式来表达自己的诉求。如深港西部通道深圳侧接线工程环境影响评价案、厦门 PX 项目环境影响评价案等在社会上造成了不同程度的消极影响。这不仅是相关部门对公众参与正当程序的蔑视以及受影响群众缺乏正确的权利意识造成的,更重要的原因仍应归咎于法律依据的缺失。因而,应从以下几个方面完善我国环境影响评价公众参与的相关问题。第一,现行环境影响评价法并没有将公众参与作为一项权利予以确认,这是导致公民参与权得不到充分保证的根源。应修改现行环境影响评价法,将公民的参与权予以明确阐释。第二,完善规划、政策环境影响评价的公众参与的规定。我国仅对建设项目的公众参与有明确规定,但对综合规划以及专项规划的公众参与并没有严格的要求。而实现民主决策、保障公民的环境利益离不开公民的积极参与。因而应在环境影响评价法中明确公众参与的具体时间、范围以及参与方式。第三,环境影响评价法还应补充规定公众获取环境影响评价相关信息、资料的方式并将公众对环境影响评价相关信息的反馈结果予以公开。第四,基于某些规划或者项目造成的影响范围过大,受影响人数过多,将所有受影响的人都纳入参与的范围内不太现实，因而可以建立环境利益代表人代表参加环境影响评价程序。

(四)完善法律监督体系

1. 构建环境污染第三方治理机制

在我国环保法治几十年来,虽然采用了技术、法律等手段来治理污染力求减少环境影响、恢复生态原有面貌,但效果却不尽如人意。原因不仅在于环境影响评价制度在具体操作中执行不彻底,还存在着评价过程的监管不严以及评价后监督不足等情况。往往表现为一些建设项目尽管通过了环境影响评价,但工程结束后仍然会给环境造成超出预计的影响,以至环境严重污染。自从实行谁污染谁治理的治理原则以来,一般是由行政主管部门责令污染主体自行对污染进行处理。而污染单位往往由于缺乏专门的技术或者抱有减少资金投入的心理使治理结果不尽如人意。而引入第三方来治理污染在不改变污染者付费的前提下,既可以避免第三方逃避责任又方便行政部门对治理结果进行监管,还可以有专业机构采取行之有效的措施来治理污染,可谓一举双赢。因而有必要在我国大力推行第三方治理污染机制,并制定相关法律对第三方治理的监控、评估加以规制,确保第三方能够中立、客观有效地进行相关活动。

所谓第三方污染治理是指排污企业与专业环境服务公司签订协议，通过付费的方式购买污染减排服务,以实现达标排放的目的,并由环保监管部门对治理效果进行监督。推进环境污染第三方治理是一个复杂的工程,涉及治理污染的主体、构成、运行机制等问题。在构建污染第三方治理机制的过程中应注意以下几方面的建设:第一,明确各方主体之间的权利、义务、责任关系。第三方通过不同模式进行污染治理，为了保障治理工作的顺利运行，明确污染单位、治理机构以及监管部门之间的权、责分配有利于提升治理效率。第二,第三方治理机构的运行必然朝着市场化发展，明确治理机构的市场准入标准以及发展监管模式是保障第三方治理合理运行的前提条件。第三，应建立相应的评估机制配套运行，对不同行业的环境污染治理的风险与绩效进行评估。

2. 健全环境影响评价机构考核制度

上文指出应将环境影响评价机构从环保部门剥离出来成为独立的具有社会性的中介机构，从根本上保证环境影响评价能够公正有效地实施。将环境影响评价机构独立出来不代表真正放手任其发展，相应的评价考核机制也应配套实行。因而，应从以下几个方面对我国的环境影响评价机构考核制度予以完善。首先，建立科学规范的考核指标体系。将“绿色环保指标”[①]引入考核范围，着重考核环境影响评价机构对生态文明建设理念的贯彻执行方面的成果。其次，增强考核制度的激励功能。从科学、公正的角度辅以奖惩措施，对考核优秀的环境影响评价机构予以奖励，通常包含对机构的资质予以晋级支持或者招标优先考虑等。对不合格的环境影响评价机构加大惩罚力度，彻底驱除滥竽充数以及不负责任的机构存在。第三，要加大考核力度。现阶段的考核主要分为日常、抽查和年度考核。抽查或者年度考核的力度过于松散导致很多机构对所需评价的项目调查不详尽，工程分析潦草甚至对工艺流程及污染环节介绍不清晰等问题的出现。加大考核力度，细化考核内容可以大大提高考核的效率。

3. 完善责任追究制

我国的环境影响评价活动中，涉及规划制定主体、项目施工单位、环境影响评价机构三类主体，而环境影响评价的效益成果也取决于各个主体之间的责任协调与分配。因此处理好以上三方主体的法律责任问题是考量环境影响评价制度有效与否的关键。因此，对我国环境影响评价制度的法律责任完善方面不仅要从责任主体、责任形式以及承担责任的方式上加以完善，更应针对不同主体区分对待，注重以下几个方面的建设：

首先，规划的制定主体一般设为各级行政部门，一般涉及政治、经济、社会等各个环节，而决策、计划的正确与否不仅关系到国家社会治理的成效，更关

① 又称绿色发展指标，是中国计划于2011年开始实施“十二五”规划有望成为规划中一项主要以绿色发展为核心的政绩考核的指标。

乎人民的命运走向。因此，对规划、重大决策以及计划实行终身责任追究相比其他行政行为的责任追究更有意义。应在环境影响评价法法律责任一章补充完善关于对规划环境影响评价的审批单位的终身责任追究制度的规定，进一步落实负责人的追责制度，限制被处罚的负责人的复职条件等，以法律的形式切实保障该项制度的实施。

其次，对于建设施工单位的责任问题除了追究其相应的民事、刑事或者行政责任外，还应严格遵守污染者付费原则。将污染治理交由第三方机构实施，产生的费用由污染单位支出，最大限度地避免治理不彻底、有效性不足的情况出现。

此外，针对我国环境影响评价机构及其从业人员牟取私利编造环评数据、篡改环评资料的情形应严惩不贷，不仅要剥夺从业资格，情节严重的还应追究相应的刑事责任。因而，我国应统一各地环境保护部门对环境影响评价机构违规操作的惩罚措施，建立全国统一的问责机制，进行全方位有序管理，绝不姑息任何违规操作行为。

第四节　完善环境公益诉讼法律制度

一、环境公益诉讼法律制度概述

（一）环境公益诉讼的概念

环境公益诉讼是公益诉讼范围的一部分，与公益诉讼的情况相同，其本身没有形成法律上明确的概念，而是由学者们在探索和研究的基础上定义。此类诉讼是公益诉讼一种具体诉讼形式，是指因为自然人、法人或其他组织的非法行为，为环境公益带来危害或可能会损害环境公益时，法律许可其他的法人、自然人或社会团体出于维护公共利益的目的，通过人民法院对这种行为提起的诉讼。[①]这一定义是在公益诉讼本质属性的指引下做出的。虽然环境公益诉

① 陈阳.检察机关环境公益诉讼原告资格及其限制[M].济南：山东人民出版社，2009：17.

讼同公益诉讼一样并非法律概念，各国学界及实务界对此类诉讼活动的称呼也各不相同,如民众诉讼、公民诉讼等,但是究其本质而言都是一种公民为保护公共利益的共同行为。

（二)环境公益诉讼的基本特征

环境公益诉讼在价值取向上与传统诉讼法律程序具有一些共性，例如中立性、公平性和效率性。同时,环境公益诉讼在法律形式上也与传统诉讼程序共享一些必要的程序规则,如回避规则、管辖规则以及证据规则等。但是,环境公益诉讼与传统诉讼法律程序之间又存在很大的不同，例如其所保护的法益兼具环境利益和公共利益,其原告主体要远比传统诉讼的原告主体外延广泛。环境公益诉讼程序必然要在遵循法律诉讼程序一般属性的前提下，关注其应有的特殊属性,才能进行恰当的法律设计和防止法律使巧。

1. 受损法益具有双重性

环境公益诉讼涉及的案件大多具有双重损害性，即相关法律事实首先会造成对一般环境的改变和破坏，其次会通过这些破坏造成对相关环境下人的利益的损害。环境公益诉讼中公益的特殊性就是体现在这种双重属性里,此类案件最终造成的必然都是公民自身利益之损害,但是,这种对人的损害并不是直接发生的(若是直接发生的,则不属于环境公益诉讼的管辖范畴),而是通过对环境造成重大改变或者破坏间接产生的。当然,这种双重损害性作为一种损害发生形式,其代表的本质其实是公民的环境权所遭受的损害。

2. 原告外延非常广泛

环境是特定地域内人的生活必需品,是公民进行社会交往的前提和基础,也是实现生存权和发展权的重要保障。任何环境要素的改变,都会带来对其具有依赖性的特定社会群体或者个体的利益之改变，环境破坏自然也就会导致公民的基本权利遭到威胁。此外,环境公益诉讼的案件所造成的损害具有跨世代性,即对于环境的损害有可能是永久性,或者是长期性的,其影响的可能不仅是当代人的生存权利之实现，也可能会对后代人的生存权利之实现产生巨大影响。例如,切尔诺贝利核污染事件,导致其附近居民的下一代多发畸形等先天性疾病。此外,环境破坏导致的不仅是个体利益的损害,其也对特定地域内人们的社会交往带来诸多负面影响,进而对经济社会发展造成较大阻力。由此可见,环境破坏案件可能带来的社会负面影响十分广泛,故围绕此类案件进行追责和追偿的环境公益诉讼的适格原告也存在诸多外延，受到相关环境破坏事件侵扰的个人或者社会团体均可成为本类诉讼的适格原告。

3. 诉讼审判具有鲜明的延展性

传统诉讼,不论是民事诉讼、刑事诉讼还是行政诉讼,其对公民权利的保护和对行政权力的限制都是依据已经发生的案件事实，通过事后惩罚或者追偿等方式来实现的。但是,环境公益诉讼相对于此则具有进一步的延展性。首先,环境公益诉讼的诉讼请求具有事先预防性。环境破坏案件的相关行为往往具有历时性,其产生损害的时间跨度具有长期性,故相关原告提起环境诉讼时的诉讼请求不仅要求对已发生的破坏进行评价和追责，更要求相关被告停止侵害并采取措施排除妨害。这就使得其诉讼请求具有了鲜明的实现预防的特征。其次,环境公益诉讼的裁判效力具有扩张性。环境破坏案件会造成私益与公益的共同损害,再加上我国当前人口流动性较大等社会历史特征,这就使得环境破坏的受害方具有分散性和规模化的特征。因此,环境公益诉讼的裁判结果不仅对诉讼参与各方的利益进行法律评价和分配，对于未参与特定诉讼而遭受相同损害的其他主体也具有一定的适用性和参照性。

二、环境公益诉讼的理论基础

(一)公共信托理论

在早期罗马法时期,公共信托理论已经存在,当时公共信托理论,是指所有的自然资源是全体公民的共同财产,本质上归全体公民所有,是以政府或其他组织通过信托形式进行管理和使用的共同财产。而公益诉讼的主要内涵是,环境资源是全体社会成员共同所有的财产,由政府代表民众进行保护和管治,这样的认识一直被认为是和公共信托的目标和特征一致的。就美国来看,相对于私益信托，除了满足委托人要有一个明确的意思表示以及已完成的信托财产转移,和信托或条款的目的不违反强制性法律或者公共政策两个条件外,还必须具有公益性和排他性,对象必须是公共利益,这些都是与公共信托理论的本质相联系的。这种理论把环境资源作为受委托管理的财产,这样的观点符合公益诉讼的要求,政府接受委托管理和使用环境资源,最终目的也是为了保障全体公民的公共利益，这种方式也保证了目的上的公共性和专用性。

而且，美国在公共信托理论适用范围的研究上，主要包含的内容有以下方面：海滩、湖泊、沼地，河流；公园、道路、公共土地；野生生物、自然资源、大气、水及私有土地的适用问题。[①]而在大陆法系中，以上所列对象也都在公物的定义范围以内，因此，在英美法系的法律中的信托财产或者在大陆法系国家的法律条文中的信托财产，多是以公物的形式出现的，当然中国也不例外。因此，公共信托理论的产生与发展对于自然资源等公共用物的保护尤为重要。

根据公共信托理论，使用权的自由，是其针对公共财产权利保护公众的主要内容，为了这个目的，国家以公众代表人的身份享有公共财产的所有权，并作为受托人管理公共财产，同时采用监督的形式保护公共目的的实现。在这方面，有学者概括了针对管理公共财产应当遵循的基本原则："①信托财产，不能因为一般的概念上的公益而被使用和管理，与这种财产的本质属性必须紧密联系，因为需要广大市民直接受益才能管理。②信托财产，以维护和促进的应该是大多数人在使用上的方便，不应局限于少数人使用。③信托财产，即使他们能够用价格来衡量，但也绝不能在私人之间进行交易。"按照以上学者的观点，根据以上原则，公共财产实际上是民众基于信任委托国家及其行政主体来管理和使用，在公物的管理与利用的各个方面，（如确定、更改、取消等），行政主体在具体行为中不能与公共利益背道而驰，也就是要符合民众的利益。

（二）环境权理论

环境公益诉讼有了诉讼权利的基础源自环境权的产生，基于这个新兴的发展和进步的理论为环境公益诉讼法律制度的构建和完善提供了重要的理论指导。就像蔡守秋教授说的："环境权对于环境保护的立法、执法及其具体的管理和诉讼程序上具有基础性作用，它是环境法的一个根本性、中心性的内容；这种理论从其发展历程来看，还是一种新的学说，用它可以很好地解释环境方面的许多法律性问题。"[②]

20世纪六七十年代，环境问题日趋严重，由环境污染催生的各种社会问题

---

① 吕忠梅.环境权的民法保护理论构造——对两大法系环境权理论的比较[J].私法，2001.

② 蔡守秋.环境权初探[J].中国社会科学，1982(3).

层出不穷,环境保护运动兴起,在这种情况下,环境权问题被提出。这种新型权利的产生在克服传统法律理论和制度的缺陷、弥补传统法律理论和制度的不足方面起到了重要的作用。由于是一个新的权利,学者们在其实质、内涵和内容方面的观点仍旧存在不同,但环境法不断发展和完善,渐渐成为一个独立的部门法,环境权也慢慢得到确立,成为一个独立的法律权利,环境权作为一项基本人权应受宪法保障,应当成为环境立法和环境行政管理的指导纲领。环境是由各种自然资源所构成的一个整体,是由全体社会成员所共同所有的,公共性与整体是环境资源的特征,作为一种公共利益,环境权的这种属性得到了学界的广泛认可。例如,蔡守秋教授认为,环境权具有公益性:基于公众对环境资源的共享,环境权得以建立,并且它强调公益,具有公共权利的属性。[①]吕忠梅教授认为,环境权是社会性私权利,具有公益的属性,权利是它的外在表现,社会性利益是其核心。[②]环境公益诉讼是为了保护公共环境,即国家的、社会的和全体公众的环境公益而提起的诉讼,这种本质上的公益性和环境权的公益性是一致的,符合彼此的内在特性,环境权理论自然成为环境公益诉讼的重要理论基础。

除了公共性这一环境权和环境公益诉讼的共同属性外,在预防性,主体、客体、内容的扩张性等方面两者也"不谋而合"。首先,预防是环境权理论的重要特性,环境污染和生态破坏一旦发生,就很难再恢复原状,甚至造成不可挽救的严重后果,所以,预防措施是保护环境,减少危害的必要手段。环境权的预防性不仅是一种法学理论,更需要付诸实践,其诉讼程序、救济措施以及具体的实施步骤都不同于传统的民事和刑事诉讼,这就需要一个新的诉讼机制来支持,这种机制即环境公益诉讼机制。第二,环境权在主体、对象、内容等方面的扩张性也使得其不能应用传统的诉讼机制。从主体上看,环境权不仅是指个人的环境权,也将整个社会的环境权、全体人类的环境权、动物和单位集体在这方面的权力等等包含在内,为了有效地保护这项权利,在诉讼机制方面,就要寻求一种开放性的,许可多种诉讼主体参与的诉讼机制,环境公益诉讼即是

---

① 蔡守秋.环境资源法学教程[M].武汉:武汉大学出版社,2000:281-288.

② 吕忠梅.论环境权的民法保护[D].武汉大学,2000:4.

这样一种推动环境权理论发展的诉讼机制。

(三)诉权理论

古罗马的时候,诉权制度就兴起了,最早它被称为能够提起诉讼的权力。在古罗马法时代,实体法和程序法并不是完全独立的分离,诉讼既包含请求权也包含诉权,但是在早期的罗马法,提交法院进行裁判的纠纷必须符合法律规定的要求即与个人利益密切相关,否则法院不予受理。于是,唯有存在实体法上的权利遭到损害或恐吓的事实时才可以提起诉讼, 这是传统诉权理论中诉讼的前提条件,要求行使诉讼权的基本根据是实体权利,但想要提起诉讼,任何人都应该根据他们所拥有的实体权利的范围,在此范围内,才可以起诉,而且不能超出这个范围进行诉讼,更没有权利为保护他人的权利而提出请求。然而,随着社会关系的不断发展,个人利益与公共利益更加紧密,甚至不能在某些地区或某些事件的个人利益和公共利益上划清界限。给大多数人带来许多危害的行为所损害的利益,因为个人的利益没有直接受到伤害,且没有固定的利益代表致使社会公共利益得不到有效的保护, 社会公益保障机制的缺失会导致更多的损害,环境污染就是一个典型的例子。因此,为了有效保护社会公共利益,将理论付诸实践,适应社会发展的需要,传统诉权理论的改革刻不容缓。

上诉权在现代意义上的性质,不同于传统意义上的诉权,产生于在实体法和程序法分离的基础上,位于程序和实体权利之间。例如,法国学者认为,诉权的实现必须通过诉讼,从司法践行的角度看,诉讼是由提起诉讼到做出判决或放弃诉讼的、依据程序实施的行为。[①]因此,实体权利不再是行使诉权的必要前提,诉权的行使依据的是诉讼程序,诉权是一种独立权利,其理论基础是诉讼的利益,换句话说,即原告的诉讼是保护与其相关的利益,认为其享有起诉的权利。这种变革使得诉权的提起只要是基于与起诉人有关的利益即可,而并非起诉人的实体权利,这样,起诉的要求就有所放宽,不再那么严格。由此,不仅检察机关为保护公共利益而赋予的诉权得到了保障, 一些社会团体也逐渐获得了维护特定社会成员权利的诉讼资格,甚至在一些国家,民众也可以为保护

① 张式军.环境公益诉讼原告资格研究[D].武汉大学,2005:166.

公共利益而提起公益诉讼。例如,美国在有关清洁空气的法律中规定:任何一个个体,包括企业,对一切违法污染环境的民事主体,都能够因为直接或者间接受到影响的原因,在该法规规定的范围内提出诉讼。[①]因此,诉权理论的变革为保护环境公共利益提供了有效的司法途径,通过诉讼维护环境公益不再是空谈,环境公益诉讼的建立与完善得到了有力的程序保障。

三、我国环境公益诉讼法律制度的现状及问题

(一)我国环境公益诉讼法律制度的有益探索

我国环境公益诉讼在立法方面的发展主要表现在法律法规的出台,于2013年1月1日开始实施的新民事诉讼法第五十五条在立法上确立了环境公益诉讼;2014年4月24日通过的新修改的《环境保护法》明确了公益诉讼的主体条件,即符合"依法在市级以上政府民政部门登记;专门从事环境公益活动连续五年以上且无违法记录",且不以谋取利益为目的的社会组织可以提起公益诉讼。

司法实践对立法的践行起着重要的推动作用,随着环境公益诉讼的理论研究不断深入,对于司法实践中的环境公益诉讼,各级法院都进行了有益的尝试。特别是自2007年以来,由昆明、贵阳、无锡三个地区法院作为典型的尝试,其司法实践对环境公益诉讼有显著的促进作用,在环境公益诉讼制度的构建方面,为其注入了新鲜的血液。根据多年来的计算,中国不同级别的法院共收到了起码18个不同种类的此类案件。其中山东省乐陵市检察院诉金鑫化工厂案(2003年)、中华环保联合会诉江苏江阴港集装箱有限公司案等(2009年)都是我国典型的环境公益诉讼案件。更值得注意的是,自2007年以来中国的各级法院共受理审判9个环境公益诉讼案件,其中7个是由环保法庭所审理的,这表明在促进环境公益诉讼方面,环保法庭的重要性。需要说明的是,还有很多个人或组织提起的环境公益诉讼根本就没有立案,因此也就无法进入正式的审理环节。例如,2005年北大师生代表松花江等起诉中石油、2009年8月重庆市绿色志愿者联合会向武汉海事法院提起诉讼请求金沙江中游水电开发商

---

① 王曦.美国环境法概论[M].武汉:武汉大学出版社,1992:147-151.

停止违法建设、2010年5月重庆市绿色志愿者联合会向昆明中院提起诉讼请求国电阳宗海发电有限公司减少二氧化硫排放并赔偿损失等，均未被法院受理，而未受理的理由均是主体不适格。但自新民诉法实施后，这一状况有所改善，首起此类诉讼案件(中华环保联合会诉江苏宁沪高速公路股份有限公司噪声污染案)于2014年5月6日在江苏无锡中级人民法院开庭审理。无锡市中院这一做法为各级法院起到了积极的示范作用，此外，3月19日，最高法院公布的第二批保障民生的典型案例中，中华环保联合会诉无锡市惠山景区管理委员会生态环境侵权案当选，这就充分说明，最高法院承认了中华环保联合会公益诉讼的原告主体资格。

1. 地方性法规的出台

贵阳市对环境公益诉讼的研究尝试走在了全国的前列，以地方性法规的方式明确了环境公益诉讼的法律依据，在总结经验的基础上，通过法院的司法文件规范了环境公益诉讼的程序规则。例如，在2010年3月，贵阳市中级人民法院制定出的有关环境公益诉讼的推动、生态文明建设的推动方面的意见文件，对什么人能够提起此类诉讼以及依照什么样的程序进行诉讼都进行了明确规定。规定检察院、相关行政职能部门和两湖一库管理局这种类型的特殊机构可以提起环境公益诉讼，而对于非政府环保组织和公民个人是否具有原告资格，文件并没有明确地令行禁止。

无锡中级人民法院和检察院，在2008年9月共同公布了有关环境民事公益诉讼案件办理中的具体操作问题的文件，成为国内对于此类诉讼的首个地方性法规，详细说明了程序问题，关于检察院作为原告提起诉讼方面的规定。12月，前述两个单位又和政府法制办一起公布了有关具备环境保护职能的行政部门在此类诉讼案件中按照何种程序提交证据的问题的文件，该文件明确了环境民事诉讼中环境行政机关的证据程序规则。总体上看，无锡环境公益诉讼中检察院起主导作用，没有充分反映环境保护行政主管部门的功能。

云南在发布有关此类诉讼文件方面，不仅在省级，而且在市级也发布了相关文件，这在全国是第一个。2008年11月颁布了有关在环境保护法的执行方面设置协助机构的意见文件，明确了此类诉讼案件的原告主体及其诉权资格。次年的5月13日，该省高院组织专家学者讨论，并总结会议内容发出了有关设立环保法庭来审理环境保护案件的文件,明确了原告资格和程序问题,非政府环保民间组织的原告资格第一次被清楚地规定。该文件规定,在我国,对于什么人能够提起公益诉讼问题,目前只能是检察院和符合法律规定的公益团体,而公民个人还不能列入原告的范围。在有关审理此类案件过程中针对具体问题的建议文件中,更详细地在程序问题方面给出了规定。

2. 程序规则的探索

在诉讼程序规则的问题上,无锡市有关审理此类案件的规定中,规定检察院要想提出环境民事公益诉讼,必须在之前被监督催促起诉的单位在规定期限内没有起诉,且没有适当的理由。换句话说,它应该首先由被督促起诉的行政机关提起诉讼,因为行政机关的诉权优先于检察院的诉权;关于诉讼程序规则,云南省和昆明市法院的相关文件并没有做出具体规定。从已有的规范性文件来看,行政机关(主要是环保部门)是第一位的原告,这也反映了公权力机关诉权的优先特性。贵阳市中级人民法院公布的有关环境公益、生态文明方面的意见规则,明确解决了起诉主体要想行使诉权应该遵照什么原则的问题。该文件规定,任何公民、法人或其他组织都拥有对污染环境的行为的监督权,并可以进行揭发检举,且有权督促有关管理机关快速检查处理;若有关机构没有针对上述出现的问题积极地给出合理的答复,而是超出合理期限后仍没有具体治理行为,依据法律规定,揭发、检举这种行为的公民、法人和其他组织可以通过行政公益诉讼的方式来解决,要求环境保护机关履行环境保护、防止污染的职能和义务,或者不再做出危害或可能危害环境的违法行为;公民、法人或其他组织也能够按照法律的规定,通过诉讼的方式,要求有关责任方即刻停止损害行为,并做出一定的救济措施,最大限度地减少损失。总结起来,其诉权行使规则是,行政机关的诉权是第一顺位的,公民个人和环保团体是第二顺位的,只有第一顺位的诉讼主体不行使诉权时,第二顺位的诉讼主体才可以起诉。

在举证责任方面,只有贵阳和昆明在有关环境公益诉讼的相关文件中作了明确规定。昆明市中级人民法院公布了有关办理此类案件的具体问题的意见文件,在此类案件中,对于责任主体所实施的侵害行为、事实状况和这一行为带来的后果的证明责任,由诉讼人承担。而责任主体则负有证实其侵权作为并不是引起危害后果的原因,即不具有因果联系的义务。而贵阳中级人民法院发布的有关环境公益、生态文明意见文件规定:在此类诉讼案件中,采用的是无过错责任原则,起诉方必须证明责任方具有侵害行为并造成了危害后果,责任主体则必须证明其行为属于法律规定的免责事由且其行为并不是引起危害后果的原因。必要时,人民法院应当调查,并依职权收集证据。在禁止令方面,无锡市中级人民法院要求对被告停止环境污染行为的裁定要根据原告的请求做出,相关适用条款是《民事诉讼法》有关先予执行的规定。在有关办理此类案件问题的文件中也明确指出:在此类诉讼前或过程中,检察院能够按照法律的规定请求法院对责任方采取相应的强制措施,而无须提供财产的担保。昆明中级人民法院发布的有关办理此类诉讼案件具体问题的文件规定,因为形势紧迫,有下列情形之一的,提起诉讼的一方可以向法院请求做出禁止令:责任主体的侵害行为对环境资源可能造成严重危害或可能使得环境问题更严重或者让环境无法通过救济得到恢复的,人民法院认为必要时,有权通过发出禁止令的方式,要求被告即刻停止破坏环境的行为。禁止令由公安机关协助执行。

(二)我国环境公益诉讼法律制度存在的问题

通过对我国当前的环境公益诉讼立法现状之分析,以及对江西省的环境公益诉讼司法实践的梳理,我们可以对我国当前的环境公益诉讼法律制度在立法进展和司法实践上的一些法律问题得出一些比较基本的认识。

1. 法律适用的过渡性不强

我国环境公益诉讼法律制度的建构眼下已经进入了试点改革的阶段,但是从江西省的具体司法状况来看,这种试点改革仍然存在方向性不明确及开放程度不够的缺陷。而造成这种缺陷的原因,一方面是由于现行法律规范不够详细和全面,且可操作性不强;另一方面则是由于在法律的具体适用中对于法律的各项规范的解释与应用没有体现出当前阶段的过渡性特征。例如,对环境公益诉讼制度进行了明确规定的《民事诉讼法》对于"公益"就没有进行清晰之界定,这就导致法律规范的适用模糊,使得当前环境公益诉讼案件的受案范围存在较大的不确定性,例如在江西省这个案例中,新余市和九江市的案件比较符合环境公益诉讼的标准,但是抚州市的案件,其所侵犯的利益显然不仅有社会公益,还侵犯了国家对矿产资源的所有权和收益权。通过抚州的案件,我们还是隐约可以感受到环境公益诉讼的附带性质。这就说明,现行的有关环境公益诉讼法律制度在从文本落实到实践的过程中仍然缺乏应有的方向感，一方面对于环境公益诉讼的本质认识不清，另一方面法律适用上也无法体现出环境公益诉讼应有的特征。

2. 环境公益诉讼原告范围较窄

首先,对环境公益诉讼原告资格的限定上,范围圈定过窄,不够全面。其中对原告资格的规定为“法律规定的机关和有关组织”,这是立法上对提起环境公益诉讼的原告资格的限定性条件,不得不说,这样的限定性条件是有缺陷的,主要是这种对原告资格的限定使得原告范围过窄,条文仅对“法律规定的机关和有关组织”赋予原告资格,而将公民个人和其他的一些组织排除在原告资格之外,显然,这是不可取也是没有说服力的,公民作为社会的一分子,享有享受周围美好环境的权利,同时也负有维护大家共同生活的公共环境的义务,因此,理应赋予公民同等的环境公益诉讼权利。在实践中,想提起环境公益诉讼的公民和组织,虽然在表面上看是为了个人的环境权利和利益,但实质上是因为周围的环境污染而导致的。如果从立法上赋予公民同等的环境公益诉讼权利,那么也就赋予了公民和组织,既可以维护自己的利益,又可以维护社会公共利益,使污染破坏生态环境的行为无所遁形,接受法律的判决和制裁。所以笔者认为《民事诉讼法修正案》第九条对环境公益诉讼原告资格的限定是有失偏颇的。

3. 环境公益诉讼配套法律制度不健全

在环境公益诉讼的具体制度环节上,其配套性的措施显然没有到位。对于环境公益诉讼来说,随着原告范围的扩大,以及对社会公益的价值追求,再诸如举证责任、诉讼费用等方面,就应当采取相对应的措施。考虑到环境公益诉讼的原告范围不断扩大，当公民个人和社会组织具备了成为该诉讼原告之可能时，就不得不考虑其自身的诉讼能力是否可与具有较强信息优势和能力优势的诉讼对方进行公平的法律博弈。为了防止环境公益诉讼中出现因为信息不对称和能力不对等而产生形式平等下的实质司法不平等，环境公益诉讼的配套法律制度就应当向原告适当倾斜。当然,也必须注意在这种倾斜过程中的权利滥用问题,要严格避免权力滥用对司法带来的风险。此外,江西省高级人民法院设立专门管辖环境公益诉讼案件的法庭的做法也应当进一步探讨和摸索,尤其是当专门性环境法庭已经成为国际趋势的前提下,要积极探索这种模式的中国路径。

四、完善我国环境公益诉讼法律制度的思考

我国当前的现实国情是，环境问题日益突出与缺乏环境公益诉讼相关司法制度经验之间的矛盾。如果完全依靠法律移植，一刀切地建立起环境公益诉讼法律制度，其制度与我国现实的法律实践能否相融合显然是一个非常大的问题。笔者认为，探讨环境公益诉讼的完善途径必须首先立足我国现实的法律制度基础，从现行法律诉讼程序与环境公益诉讼程序之冲突点出发，通过渐进式的制度改造，逐步创造出一个适合环境公益诉讼发展的制度环境和政策条件，从而建立一个具有中国特色的环境诉讼法律制度体系。

（一）环境公益诉讼立法应注重过渡性

任何完善的司法程序都必须是以良好的立法文本作为实施的标准，环境公益诉讼亦是如此。如前所述，我国现阶段的环境公益诉讼尚未形成健全的立法成果，相关诉讼法律文本中也只有民事诉讼法有所提及。在这种情形下，要完善环境公益诉讼，首当其冲的便必然是确定其立法模式。鉴于我国当前已有环境保护的基本法律《中华人民共和国环境保护法》，因此通过对《环境保护法》进行修改，使之在实体法上确认环境公共利益的外延和内涵，在程序法上建立详细的环境公益诉讼比较符合我国当前法制现状的做法。当然，通过前述江西省的环境公益诉讼法律程序试点的经验分析可知，我国目前环境公益诉讼的制度探索框架仍然是在民事诉讼法基础上，以检察院为主要诉讼代表的试点路径。那么，如何将环境公益诉讼从民事诉讼法的特别程序过渡到环境保护法的主要实现程序，就是我国环境公益诉讼立法过渡性的主要内涵。在立法上要实现此种过渡，一方面需要在民事诉讼法的特别程序框架下，通过渐进式的司法解释指导司法实践，并通过不断的经验反馈来进一步完善相关程序性规范；另一方面则需要在环境保护法中对环境公共利益进行明确界定，并对其程序性规范进行修改，使之得以进一步适应将来环境公益诉讼制度的嵌入。

1. 完善当前环境公益诉讼的司法解释制度

我国现阶段采取的立法模式，是保持传统诉讼法律制度框架的前提下，将环境公益诉讼列入民事诉讼法律程序的特别程序规范之中，并通过不断的司

法试点经验反馈和司法解释更新来细化和具体落实环境公益诉讼的制度变革。从降低环境公益诉讼的司法改革成本以及确保环境公益诉讼的可操作性之角度而言,这种模式显然最为适合我国当前的法律制度体系。但是,这种过渡性措施的成败关键在于今后相关司法解释的制定和落实。从法律技术上看,现行民事诉讼法关于环境公益诉讼的司法解释必须十分注意解释之空间,特别是如何通过正当的法律解释将我国原有的“直接利害关系”原告资格判断标准进行合理的扩大解释,使之能够适应环境公益诉讼的制度需求,从而为今后进一步的法律制度创建提供合理的制度基础。

2. 要对现行的环境保护法进行恰当的完善

无论是从法律实体上的利益共通性,还是从法律形式上的自适性出发,环境保护法都应当是我国环境公益诉讼制度的最终归宿。此种趋势,我们也可从正在审议中的《环境保护法修正案(草案)》的相关制度中窥见一斑。该草案提出要建立专门的环境保护信息公开制度,即允许公民、法人或者其他组织依法申请获取相关信息。可从制度效果上看,这显然是有意识地通过提升环境保护行政中的公众参与来创造一个较好的社会环境,并且这也为环境公益诉讼的司法取证提供了一个重要的法律渠道。①从环境公益诉讼制度的过渡性完善角度考量,司法解释是对现实司法实践经验的专业总结,可对司法第一线的信息进行收集、汇总、分析和整理,并在此基础上为完善环境公益诉讼提供符合我国国情的经验借鉴。而对《环境保护法》进行针对性完善,则可以为环境公益诉讼的法律建构形成符合公共理性的制度框架。中国特色的环境公益诉讼立法过渡就是要注重此二者的融合,从而实现从传统向现代法律的飞跃。

(二)明确环境公益诉讼原告资格的认定

环境公益诉讼原告资格的认定,关乎环境公益诉讼的法律正当性。有权发起环境公益诉讼程序的原告,必然是与环境公益诉讼相关争议纠纷具有明显之利益牵连之主体。故要确定环境公益诉讼的原告资格,首先便要确定环境公益诉讼的利益内涵,其次才能确定哪些主体类型与此种利益具有牵连关系。

---

① 郭楠,田义文.中国环境公益诉讼的实践障碍及完善措施——从云南曲靖市铬污染事件谈起[J].环境污染与防治,2013(1).

环境公益诉讼的设置目标就是为了保护环境相关公共利益不受侵害，其法益范畴属于社会公共利益。这种环境公共利益具有广泛的外部影响，而且其造成的损害也往往具有多重性，故任何能够代表此种利益损害的政府组织、社会团体或者公民个人都可以提起此种环境公益诉讼。对于那些由公民个人或者社会组织（包括社会团体、企业等）的行为造成的环境损害，则可由受到损害的公民个人、具有资格的社会团体或者政府公益代表机构提起环境民事公益诉讼。而对于那些由政府组织的具体行政行为造成的环境侵害，则可以由有诉讼资格的公民个人或者社会团体提起环境行政民事公益诉讼。由此可见，从类型化的角度来看，我国环境公益诉讼的适格原告可分为公民个人、社会团体以及政府公益代表性机构，对主体的原告资格认定需要有所区分。

1. 应当谨慎区分公民个人的原告资格

前述环境法发达国家的制度经验告诉我们，公民个人担任环境公益诉讼之原告是一把制度双刃剑。其好的一面在于赋予公民个人原告资格激发环境公益诉讼制度中最为广泛的公众参与性，从而可以促进环境司法问题的快速全面有效解决。其弊的一端则在于公民个人作为环境公益诉讼之原告，具有强烈的分散性和随意性，会导致同一环境案件的个人之诉想重复而带来司法资源的浪费，并且也易诱发诉权的滥用，影响正常的环境司法保护法律程序。此外，再考虑到我国公民普遍的司法习惯尚未达到较高之自律水平，我国的环境公益诉讼对于公民个人的原告资格认定必须采取开放前提下的审慎原则，通过保证金、资格审查等制度的引进来保证公民个人担任诉讼原告时的合理性及合法性。

2. 应当规范政府公益代表机构的诉讼行为

从职责内容上看，我国现行的行政司法体系下具有环境公共利益代表性的机构主要为检察机关和环境行政执法部门。在我国传统的诉讼法律程序中，检察机关作为环境公益诉讼的当然原告，在很长时期内都具有通过司法程序保护环境公共利益的职能；而环境行政执法部门则是通过环境行政权力的行使，来落实环境保护有关的法律法规。从政府的权力来源上讲，无论是司法机关还是行政机关，其自身职能的合法性均来源于公众基本权利的让渡，当然具有环境公益诉讼的原告资格。但是，现代社会环境问题的复杂性使得政府公益代表机构在环境诉讼中处于较为明显的信息劣势，再加上我国现行司法体系的不足,政府公益机构在行使原告资格时容易引发权力之滥用。所以对于将来环境公益诉讼法律制度对于政府的公益代表机构行使原告资格之行为必须要进行恰当的规范和限制,从而正确引导国家权力对司法活动的参与。

3. 应当大力推进环保社会团体的诉讼参与

社会团体作为公民间自觉成型的公共利益型组织，其代表的公共利益显然符合当前经济社会发展的总体趋势。并且代表环境公共利益的社会团体既可以具有公民个人作为原告时的信息优势，也可以具有政府公益代表机构作为原告时的资源优势,可将两种优势融于一身,从而可以更好地推动环境公益诉讼法律制度的科学与合理化发展。[①]就我国目前情况来看,环境保护性质的社会团体尚未能形成较大规模的影响,社会团体的成长仍然需要一个阶段。因此，我国过渡中的环境公益诉讼制度规范就应当注重对社会团体原告资格的引导和培养，通过恰当的激励和监督方式使得社会团体越来越多地参与到环境公益诉讼中来,并逐渐成为环境公益诉讼原告群体的主要构成。

(三)健全环境公益诉讼配套制度

环境公益诉讼法律制度不仅需要解决主体问题和实体利益问题，更要进一步通过具体的诉讼法律程序进行配套，从而使得适格主体得以依循具有现实可操作性的程序规范来行使诉讼权利,以实现对环境公共利益的维护。从过渡性的程序设计角度来看，我国当前的环境公益诉讼制度应当注重从以下四个方面建立相关配套诉讼程序。

1. 建立合理的诉讼激励机制

环境公益诉讼激励机制的建立，要遵循诉讼规则中对原告利益倾斜保护的基本原则，通过恰当的激励措施来规范和引导相关诉讼参与主体的诉讼行为。对于环境公益诉讼的激励机制,其最主要的目标在于配合环境公益诉讼原告资格范围的扩大,也是提升环境公益诉讼公众参与程度的必由之路。随着原告资格认定的开放化和宽松化，公民个人与社会性团体越来越多地参与到环境公益诉讼之中,诉讼原告在诉讼对抗中日益呈现出鲜明的资源劣势。这样,

① 刘晨.环保非政府组织参与环境公益诉讼的分析[J].湖北警官学院学报,2012(12).

诉辩双方在诉讼参与机会上的形式平等性将被双方的资源不平等性影响，从而可能对环境公益诉讼的审判结果之公正带来损害，也会对公民个人参与环境公益诉讼的积极程度产生阻却效应。因此，我国环境公益诉讼法律制度应当通过制度设计，在司法费用的支出上向原告做合理倾斜，以恢复应有的正向激励模式。[①]具体来说，就是应当在诉讼缴费的分担、方式以及期限予相关原告以特殊的倾斜。例如，法国的诉讼费用缴纳一方面给原告设置相对较低的费用额度，另一方面也允许原告延后支付，美国、日本等国家也有相类似的规定，这十分值得我国借鉴。此外，环境公益诉讼涉及公共利益的诉讼活动时，其诉讼支出也应当受到公益性社会基金的支持。在这方面，我国部分地区在实践中已有尝试，且已经取得非常好的司法和社会效果。正当的诉讼激励机制对于环境公益诉讼的效率和公平的维护具有非常大的推动作用，也十分符合现代法律诉讼制度对于社会资源的优化配置功能。

2. 建立合理的诉讼规则

环境公益诉讼在程序规则的设立上遵循向原告倾斜的价值取向，其在具体的诉讼规则的设计上就会产生相应的特征。首先，在举证责任上，应当打破传统的“谁主张，谁举证”的原则，采取举证责任倒置。综合考量被告的信息优势，以及程序的公平性，因果关系的举证责任就应当由被告承担。但是，对于污染损害的事实，则不应当由被告承担，因为这是原告提起诉讼的主要事由，此举证责任当属原告。其次，要设立健全的专家证据规则。环境污染案件，其在污染原因、污染范围以及实质损害等方面涉及多个专业化的社会领域，这就使得环境公益诉讼案件在证据的运用上具有十分鲜明的专业性特征。那么，如何在实际审判中合理科学地运用这些专家证据，提升相关结论的可信度，就需要制定一套完善的专家证据的具体认定标准和操作方法。最后，应当设置完善的前置程序。设置前置程序的主要意义在于防止滥诉的情况发生。从司法的实践操作程序上看，前置程序分为两大类，一是投诉和举报程序，二是前置审查起诉程序。将来有关环境诉讼法应当对适用不同前置程序的案件进行明确分类，要求特定的原告只有在前置程序用尽无果的前提下才能启动诉讼程序。

① 刘涛.对环境公益诉讼中检察院作为原告的思考[J].经济与法，2012(2).

第五节　完善排污权交易制度

一、排污权交易制度的理论基础

（一）马克思主义哲学理论基础

马克思的生态哲学理论是排污权交易法律制度的哲学理论基础。90世纪中叶，马克思主义理论形成的早期，也是资本主义工业化的重要时期。当时马克思就敏锐地意识到工业化带来的生态破坏必将阻碍人类社会的发展，因此，他提出了“人是自然的一部分”的著名论断，这也是马克思生态哲学思想的核心，严肃地批判了当时相当一部分人征服自然的狂躁思想。但是，马克思的生态哲学理论并不仅是保护生态环境，而是要通过良好的生态环境推动人类社会的发展。马克思还特别强调，“高度发展的生产力是人与自然协调发展必不可少的物质前提，没有这个前提，在落后的生产力水平下人与自然的和谐只是一种原始直接统一状态”①。这可以说与后来兴起的可持续发展思想有异曲同工的作用。

自蒸汽革命以来，人类社会先后经历了三次工业革命，生产力水平已经是今非昔比，达到了一个前所未有的高度。人类依靠牺牲生态环境换取了极大的经济利益，却不思反哺自然，反而加快了掠夺自然的脚步。在眼前利益的驱使下，过度排污的现象屡见不鲜，生态环境遭到了极其严重的破坏。这样一来，自然灾害频发，公害事件不断，使得人类认识到了保护生态环境的必要性。这就要求我们深入了解马克思的生态哲学理论，注重经济发展和生态保护并重，树立科学发展观。在当今社会，这当然离不开具有强制力的法律制度，因此，排污权交易法律制度的确立，能够控制住生态环境的敌人——污染物的数量，与此同时，在排污总量不变的前提下，也能够灵活处理排污与经济发展的关系，可谓一举两得，有力地诠释了马克思的生态哲学理论。

---

① 聂惠.马克思生态哲学思想研究[J].湖南社会科学，2014(4):37.

(二)经济学理论基础

科斯定理是排污权交易法律制度的经济学理论基础。20世纪60年代,科斯在他的代表作《社会成本问题》一文中首次指出,生态破坏可以通过产权界定和市场交易来解决,扩展了经济学理论在生态保护的应用范围,这就是我们所熟知的科斯定理。对于科斯定理的具体含义,科斯本人并未给出一个直接的表述,反而是后来的经济学家给出了诸多表达形式。学界通说是,“只要财产权是明确的,并且其交易成本为零或者很小,则无论开始时将财产权赋予谁,市场均衡的最终结果都是有效率的”[①]。这也就是说,只要政府明确产权的归属,就可以通过市场交易来实现资源的最优配置,进而达到帕累托最优。最典型的例子就是土地,土地属于稀缺资源是不言而喻的,如果产权不明,则每一个人为了自己的经济利益都可以滥用土地,最终会酿成“公地悲剧”。可是,政府一旦明晰土地的产权,便不需要过多地管制,市场道德价格机制就会使土地资源得到优化配置。

科斯定理在环境问题上最典型的应用就是排污权交易。[②]根据科斯定理,我们可以知道:排污权交易是利用市场经济的基本规律来减少治理污染的边际费用。即只要政府确定了生态环境的产权,无论是污染者和受污染者谁先来负担污染带来的费用,都可以通过产权的市场交易来平衡,使得污染物排放总量处于一个最低的状态,进而实现污染治理的最小支出。这样一来,既提高了市场主体主动治理污染的积极性,又大大降低了寻租行为发生的概率,可谓一箭双雕。

(三)法学理论基础

环境权理论是排污权交易法律制度的法学理论基础。一般来说,法律关系由权利和义务两个部分构成,“权利和义务既相互联系,又相互矛盾,始终是不可分割的一个整体”。在经济迅速发展的前提下,社会关系日益复杂,使得传统法学主要关注的人身权和财产权已经不足以保护所有的社会关系,因此必须在范畴上有所扩展。在生态环境破坏愈发严重的今天,环境权作为法学领域一

---

① 高鸿业.西方经济学(微观部分第6版)[M].北京:中国人民大学出版社,2014:326.

② 郝爱民.排污权交易的法经济学分析[J].山东社会科学,2013(5):96.

项重要的权利因此应运而生。有学者指出,"环境权是人类权利星空的一颗新星,其要求人类社会在发展过程中既要向自然索取,又要对自然付出,务必履行自己应尽的生态义务。"[①]对于此,我们还应当更进一步地看到,每个人在行使环境权获得经济利益和环境利益的同时,也不能损害他人的环境权,即不能因为自身破坏生态环境的行为给他人带来损害,这就是环境权理论的精髓所在。

对于环境权的保障,我们可以通过道德上的宣传教育来约束个体破坏生态环境的行为;也可以通过政府行政管制来惩戒个体破坏生态环境的行为。但是道德约束显得刚性不足,而行政管制又显得刚性过度,所以这两种方式只能起到过渡的作用。目前我国实行社会主义市场经济制度,只有在法治的框架下才能充分发挥市场经济的优越性,因此实行排污权交易法律制度将大大有利于公民环境权的实现。排污权交易法律制度既保障每个人利用自然资源,享受美好生态环境,又强调个人不能以一己私利污染生态环境,造成环境资源浪费。

二、我国排污权交易法律制度的现状及问题

(一)我国排污权交易法律制度的发展历程

1. 起步阶段

我国在20世纪80年代末就引入了排污权交易制度,最先在经济发达的上海市针对黄浦江的水污染排放指标进行有偿取得和转让,这一次试点较为成功。为了实现全国性的广泛推广,原国家环境保护总局于1983年3月20日颁布了《水污染物排放许可证管理暂行办法》,由此翻开了全国排污权交易制度的崭新的一页。自此,排污权交易制度在全国各地如火如荼地展开了。1994年原国家环保总局在广西柳州、辽宁开远、山西太原、贵州贵阳、内蒙古包头以及河南平顶山等16个城市开展试点工作。1996年,国务院批准了原国家环保总局提出的《"九五"期间全国主要污染物排放总量控制计划》,首次在全国范围内推行了污染物总量控制原则,为排污权交易制度的深入开展奠定了基础。

② 周国文.自然权与人权的融合[M].北京:中央编译出版社,2011:10.

随后，山西省太原市在《“九五”期间全国主要污染物排放总量控制计划》的总体原则下，制定出台了《太原市大气污染物排放总量控制管理办法》，这是我国关于污染物总量控制的第一部地方性法规。1997 年，北京环境与发展研究会在美国环境保护协会的指导和帮助下，着重对排污检测计量、排污权交易立法和交易管理等事项进行了专题研究，为北京市的排污权交易制度的开展奠定了基础。2000 年 4 月 29 日，第九届全国人大常委会通过了新修订的《大气污染防治法》，该法明确规定建立大气污染控制区，发放排污许可证，以减少污染物的排放总量。总体来说，这一阶段为排污权交易制度的引入初始阶段，主要的任务就是在初步试点的基础上，建立并完善全国性的排污权交易制度环境，为后续排污权交易制度试点探索的不断深化奠定基础。

2. 探索阶段

根据在上述阶段制定的污染物总量控制制度，这一时期排污权交易的重点就是在这些污染物的总量控制制度的基础上，广泛试点，不断探索，通过排污权交易试点的逐步完善和总结，来促使总量控制制度的落实。2001 年 9 月，山西省政府启动了“二氧化硫排污权交易机制专题研究”项目，该项目以太原市的二氧化硫排放为案例，共有 20 多家大中型企业参与了示范，该项目也得到了亚洲开发银行的大力支持，并取得了良好效果。2001 年，浙江省嘉兴市秀洲区首次将排污权的有偿使用由制度层面落实到实践层面，该区制定出台了《水污染物排放总量控制和排污权交易暂行办法》，将排污权的有偿分配确定在了较为严重的水质污染方面。2002 年 3 月，原国家环保总局制定出台了文件，决定与美国环境保护协会共同启动“推动二氧化硫排放总量控制和交易实践项目”，该项目的实施范围包括江苏、山东、河南、山西等四省和上海、柳州、天津等三市以及华能集团公司等，于是又被称为“4+3+1”项目。2003 年 10 月，江苏省开始全面实行《江苏省二氧化硫排污权交易管理暂行办法》，二氧化硫排放权交易随后在全省范围内展开。2006 年，浙江省也在杭州市和嘉兴市推行了区域内排污权交易试点，目前正在全省范围内逐步推广。这一阶段，全国各地的排污权交易试点工作开展以来，减少了这些地区的污染物排放，在一定程度上改善了环境质量，为大规模开展排污权有偿使用和排污交易提供了丰富的经验基础。

3. 发展阶段

在这一阶段，排污权交易制度在继续健全完善的基础上，各地的专门交易场所开始相继成立。2008 年 5 月，天津成立了排污权交易所，交易污染物主要涉及二氧化硫、一氧化碳以及部分温室气体等。2008 年 8 月 5 日，北京环境交易所、上海环境能源交易所同时成立，经营的对象也是涵盖宽泛的各类环境权益产品。湖北省于 2009 年制定了《湖北省主要污染物排放权交易管理办法》，开展的化学需氧量和二氧化硫排污权交易试点，将进一步推动省内各地小造纸的专项治理。同年 12 月 28 日，重庆首次进行排污权交易，5 家企业参与竞标，经过一个多小时竞拍，共竞得 1189 吨二氧化硫和 87 吨一氧化碳的排放权，总交易额达 805.5 万元。浙江省政府于 2010 年发出了《浙江省人民政府办公厅关于印发浙江省排污权有偿使用和交易试点工作暂行办法的通知》来指导全省排污权交易制度的推行。在同年 9 月 15 日，山东省潍坊市开始试点"排污权交易"制度，山东省环保厅、山东省财政厅联合下发了《关于同意潍坊市作为我省排污权交易试点市的复函》，同意潍坊作为我省排污权交易试点市组织开展排污权有偿使用交易的试点工作，同时作为全球环境基金赠款山东省二氧化硫排污权交易平台可行性研究项目试点地区。在 2010 年底，沈阳环境资源交易所正式揭牌，从此，沈阳各企业的污染物排放权可以在此平台上进行交易。哈尔滨也从 2011 年 1 月 1 日起实行《哈尔滨市二氧化硫排污权交易暂行办法》，该《办法》对于哈尔滨市二氧化硫总量分配、排污权交易、监督管理等方面做了详细的规定。在 2011 年 3 月的十一届全国人大五次会议上通过的《中华人民共和国国民经济和社会发展第十二个五年规划纲要》中明确提出，要引入市场机制，建立健全排污权有偿使用和交易制度，大力发展排污权交易市场，规范排污交易价格行为，这就为我国"十二五"时期的排污权交易制度提供了宏观指导。

（二）我国排污权交易法律制度的现状

排污权交易在我国起步较晚，发展较为缓慢，而且并没有在全国范围内推行，但排污权交易在我国还是取得了一些成果的。据历史资料显示，早在 1980 年我国就已经有个别城市开展了排污权交易的试点工作，并且取得了很好的效果。在 1987 年，我国上海身先士卒，开始进行排污权交易试点，并在实践中制定了《排污权交易费用管理办法》等相应的规章；另外，从 1991 年开始，在内蒙古包头、山西太原等 16 个城市在大气污染排污权交易领域进行了试点工作，并且很好地控制了大气污染物排污量，起到了一定的抑制作用。通过对过往的回顾可以看出，我国排污权交易的确取得了兼顾成本效用和保护环境质量的效果，但是由于我国传统经济发展体制的束缚，严重阻碍了排污权交易的大力推广，更为重要的是法制建设的滞后性，不能够有效引导和支撑企业健康快速的发展。

1. 现行基本法律

《大气污染防治法》。排污权交易机制作为一项新的环境保护制度，目前我国法律尚未做出规定，但与之联系密切的排污许可证制度是实施排污权交易制度的前提。明确规定有关实行排污许可证的相关法律主要有 2008 年修订的《大气污染防治法》。《大气污染防治法》第十五条第二款规定，"大气污染物总量控制区内有关地方人民政府依照国务院规定的条件和程序，按照公开、公平、公正的原则，核定企业事业单位的主要大气污染物排放总量，核发主要大气污染物排放许可证。"另外，该条第三款规定，"有大气污染物总量控制任务的企业事业单位，必须按照核定的主要大气污染物排放总量和许可证规定的排放条件排放污染物。"

《水污染防治法》。与《大气污染防治法》相同，《水污染防治法》中也仅对排污许可制度做了规定。该法第二十条规定，"直接或者间接向水体排放工业废水和医疗污水以及其他按照规定应当取得排污许可证方可排放的废水、污水的企业事业单位，应当取得排污许可证；城镇污水集中处理设施的运营单位，也应当取得排污许可证。排污许可的具体办法和实施步骤由国务院规定。禁止企业事业单位无排污许可证或者违反排污许可证的规定向水体排放前款规定的废水、污水。"

可见，我国在立法方面，并没有一部真正的有关排污权交易制度的相关概述，因此制定相关的国家层面的法律迫在眉睫。

2. 地方排污权交易的法制现状

与国家立法的短缺相比，地方层面的排污权交易相关立法就显得没有那么迟缓，各试点省市都在积极探索适合本地经济环境特点的较为科学合理的排污权交易模式。同时也体现出各具特色的立法特点。

首先,排污许可证实施对象以水、大气排污为主,兼顾其他污染物质的排放。例如,齐齐哈尔市制定的水污染物许可证管理办法、牡丹江市的管理办法均规定,“向环境排放废水、废气污染物并且排放量占当地污染负荷80%以上的企业、事业单位,均应遵守本办法。”

其次,排污许可证分为长期和临时两种,适用于不同的情况。如河北省规定,“污染物排放浓度和主要污染物排放单位排放符合要求的,签发排放许可证”“排放污染物超过国家或者地方相关规定的排放标准或总量控制指标,以及未达到环境保护其他相关规定而被责令限期治理或整改的排污单位,限期治理或整改期间,发放《临时排污许可证》,已发放的《排污许可证》收回。”[①]根据实践中的做法,对发放《临时排污许可证》的企业,将受到环保部门更加严格的监督,经过治理如果达到排污总量控制指标,可以申请《排污许可证》,如果超过标准要求,则吊销《临时排污许可证》,并将受到更为严格的处罚。

(三)我国排污权交易法律制度存在的问题

1. 排污权没有得到法律正式确认

排污权交易的前提是存在合法的排污权,换句话说即法律明确规定的排污权才可以在相应的条件下进行交易。但是我国目前的法律中还没有正式地确认排污权,虽然一些中央文件、地方性法规、规章中有相关的规定,但是都没有上升到法律层面,有些还不能在全国范围内使用,又都存在片面规定的现象,不是完整意义上的排污权。排污权在法律上模糊的规定引发了一系列连锁反应,使得排污单位、污染物种类、排污总量及排污权交易主管部门都不能名正言顺。此外,也引发了排污权具体归属的争议,以及由此引发的排污权交易定价、排污权交易收益分配等各种各样的问题。目前,我国法律层面上只对排污许可制度做了相应的规定。排污许可制度脱胎于行政法的许可证制度,这就使得其不能适用民事法律制度进行自由交易,违背了排污权交易设立的初衷。因此,我们可以得出这样的结论,改变排污权在法律上的尴尬地位是建立排污权交易法律制度的前提,只有排污权得到法律的明确认可,排污权交易才能顺

---

① 王世猛.排污权交易指标关联要素探讨[J].中国环境管理,2012(6).

利进行,否则就会造成排污权交易的混乱,甚至导致污染物超标排放,使环境污染更为严重。

2. 排污权交易法律体系尚不完善

排污权交易已经在我国实行了30多年,其法律制度也从无到有、积少成多,但是总的来说仍然是杯水车薪,相应的法律制度严重缺位。一方面,在国家法律层面上,几乎只在《大气污染防治法》和《水污染防治法》这两部环境法中有一些关于排污权交易的原则性规定,比如总量控制模式、排污许可证等等,缺乏对排污权交易专门性的系统规定,甚至连排污权的名称都尚未得到法律的正式认可,这就严重影响了排污权交易的发展;另一方面,在地方立法层面上,目前试点实行排污权交易的各个地区,还相当程度地依靠政策对排污权交易进行规制,这就使得地方排污权交易的合法性有所欠缺,不利于其推广执行。虽然部分地区也制订了关于排污权交易的地方性法规,但是由于污染具有流动性,没有国家层面的法律制度进行统筹协调,这些地方性法规的功能大大受到限制,甚至可能流于形式。更值得注意的是由于地方性法规位阶的限制,其关于排污许可的规定与《行政许可法》相冲突,不利于排污权交易法律制度的建设。

3. 排污权的原始取得规定不合理

排污权原本是一项自然权利,但是我们为了环境保护的需要赋予了其可交易的特性,这就使得排污权具有了财产权的属性。那么法律意义上的排污权的原始取得应如何进行?依据环保总局的规定,排污单位应就排污量向所属地区环境主管部门进行申请,由环境主管部门对排污单位的排污数量进行审批,并发给相应的排污许可证,这样就完成了排污权的原始取得。这种无偿的原始取得是极其不合理的。第一,在现代社会中,环境资源与矿产、能源在某种意义上没有任何区别,都是稀缺资源,不应当由排污单位无偿获取。这种做法不仅产生了权力的寻租空间,也违反了环境法中污染者付费的原则;第二,目前试点地区大部分排污权原始取得是无偿的,所以每一个排污单位势必尽可能地多争取这块“免费的蛋糕”,由此可能产生谎报数据、制造污染等不当行为,反而加剧了污染物的排放;第三,由于环境主管部门是根据总量控制的原则进行排污权的原始分配,因此新增的排污单位将来就会面临“无排污权可分”的境地，其只能从既有排污单位处购买，这就人为地制造了不公平。

4. 排污权交易市场缺乏法律规制

市场经济中的交易应该是在法治条件下以市场为平台自由进行，政府仅在迫不得已时做适当干预。但是由于排污权交易在我国尚不成熟，大部分试点交易几乎完全是在政府的调控干预下进行的，这使得市场交易充满了行政因素，可能引发交易价格不合理，交易透明度过低等诸多问题，尤其可能引发排污单位与政府的直接对立。一旦政府越过市场直接促进排污权交易，那么自有的交易就会被各种审批所束缚，命令下的交易不会产生正常的市场价格，取而代之的是所谓的政府指导价。在交易过程中，排污单位往往不会过多考虑到经济利益，而是以出色完成政府的任务为目的，这就使排污权交易由权利变成了义务，丧失了其固有的激励效果。此外，没有依法形成的交易市场使得排污权的供给不平衡，以火力发电企业为例，随着电力需求量的增大，火力发电企业都试图提高发电量以增加经济效益。但是 SO_2 的排污许可是一定的，因此拥有多余排污权的企业为了日后的发展空间，不会将其用于交易，这就使得排污权不足的企业不能通过交易来满足自身的排污需求，只能被迫缩小生产规模。

5. 排污权交易缺乏合理监管

目前，我国试行的排污权交易制度的基本运行模式就是在政府环境主管部门的组织协调下，各排污单位结合自身排污情况，对污染排放指标进行买卖，通过交易市场来对环境容量这一有限资源进行配置，可是市场对资源的配置并不是完美无瑕的，其天生的盲目性和滞后性等问题会逐渐显现出来，我国既有的多数排污权交易市场尚处于初级阶段，还没有建立起完善的市场监管体系，环境主管部门只能从形式上控制排污许可证的审批。可是整个排污权交易过程中指标的数量、指标的再交易、指标购买后的使用等许多问题都存在监管上的空白。这将会使排污权交易的客体——环境资源出现与疏于监管的普通商品同样的问题，如黑市交易、垄断经营、虚假申报等等。目前少数地方的排污权交易制度中虽然出现了监管的内容，如山东和陕西关于 SO_2 排污权交易的有关规定中就涉及了监管问题，但是其规定较为空洞，在监管方面赋予了环境主管部门过大的裁量权，这样没有制度约束的行政监管反而会滋生滥用权力的行为，无法达到监管的效果。排污权交易一旦缺失监管制度，就必然会造成交易市场的畸形发展,甚至反而对环境起到破坏的效果。

三、国外排污权交易法律制度的实践

(一)美国排污权交易法律制度

美国是全世界最早建立排污权交易法律制度的国家，目前其排污权交易法律制度已经日趋完善,值得我国借鉴学习。美国建立排污权交易法律制度实施的是“两步走”的方式,“第一步”是排污权交易政策形成阶段;“第二步”是排污权法律制度形成阶段。

1. 排污权交易政策形成阶段

从 20 世纪 70 年代到 90 年代，这段时期美国的排污权交易还处于初创期,许多制度尚不成熟。因此在政府的协调下形成了四个主要规制排污权交易的政策:

(1)抵销政策。这是美国排污权交易制度中形成的第一个政策,1976 年在美国环保总局制定的《排污补偿解释规则》中得以确立。主要内容为,排污单位的一处排污设备削减排污的数量不得低于其他设备新增的排污数量，否则就需要从其他排污单位购买相应的排污削减信用来抵销新增排污，这样既平衡了不同排污单位的排污数量,又为有能力治污的单位提供了资金支持。“1977 年《清洁空气法》修正案对抵销政策进行了确认”[①],使该政策上升到了法律高度。

(2)泡泡政策。1979 年,泡泡政策由美国环保局制定并开始实施,泡泡是指将一个排污单位的多个污染源(小泡泡)看作一个大污染源(大泡泡)。泡泡政策要求,只要排污量不超过“大泡泡”所代表的该单位的排污总量,排污单位就可以自己安排每个“小泡泡”的具体排污量,增强了各排污单位防止污染的灵活性。80 年代后期又出现了“多泡”政策,即将排污主体由一个单位扩展到多个单位,准许单位之间进行交易,扩大了交易的区域。

(3)容量结余政策。顾名思义,美国 20 世纪 80 年代初实行的容量结余政

① 陈维春,曲扬.美国排污权交易对我国之启示[J].华北电力大学学报(社会科学版),2013(6):3.

策，主要内容是要求排污单位在新增或改造排污设备或仪器时，如果所增加的排污数量小于既有的排污削减量，也可以称之为在节省的环境容量之内，那么该排污单位就无须再经过环境主管部门的排污审查。但有一点要注意，就是排污总量不得高于法定标准，否则仍需要环保主管部门进行审查。

(4)存储政策。本政策指排污单位对其所减少的排污量具有产权，可以将其“存入”美国环保总局制定的银行或相关机构，并可以在未来选择使用或出售这部分排污额度。其中银行或相关机构起到了中介的作用，协调买卖双方的排污权交易。目前，存储政策具体适用规则的制定权已经下放到美国的各个州，不同类型的存储体系已经建成。

2. 排污权交易法律制度形成阶段

美国排污权交易进入“法治时代”的标志就是1990年《清洁空气法》修正案的出台。虽然早在1970年美国就制定并开始实施《清洁空气法》，并或多或少地影响到了美国排污权交易政策的形成，但是在1990年这个修正案出台前，排污权交易制度主要是由美国环保总局的政府意志决定的，受法律的约束较少。1990年修正案规定了排污权交易的具体模式——总量控制模式，这就为依法进行排污权交易提供了法律保障。

修正案中提出了以总量控制的模式在电力行业实行《酸雨计划》，“本计划是相应计划的先行者，其获得了排污权交易的重要经验”[①]。计划规定排放二氧化硫需要获得相应的许可证，排污单位的每个许可都代表可以排放一吨的二氧化硫。许可证既可以出售给其他排污单位，也可以用来抵消日后增加的排污数量。环境主管部门应当对排污单位的排污数量进行监管，通过测量设备定期追踪，并撰写检查报告，以便掌握排污单位排污数量变化的情况。当然如果排污数量超过许可证的额度，又没有从其他排污单位购买相应的许可证，那么其将会面临一定数额的罚款。修正案也明确了相应排污权交易的主体，即境内21个州的110座发电厂，同时也允许其他排污单位申请加入。

① 魏圣香，王慧.美国排污权交易机制的得失及其镜鉴[J].中国地质大学学报(社会科学版)，2013(6)：34-35.

(二)德国排污权交易法律制度

20世纪90年代初期,为了遏制工业化造成的环境污染,德国采取了大量节能减排的措施,经过多年的发展这些措施逐渐转化成了固定的法律制度,并形成了相对完善的环境法律体系,其中排污权交易法律制度的实施对德国的节能减排起到了关键的作用。2000年以后,德国政府正式开始了排污权交易制度的实施推广工作,并在环境主管部门内部成立了专门负责排污权交易的政府机构——联邦环保局排污交易处。与此同时,德国相继制定了几部法律,对排污权的取得和分配、排污许可证的颁发,排污权交易费用的负担等问题进行了有效规制,使其排污权交易真正有了法律保障。德国的排污权交易法律制度主要由以下三部法律组成:

1. 温室气体排放交易法

2003年7月,欧盟通过了《欧盟排放权交易体系指令》,其旨在规制各成员国的碳排放量。根据《指令》的要求,德国在一年后就相应地制订了《温室气体排放交易法》,这部法律中规定了德国排污权交易的基本原则,即符合法律规定的碳排放是交易的前提,整个排污权交易法律体系的设立是为了使降低碳排放的活动充满效率,进而为全球节能减排做出贡献。此法要求,国内的所有碳排放的设施和仪器出厂或入关前都必须经过检验,一些碳排放数量较大的设施和仪器未经主管部门批准不得进入市场销售。而且"购买这些设备和仪器的单位必须每三个月接受一次碳排放的审核"[①]。本法的实施对德国排污权交易法律制度的形成具有开创性的作用。

2. 项目机制法

德国加入《京都议定书》后,为了与其他缔约国进行合作,有效履行节能减排的义务,在2005年9月颁布了这部法律。但是本法在客观上为排污权交易提供了有力的法律支持。本法主要立法目的在于通过确立绿色发展机制以实现《京都议定书》节能减排的要求。其规定,在德国实施总量控制下的排污权交易模式,即由政府合理确定排放污染物的数量,并以此为基础向排污单位发放排污许可证。德国的自然保护和核安全部根据实际情况来确定各个区域、各个

① 赵舸,张晓璇.德国排污权交易制度的法律实践与评价[J].群文天地,2011(6):229.

行业的可排污数量,并为排污单位颁发可用于交易的排污许可证。但是,排污单位当年的排污数量和交易数量不得超过许可证规定的标准。从此,排污许可证制度作为绿色发展机制在德国得到了完全确认。

3. 排污权交易费用规定

德国的自然保护和核安全部依据《温室气体排放交易法》制定了本规定。其主要内容为:根据排污单位的排污设备和仪器来确定相应的排污数量,由此颁发排污许可,所产生的费用由排污单位承担。其中将按排污数量的大小区分了三个档次:第一档排污量的范围是不高于 15 万个排污许可,排污单位应支付 3200 欧元; 第二档排污量的范围是 15 万个排污许可到 150 万个排污许可之间,排污单位应支付 6400 欧元;第三档排污量的范围是高于 150 万个排污许可,排污单位应支付 9600 欧元。除了排污单位支付的费用外,其余费用则规定由德国政府通过专门办理排污权交易部门进行支付。本规定还特别强调了一点,即涉及排污权交易的费用必须通过排污交易处的官方账户来进行收支,实行专款专用。

(三)国外排污权交易法律制度对我国的启示

1. 制定完善相关法律法规,为排污权交易提供法律保障

排污权交易制度的设立目的是为了运用经济手段来解决环境问题。众所周知,法治经济是当今世界经济发展的主流,因此各国在推行排污权交易制度的过程中虽然都是政策先行,但是最终都确定了较为完善的法律制度,这是保障排污权交易稳定的必要途径。排污权交易是一种相对较新的污染防治制度,其经验制度亟须上升为全国通行的法律以确保其权威性, 而且在排污权交易市场不成熟的情况下,法律的实施也能够起到规制引导作用。如英国的《气候变化法案》和德国的若干部有关排污权交易的法律规定都是对其国内排污权交易既有制度的总结升华,上升为法律后使全国的排污权交易都走上了正轨,推动了排污权交易的发展。此外,在排污权交易立法中还要注意对环境主管部门的规制和授权,以保障法律制度顺利的实施。如美国的《清洁空气法》修正案就将 SO_2 排污权交易的微观规制授权给环保总局进行。

2. 推行总量控制制度,以实现减少排污的环保目标

美、德、英三国排污权交易法律制度之所以能够起到减少排污、保护环境

的作用,最主要的原因就在于其均实行总量控制制度。排污权法律制度在确定排污权初始分配和市场交易之前,明确要求进行总量控制。即通过法律授权环境主管部门根据实际情况确定每年污染物的排放总量和每类污染物的排放总量,如果排污单位所要排放的污染物超过自己排污指标的额度,那么只能提高技术削减排污或从其他排污单位购买多余的排污指标,排污单位当然会选择成本较低的方式。这样一来,既控制了污染物的排放量,又使得污染防治的成本最小化。随着环保技术的不断发展,环保主管部门对污染物的总量控制是逐年降低的,与三国也均实行的环境税法律制度相比,排污权交易的总量控制制度能够使污染物排放稳中有降,确保逐步减排,效果上更胜一筹。

3. 注重激励手段的运用,促进排污单位减少排污

只有不断给予排污单位物质激励,才能促使其心甘情愿地降低污染物的排放。在传统的行政命令模式中,一旦排污单位达到了排污标准,其便丧失了减排的动力,在超标排污处罚力度小于相应经济利益时,排污单位甚至会"甘愿受罚"以换取更大的经济利益。排污权交易法律制度的实施,使减少排污对排污单位的物质激励永远不会终止。因为即便污染排放情况符合排污标准,排污单位还是可以通过减少排污以便空余更多的指标进行交易,进而不断获得经济利益。此外,各国还大都在排污权交易法律制度中规定了更多不同的激励制度,以便使排污单位对减少排污产生更大的动力。如德国排污许可三个层次的划分就大大降低在合法额度内排污更少的单位缴费的数额,英国的"奖励基金"制度则给予了相应减排单位一定的资金激励。

4. 加强政府的监管力度,保障排污权制度顺利实施

即便排污权交易法律制度的建立促使排污单位减少排污的行为走上了良性发展的轨道,但是一部分排污单位仍然会存在侥幸心理,期望通过超标排污来实现经济利益。正如有学者所说,"一旦疏于监管,排污单位就会'搭便车',产生只有卖方没有买方的尴尬局面"①。这样一来就势必会突破环境主管部门确定的排污总量,进而使污染加剧。由于目前对污染物排放的监测专业性较

① 纪建文.从排污收费到排污权交易与碳排放权交易:一种财产权视角的观察[J].清华法学,2012(5):72.

强,因此排污权法律制度的实施较传统法律制度更为需要政府的监管。依据目前的环保科技水平，只有政府的环境主管部门对排污单位的污染物排放实行不间断监测,才能够准确地掌握排污单位的实际排污数量,进而保障排污权交易的实施,这是政府监管最为重要的问题,如美国环境主管部门对污染物排放进行追踪,并撰写相应报告。此外,政府环境主管部门的监管还应当包括:排污交易主体的确定、排污许可证的发放、排污交易结果的审查等等,以确保排污交易的整个过程都符合法律的规定，如德国每三个月就对排污单位设备的碳排放量进行检测。

四、完善我国排污权交易法律制度的思考

(一)通过立法明确排污权

建立排污权交易法律制度的首要前提就是通过立法明确排污权这一概念,目前仅仅依靠国办发〔2014〕38 号文件中简单而宏观的规定是远远不够的。排污权作为环境资源使用权能够交易的条件应当是环境资源使用权这一“产权”是合法且明晰的,即排污权的拥有和归属必须有法律依据。一直以来,我国的法律制度中并没有真正明确排污权这一概念,“一度还使得部分试点地区的二级市场出现零交易的情形”[①]。随着排污权交易的不断发展,通过法律来明确排污权的呼声日益高涨。有学者认为应该在现有相关单行法的基础上对排污权进行明确,即根据《水污染防治法》和《大气污染防治法》中已有的排污权交易规定来分别明确排污权的概念；也有学者认为排污权作为一个基础性的概念应该在《环境保护法》总则中予以明确。在现有单行法中规定排污权显得有些片面,毕竟在《水污染防治法》中只能规定水资源的排污权,在《大气污染防治法》中只能规定大气资源的排污权,这样就使排污权丧失了完整性,不利于统筹排污权交易法律制度。在《环境保护法》总则中明确排污权本是可以选择的方式,但是 2014 年新修订的《环境保护法》全文中均未提及排污权的概念,再贸然增加则有违法律的稳定性。

因此笔者认为,就目前的立法情况来看,排污权这一概念在未来排污权交

① 王育红,李融.排污权的法律性质[J].法律适用,2012(12):112.

易的专门立法中得到明确是最为恰当的。结合我国国家性质,法定的排污权应该属于环境资源使用权,排污主体可以在法律的框架内对其取得、占有、使用、处分、收益。这样一来使得自然意义上的排污权具有了法律属性,结束了排污权交易的“原罪”,还对环境资源的产权进行了明晰。从此环境资源也如同其他商品一样,在法治环境下通过市场进行资源配置,有利于促进排污权交易法律制度的形成。

(二)排污权交易一级市场法律制度的构建

排污权交易一级市场是排污权原始取得的方式或场所, 也就是环境主管部门将特定范围的环境资源分配给排污单位的方式或场所。在排污权交易中作为环境资源的排污权也是一种“商品”,具有经济价值。因此关于其原始取得需要相应法律的规制,以防止寻租空间的产生。在排污权交易一级市场中关于排污权原始分配的方式有两种,即无偿分配和有偿分配。无偿分配即原始分配是无偿的,排污单位免费获得一定额度的排污权。其优点在于使排污单位的交易成本最小化,促进排污单位排污权交易的进行;其缺点在于忽视了排污权的商品属性,使价格机制在排污权交易中完全失效,会导致环境资源的浪费;有偿分配即原始分配是有偿的, 环境主管部门通过拍卖和定价的方式来确定排污权的价格,排污单位需要支付一定数量的货币来换取排污权。其优点在于将排污单位排污权的额度与其生产成本挂钩,防止排污权被滥用。其缺点在于一些排污单位可能会借机囤积排污权,扰乱排污权交易市场的秩序,进而加剧环境主管部门的管理成本。

“目前我国排污权交易试点实践关于排污权原始分配还在采用一刀切的办法,不是无偿就是有偿,是非常呆板僵化的,”[①]这一现状在立法中必须得到改变。因此,我国排污权交易法律制度应该对排污权交易一级市场做这样的规定,即主要采用有偿分配方式,辅之以无偿分配,并预留发展空间。具体来说就是,第一,排污单位属于营利性单位,如生产企业、商业店铺等,则排污权原始分配应该采用有偿分配的方式。这些营利性单位往往是污染物的主要排放者,有偿分配体现了污染者付费的原则,有利于促使其减少污染物的排放;第二,

① 王清军.我国排污权初始分配的问题与对策[J].法学评论,2012(1):70.

排污单位的性质属于公共服务机构，如政府机关、公益社团等，则排污权原始分配应采用无偿分配方式，以确保国家的正常运转，但一定要将排污权分配的数量限定在必须范围之内；第三，排污权的原始分配不可一次分完，要为发展预留空间。环境主管部门必须总是拥有一定额度的排污权指标，以防止因排污权数量不足导致排污单位生产规模扩大受到遏制。此外，这些备用的指标还可以用来冲击囤积排污权的行为。

（三）排污权交易二级市场法律制度的构建

排污权交易二级市场，也称之为排污权交易市场，是指排污单位对在一级市场原始取得的排污权进行交易的场所。二级市场是排污权交易的主要阵地，其正当运转是实现排污权交易目的的重要保障。通过二级市场的排污权交易可以促使运用环保技术降低排污的单位获得经济利益，又为排污单位的转产经营提供了可能。因此排污权交易二级市场法律制度是整个排污权法律制度最主要的组成部分。对于排污权交易二级市场的法律制度我们可以从以下三个方面来设计：

1. 二级市场的排污权交易主体

二级市场的排污权交易活动是通过特定主体来进行的，也就是所谓的排污单位。在排污权交易法律制度中，二级市场的排污权交易主体的资格需要由法律来规定。在排污权交易的早期，其二级市场的交易主体一般仅限定为政府和企业。这样既使排污权交易处于一个简单的模式中，又能确保排污数量在可控范围内。本书认为我国排污权交易法律制度规定的交易主体应该是排污企业、环保组织、具有资格的投资者和政府四种。

首先，排污企业毫无疑问是最主要的排污权交易主体。目前排污企业进行污染物排放的前提是获得环境主管部门颁发的排污许可证，但是排污权法律制度建立后，排污企业排污权交易的前提就变成了在一级市场中环境主管部门对其排污权的有偿分配。此外，我们还要注意两种限制交易的情形。第一，排污企业没有建立标准的污染物排放监测系统，不能够及时提供排污数量的数据，或数据不符合环境主管部门的要求。第二，排污企业在受到环境违法处罚期间，如被环境主管部门要求限期治理的排污企业等；具有以上两种情形的排污企业不得在二级市场进行排污权交易。

其次，环保组织应当成为排污权交易的重要主体之一。环保组织的成立本身就是出于公益的环保目的，其参与二级市场的排污权交易也是如此。因此，将环保组织列为排污权交易的主体会使排污权交易制度对环境保护的作用更加明显，有利于降低污染物的排放。当前我国的部分环保组织已经具有了一定规模，如中华环保联合会、中华环保基金会等等，但是其中也存在一些不规范的环保组织。因此要强调一点，参与排污权交易的环保组织必须是在民政部门办理过社团登记的正规组织。

再次，具有资格的投资者也可以作为主体参加排污权交易。排污权交易市场也是经济市场的组成部分之一，当然也要允许投资者以营利为目的参与其中。但是排污权交易又不是纯粹的商品交易，其还肩负着污染防治的职责。为了防止投资者的逐利性造成二级市场交易的混乱，进而产生生产问题或环境问题，我国排污权法律制度规定的参与排污权交易的投资者不能是任意的市场主体，而应当具有相应的资格，即经过环境主管部门许可备案的投资者才能参与交易。

最后，政府作为排污权交易主体主要是为了对其进行宏观调控，这也是政府在市场经济中的职责所在。如果污染物排放过多造成环境恶化，政府就要购进排污权，以便于减少污染物排放。如果二级市场的排污权缺乏导致排污单位生产受到限制，政府就要放出一定数量排污权进行销售，以便于促进生产发展。此外，我们还应当学习西方国家的经验，设立独立于环境主管部门之外专门负责排污权交易的机构，以防止交易主体和管理主体相混淆，阻碍排污权交易法律制度的实施。

2. 二级市场排污权交易的客体和对象

所谓客体就是权利义务指向的对象，二级市场的排污权交易的客体就是所谓的排污权“剩余指标”，即排污单位依法在一级市场原始取得的排污权经过使用后还有“剩余”，这部分“剩余指标”就是二级市场排污权交易的客体。还有一点要注意，如果一个区域内的环境资源基本饱和，甚至是缺乏的，那么就不会产生排污权交易。因为如果该区域环境资源总量不足，那么在既有的环保技术水平下就一定不会产生“剩余指标”，本区域内当然就不会发生排污权交易。而且排污权的客体不能跨区域交易，因为每个排污权交易区域都是一个系统的整体,根据环境的区域稳定性,其他区域的环境资源不能够对本区域环境资源的缺乏进行及时有效的补充，比如山西目前还不可能通过与西藏的排污权交易来增加自己的环境资源。

排污权交易的对象,具体说来就是哪些污染物可以进行排污权交易。这需要结合客观环境状况和当前科技水平来确定，即必须是构成环境破坏并可以被人类准确监测的污染物才能进行排污权交易，因此并非所有污染物都是排污权交易的对象。我国既有的排污权交易试点中,大气排污权交易的对象主要是 SO_2,水资源排污权交易的对象主要是 COD(化学需氧量)。我们在排污权交易法律制度中需要对既有排污权交易的对象进行扩大，根据目前环境污染的实际情况和环保技术水平,参照既有的相关标准,本书认为,我国排污权交易法律制度的交易对象应该包括 SO_2、CO_2、粉尘、氮氧化物、COD、氨氮和总磷。此外,排污权交易的对象必须限定在同种污染物之间,如果对不同的污染物进行排污权交易,就会导致各类污染物的排放总量无法得到合理的控制,可能会对环境资源造成结构性的破坏,最终导致污染加重。

3. 二级市场排污权交易的方式

对排污权交易的法律规制不同于一般的商品交易，其同时具有私法和公法的属性,因此有必要通过立法来规定排污权交易的方式。国外关于排污权交易的方式主要有两种:一种是直接交易,即所谓的企业—企业。具体说来就是无需中介平台,两个具有资质的排污权交易主体可以通过自由协商,在意思自治的前提下签订排污权交易合同进行排污权交易;另一种是间接交易,即所谓的企业—中介机构—企业。具体说来就是所有具有资质的排污权交易主体都必须到法定中介机构(一般都称之为排污权交易所)进行排污权交易,但最后需环境主管部门审批方可成交。中介机构负责发布信息、撮合成交、办理结算等中介业务,有些类似于目前证券交易。两者相比,后者更具发展优势。通过中介机构进行排污权交易有以下优点:第一,能够及时发布排污权交易信息,并使其更加公开和透明;第二,撮合成交的方式避免了市场选择的过程,使排污权交易的成本大大降低;第三,环境主管部门可以依法从中介机构及时获取排污权交易的各类数据,大大方便了对排污权交易的监测。

综上,我国排污权交易法律制度应当选择间接交易方式。对此法律还应进行以下规定:第一,立法确定排污权交易中介机构。中介机构发挥着排污权交易平台的功能,鉴于排污权交易的特殊性,其中介机构应当由立法确定。具体制度可参照证券交易所,在几个代表性城市建立即可,但要大力发挥网络交易的优势;目前我国已经拥有了北京产权交易所、上海能源交易所和天津排放权交易所等排污权交易中介机构,为以后中介机构的设立打下了实践基础;第二,明确中介机构的会员制制度。即便具有法定排污权交易资质的主体到中介机构进行交易,也必须首先登记为该机构的会员,以便于中介机构对其进行管理。会员可以通过会员大会的方式制定一些减排目标和优惠政策;第三,确立环境主管部门的监管权力。环境主管部门在法律的授权下,可以对排污权交易主体的交易数量、种类进行监督,发现不法行为应当及时制止。此外,环境主管部门是排污权交易的"把关人",即经过审批的排污权交易才可以最终成交。

(四)排污权交易监管法律制度的构建

排污权交易建立在市场机制的基础上,当然也受到市场调节缺陷的影响,因此同样需要政府对其进行监管以克服市场缺陷。但是在排污权交易中政府既是排污权一级市场排污权的分配者,又是二级市场排污权交易的监管者,这就可能会产生寻租的空间。因此,排污权交易法律制度还需要引入社会监督,以此来监督政府权力的行使。

1. 政府监管

在排污权交易中,"政府不仅是排污权的原始拥有者,排污权交易的参加者,还应该是排污权交易的监管者"[①]。排污权交易法律制度要求政府对排污权交易的监管由命令模式到协调模式,由主动干预到依法调控。一方面,要从宏观上确立排污权交易的政府监管体系。在我国环保部统筹监管全国范围内的排污权交易,地方各级环保主管部门负责监管自己辖区内的排污权交易。但是排污权交易区域肯定与行政区域不完全重合,当排污权交易区域分别隶属两个行政区域时,对其监管应该先由当地环境主管部门协商协调,之后报上级环境主管部门统筹管理;另一方面,要从微观上确立各级环境主管部门的污染监测制度。从一级市场排污权原始分配开始相应环境主管部门就要对排污单位

① 周英.我国排污权交易的现状及存在问题研究[J].生产力研究,2014(4):108.

的排污数量和排污种类进行监测，并合理预测其排污削减能力，这样才能公平地分配原始排污权。对于二级市场的排污权交易，环境主管部门也要及时跟进监测进度，防止增加的排污数量超过交易的数量。

2. 社会监管

一项制度越是涉及社会公共利益，就越需要社会的监管。环保制度就是一个典型例子，其形成、发展、成熟都离不开社会力量。排污权交易是通过市场交易机制来控制污染物排放数量的制度，其归根结底属于一种环保制度，因此社会监管在排污权交易法律制度中的地位就显得更加关键。社会监管的主体既可以是每一个公民，也可以是环保组织，这样就形成了高强度和专业化相结合的监管主体。社会监管的客体也包括两个方面，即排污单位行为和政府行为。从理论上讲，排污单位和地方政府在排污权交易过程中都有为了自身利益而损害环保结果的可能，因此需要社会公众对两者进行合理监管。社会监管的方式则应当包括以下两种：第一，听证制度。政府环境主管部门对环境资源总量的确定，以及超过一定数量的大型排污权交易都需要在相应排污权交易区域举行听证会，以便让社会公众对可能产生的环境影响做出判断监督。第二，环境公益诉讼制度。这项法律制度在环境保护领域内解除了现有民事诉讼法对原告资格的限制，大大扩大了社会监管的主体范围，可以使更加专业、更有精力的组织和个人通过诉讼方式来阻止不合理排污权交易的发生。

（五）排污权交易责任法律制度的构建

任何一项法律制度的构建都要以法律责任收官，因为如果没有法律责任的存在，那么违法行为就不会受到强制性的惩罚，这样一来再好的法律制度也无法推行。目前，我国关于排污权交易法律责任的规定也只是散见于其他环境保护法律中，规定参差不齐，不够系统完善。

因此我国构建统一的排污权法律制度必须明确相应的法律责任。

1. 民事责任

排污权交易在法律意义上主要体现的是一种民事行为。违反排污权交易法律制度会引发以下两种民事责任：第一，缔约过失责任和违约责任。二级市场的排污权交易主要是通过签订合同来进行，因此也会基于合同的签订和履行相应地引发缔约过失责任和违约责任。这两项法律责任的承担可以直接参照《合同法》及相关法律规定；第二，侵权责任。排污单位在排污权交易中，有可能由于过量排放等原因对交易双方之外的第三人造成伤害，或者对环境造成污染。对于这种现象可以参照《侵权责任法》和《环境保护法》中有关人身侵权和环境侵权的规定来确定法律责任。

2. 排污权交易行政责任的产生并非基于横向的市场交易，而是基于政府纵向的交易监管

从排污主体方面来看，作为受监管方的排污单位极有可能为了自己利益扰乱市场秩序，这主要表现在三个阶段：首先，在排污权原始分配时通过伪造资料来骗取相应的排污权，对这种行为环境主管部门要取缔其原始取得排污权的资格，并根据情节轻重处以一定数额的罚款。其次，在二级市场交易时，对于违反排污权交易法律制度的单位，环境主管部门要及时制止，防止损失扩大。并根据情节轻重处以一定数额的罚款和及时整改，严重的要限制其排污权交易。再次，完成排污权交易时，交易双方应当及时到环境主管部门变更排污权登记，如果没有及时变更引发的不利后果，应由过错人先予承受。如果购买方超出购买限额排污，则环境主管部门应及时制止，并根据情节轻重处以一定数额的罚款和及时整改，严重的要处以停产的行政处罚；从政府方面来看，环境主管部门代表政府作为监管方，其工作人员的不作为或违法行为给交易方带来损害的，需要根据情节受到相应的行政处分。关于行政责任目前没有可以参照援引的法律，应在排污权交易法律制度中予以体现。

3. 刑事责任

排污权交易法律制度中关于刑事责任的设置是最为容易的，因为我国刑法遵循罪刑法定原则，因此凡是在排污权交易活动中触犯刑法规定的，均应严格依据我国刑法规定承担刑事责任，排污权交易法律制度不能另行规定。

第七章　我国环境刑事法律制度的完善

第一节　我国环境刑事犯罪的现状

一、环境污染犯罪案件的数量增多

我国的环境污染主要是工业污染、农业污染、第三产业污染和生活污染。关于工业污染和第三产业污染，是治理的重点，正在进行之中，农业污染和生活污染依然呈现蔓延趋势。全国的工业污染，主要是由于产业结构的不合理，致使我国仍将长期依赖煤炭等能源，排放出的废气、废水、废料很多在未经过处理和超标的情况下径直释放到环境中。“十一五”期间，我国煤炭的消耗增长了 10 亿吨，根据“十二五”的需求情况，经过简单测算，预计煤炭的增长量很可能还会达到 10 亿吨，伴随产生的大气污染主要是由于煤炭燃烧之后形成的二氧化硫和烟尘，推广实施脱硫除尘技术是治理的关键所在。汽车尾气在各大城市，尤其是京、津、沪、穗等一线城市污染严重，已占城市大气污染比例的一半。到目前为止，北京机动车的总数已经达到了 500 万辆，机动车的尾气排放现在是北京大气最主要的污染物来源。

工矿企业排放有毒有害的废水、固态和气态废物引起的污染环境类犯罪频发。如某县恒达化工厂未按地(市)、县环保部门的要求完成废水处理设施建设与进行项目的环保验收，擅自试生产并两次排放氟硅酸废水，使废水流经区域的农田、河沟遭受高浓度氟化物污染，致使县城西镇卫干村二社村民集体中毒，水体和土地受到严重污染。又如 2001 年贵州省独山县城近郊中南选冶厂因随意堆放和倾倒有毒废渣污染饮用水源，导致附近 300 多名群众砷中毒。

第三产业中的白色垃圾，如不可降解的塑料袋、一次性餐盒等丢弃程度严重，每到春秋季节，很多城市乡镇天空中就飘着白色的垃圾。据统计，仅铁道的白色垃圾，每年需要清理 3 亿个塑料饭盒。中国除县镇之外的 668 个城市中，有 2/3 的城市处于垃圾包围之中，1/4 已经无垃圾填埋堆放场地。全国城市垃圾堆存累计侵占土地超过 5 亿平方米，每年的经济损失高达 300 亿元。北京市现在年产垃圾量 672 万吨，每天的产量是 1.84 万吨，平均下来差不多每年垃圾的增长比例是 8%。北京现有垃圾处理设施 23 座，处理能力 1.04 万吨 / 日，但是在这个处理能力上已经处理到 1.74 万吨，也就是说北京市的垃圾处理设施是超负荷 67%以上运行。城市边缘电子垃圾、医疗垃圾、生活垃圾堆积如山，得不到有效的回收利用和销毁，不仅直接污染环境，对周边生活区人们的身体健康也构成了极大的威胁。

农业污染则主要是过量使用化肥、农药等化学制剂，造成了大面积的大气和农田污染。辽河、海河、淮河、太湖、巢湖和滇池，是我国“九五”期间限期治理的重点项目，其近一半的河段污染严重，工业废水、生活垃圾，漂浮并且很多都淤堵在河口一带，形成狭长的污染带。

二、生态破坏类犯罪屡禁不止

生态系统是一个由生物群落及其生存环境共同组成的动态平衡系统。生物群落由存在于自然界一定范围或区域内并互相依存的一定种类的动物、植物、微生物组成。生物群落同其生存环境之间以及生物群落内不同种群生物之间不断进行着物质交换和能量流动，并处于互相作用和互相影响的动态平衡系统之中。这样构成的动态平衡系统就是生态系统。[①]

生态破坏是指由于自然原因或人类活动对生态平衡造成的损害。自然原因造成的生态破坏从其频率、程度和范围上，都有一定的限定性，我们探讨的主要是由于人类自身原因造成的生态破坏，因此造成的生态破坏，往往具有持续性强、破坏程度高、波及范围广等特性。由于人类对生态系统的过度索取以及返回生态系统的数量庞大的废物，致使生态系统受到了极大的破坏。加之，

① 吴学周.中国大百科全书·环境科学[M].北京：中国大百科全书出版社，1983：302-303.

人类经济活动的活跃，造成了水土流失、耕地盐碱化和废弃化、草场荒漠化、生物多样性减少，从而导致了自然灾害频频发生的恶劣后果。我国水土流失 367 万平方公里，由于毁林造田，黄土高原的森林覆盖率从西周时期的 53%降至目前的 6.1%，成为生态环境最脆弱也是最贫困的地区；全国荒漠化的面积 262.2 万平方公里，并以每年 2460 平方公里的速度增加；全国草地资源退化 87 万平方公里，占可利用草场的 1/3。

据统计，2001 年上半年全国森林公安机关破获的重特大刑事案件比 2000 年同期上升 22.24%，其中盗伐、滥伐林木刑事案件同比上升了 53.98%。2004 年上半年，全国共发生林政案件 21 万起，盗伐、滥伐林木问题依然严重。此外，云南省公安消防总队数据显示，仅 2010 年，云南省共发生火灾逾 2071 起，火灾次数同比增加 52%，造成的直接经济损失接近 9319.9 万元。过去近 60 年里，云南森林火灾次数、受害森林面积分别居全国第一位和第三位，几乎每年都有扑火伤亡事故。2011 年 2 月 28 日云南丽江黄山镇发生特大火灾，据初步估算，森林过火面积约为 30 公顷。人类由于自己的行为，付出了昂贵的代价，生命无价，经济损失无可估量，生态破坏更是严重，甚至无法恢复。

第二节 我国环境刑事犯罪的原因

一、根源在于社会目前对人与环境之间关系认识的滞后

人与环境之间的关系相当复杂，有学者将人与环境之间的关系归结为以下几种：首先有学者主张人是环境的主宰，只有人才能成为法律保护的主体，环境只能作为客体，人通过各种粗暴的途径和方式开发、利用环境资源，通过环境资源满足自身的需求获得利益，认为自然界和自然规律都是为了人类而设立存在的，即“人类中心主义”观点，也就是说人的利益高于一切，人类不仅可以征服自然世界，并且完全可以依据自身的需求来改变自然万物。从渔猎时代人类敬畏大自然，到农业文明时代人类掌握了一些大自然的规律为我所用，到工业革命时代以来人类对大自然的无度索取和肆意占有，“人类中心主义”

在人的思想中根深蒂固;其次有学者主张环境本位,即人类应该敬畏大自然,人类不过是自然万物的一个微小的组成部分,该种观点又忽视了人的主体地位,过分强调了自然环境的作用;最后即现在的主流观点,人与自然和谐共处,尊重自然环境也就是尊重人类自身。地球生态系统是由众多的生命物种组成的,每一个生命物种不断地进化、相互交融并赖以为生,现代生态文明下的人类开始反思自己的行为,自然也以各种灾难来警示人类破坏环境的行径,我们应该顺应自然的生活,而不是愚昧地向自然界宣示自己的暴虐。顺应自然的生活也不是主张人类放弃对自然界的利用、改造的能动性,而是要人类学会一种有利于人类与自然环境和谐共赢,既有利于人类的发展,也有利于环境保护和生态平衡的生活状态。

人类对环境的观点必须符合以下几种原则:首先是责任原则,即在代内和代际都要符合公平、公正,既要满足当代人的需求,又不损害后代人的权利。1997年联合国人类环境会议发表的《人类环境宣言》中提道:“我们不是继承父辈的地球,而是借用了儿孙的地球”,所以当代人在满足自身需求的同时,必须以不侵占后代人的利益为前提,这是当代人责无旁贷的义务;其次是最小伤害原则,该原则要求人类在利用自然界的时候,要将对环境的破坏、伤害降到最低。如在人类需要利用动物或者其他生物做实验的时候,要选用低等的生物而不选用更高等的生物,同时要将低等生物的痛苦降到最低限度,再如人类在修路架桥、修水库建电站的同时,要进行环境影响评价,那些会对环境造成不良影响的工程坚决不予上马。再次是适时补偿原则,人类在生存发展的过程中难以避免地要从自然环境索取资源、能源,虽然自然界不断地有新的物种产生,但是,随着人类社会发展至今,我们面临的不是日益增多或维持平衡的物种,而是越来越多濒临或者已经逐渐灭亡消失的物种。人类需要做的便是适时地补偿,如林木砍伐之后要及时地补种,大力提倡植树造林,对于濒危物种,我们更要为其提供得以繁衍生息的场所,为其营造一个有利的环境。最后是加强区域合作原则,自进入“地球村”时代以来,环境问题引起了国际社会的高度重视。事实告诉我们生态危机和环境灾难是没有地域边界的;在环境问题上,全球是一个整体,命运相连,休戚与共。[①]环境破坏具有持续性、扩散性、难以控制性等特点,生态环境一旦遭到破坏,任何地区和国家都难逃侵害。所以,各国应该互相交流环境保护的经验教训,共同致力于环境保护技术的开发和应用,积极地开展环境保护和环境治理合作。

二、环境刑事法律制度存在缺陷是社会转型期的突出反映

我国自改革开放以来,一直处于计划经济向市场经济转轨的进程中。在这个进程中,经济管理制度不够完善,政治体制改革存在缺陷,相应的配套法律法规滞后性严重,这就导致了大量的环境污染和破坏行为,甚至是违法犯罪行为出现。改革开放过程中,人的价值观也受到了冲击,从政府官员到企业再到个人,都表现出了价值观的偏离和急功近利。一些政府搞形象工程、地方保护和行业保护,为了地方的财政税收不顾企业对环境的污染、破坏,甚至一些地方政府的行为直接对环境起了破坏作用,据国土资源部披露,在违法占用土地案件中,地方政府占地约占80%。在房地产行业、矿产开发行业往往掺杂了政府或相关部门的利益。对环境保护职权划分的分散性,也导致了相关部门争相趋利的态势。企业和个人为了追求利益最大化,非法排污、非法开采矿产资源、乱砍、滥伐林木、走私国家珍稀和濒危动植物、非法进口洋垃圾等无视环境保护。在社会的转轨时期,政府、企业和个人无视制度、法律,无视长远利益、全局利益,采取非法手段对环境造成了空前的破坏,而相应的法律制度的不健全,又助长了这些人的气焰,使其钻了法律的空隙。

三、环境要素的所有权及使用权主体不够明确

《中华人民共和国宪法》规定:“矿藏、水流、森林、山岭、草原、荒地、滩涂等自然资源,都属于国家所有,即全民所有;由法律规定属于集体所有的森林和山岭、草原、荒地、滩涂除外”“城市的土地属于国家所有。农村和城市郊区的土地,除由法律规定属于国家所有的以外,属于集体所有;宅基地和自留地、自留山也属于集体所有”“国家为了公共利益的需要，可以依照法律规定对土地实

① 钱易,唐孝炎.环境保护与可持续发展[M].北京:高等教育出版社,2000:182.

行征用”“任何组织或者个人不得侵占、买卖或者以其他形式非法转让土地。土地的使用权可以依照法律的规定转让”。由此可知，我国的所有环境要素均属于公有，即国家和集体，这样的主体显得虚无缥缈，人人都有一种“分一杯羹”的思想，反正最终的买单人必然是国家或者集体，纵然触犯法律犯罪人承担的不过是极小的一部分责任。据统计，我国的人均耕地面积在1949年时为2.71亩，1995年下降到1.18亩。在国家一再强化对土地管理的情况下，2003年还减少耕地面积3800多万亩，比上一年又减少2%。国家在力保“18亿亩红线”的同时，各地方的占用耕地的工程建设却仍进行得热火朝天，甚至不乏新上马的工程项目。明确环境要素的所有权及使用权主体，势必对环境刑事法律制度承担责任主体是一种明晰。

四、我国关于环境问题的多部门执法、交叉执法问题严重

在我国现实生活中，对同一个污染企业进行惩处，有权管辖的部门包括环保部门、工商部门、水利、国土等等，基于本部门的利益也就出现了多部门执法、交叉执法的现象，形成这样的现状主要是因为没有建立起环境刑事执法的长效机制。地方政府有些也要充当保护伞，对许多严重的环境违法犯罪往往因为地方保护主义而纵容、错放，导致对环境违法犯罪行为处罚不得、处罚不了。有法不依、违法不究、执法不严的现象频频出现，环境犯罪行为应受惩罚而未受惩罚，严重损害了社会正义。

第三节　我国环境刑事法律制度的缺陷

一、我国环境刑法保护的法益不合理

法益是指法律所保护的人们的利益。环境法益，即环境犯罪的客体，是指为环境刑法所保护的，而被犯罪行为所侵害的人们共同享有的环境利益。人们侵害环境法益主要有以下两种后果：一种是使得环境的经济效益降低或者丧失，如我国新《刑法》中规定的滥伐林木的行为、非法开采矿产资源的行为等

等;另一种是导致环境的生态功能降低或者丧失,使得生态系统的协调性受到极大的破坏,致使自然状况恶化,很多侵害难以从表面被发现,要经历很长的时间才能显现出来,此种危害很容易被人们忽视。

目前，我国环境与资源保护立法的目的是保障人体健康和促进社会主义现代化建设的发展。环境资源具有经济效益和生态效益的双重属性。两种属性兼而有之，在我国国内毫无争议，然而何者为第一属性却存在极大的争议。1997年新《刑法》在第六章《妨害社会管理秩序罪》中规定了第六节《破坏环境资源保护罪》,由此可见,我国的环境保护立法设在此章之下,意味着我国的环境刑事保护法的首要法益是社会管理秩序，最终仍是为了保护人身性和财产性的法益。污染环境和破坏自然资源的行为必须使得人身、健康和财产受到了侵害,并且达到了一定的程度,才被认定为是犯罪,以此看出,我国的环境刑法保护的直接客体是不特定多数人的生命、健康和与之相联系的生活环境,如果生命、财产没有受到侵害,就不能适用环境刑法。

我国于2011年2月25日通过的《刑法修正案(八)》第338条规定:“违反国家规定,排放、倾倒或者处置有放射性的废物、含传染病病原体的废物、有毒物质或者其他有害物质,严重污染环境的,处三年以下有期徒刑或者拘役,并处或者单处罚金；后果特别严重的，处三年以上七年以下有期徒刑，并处罚金”；第339条第1款规定:“违反国家规定，将境外的固体废物进境倾倒、堆放、处置的,处五年以下有期徒刑或者拘役,并处罚金;造成重大环境污染事故,致使公私财产遭受重大损失或者严重危害人体健康的,处五年以上十年以下有期徒刑,并处罚金;后果特别严重的,处十年以上有期徒刑,并处罚金”。从以上条文中可以看出我国的环境刑法保护的法益是人的生命、健康和财产,污染环境和破坏自然资源的行为构成犯罪,必须以“公私财产重大损失”“人身伤亡”的严重后果为必然要求,环境法益并非环境刑事立法保护的直接法益,环境所承载的经济利益成为首要的保护对象，这使得环境刑事立法的保护生态效益目的大打折扣,难以起到刑法震慑犯罪、预防犯罪、惩处犯罪的效果,与环境法益的旗帜性作用也相去甚远。

二、环境刑事立法体系不严谨

由于我国对环境特性的认识还比较晚,甚至是比较落后,并且受到传统人本位思想的影响,我国对环境刑事立法的认识仍然停留在工业化社会,将环境依附于人的生命、健康和财产作为犯罪对象,而不能独立地作为犯罪对象进行保护。1997 年《刑法》仍是将对生命、健康和财产的侵害作为犯罪构成的必要条件,关于原因上面已有阐释,此不赘述。由于环境保护法益的偏颇,也是我国的环境刑事立法体系缺乏科学性的原因之一，从而将保护环境设置在了维护社会秩序一章之下。

我国《刑法》是按照各类罪所侵犯的客体进行分类的,那么,在第六章《妨害社会管理秩序罪》下设了第六节《破坏环境资源保护罪》,即是认为破坏环境资源的犯罪行为所侵害的客体是社会管理秩序,并非环境法益。然而,第六节中规定的重大环境污染事故罪、非法处置进口的固体废物罪、走私废物和擅自进口固体废物罪、非法捕捞水产品罪、非法狩猎罪、非法占用农用地罪、盗伐林木罪、滥伐林木罪,及非法收购、运输盗伐、滥伐林木罪等集中设置在一节中,是因为这些犯罪行为所侵害的同类客体是环境保护。刑法将破坏环境保护罪与扰乱公共秩序罪、妨害司法罪、妨害文物管理罪,走私、贩卖、运输、制造毒品罪,组织、强迫、容留、介绍卖淫罪,危害国家利益罪等列为一章,是认为第六节《破坏环境资源保护罪》所侵害的同类客体是社会管理秩序。这样的设置是不严谨的。

此外，关于第六章第六节的标题也不准确，并且我国法学界多将此节作“危害环境”和“破坏自然资源”的分类,笔者认为,这样的分类不准确。联合国环境署编写的《环境法教程》认为,任何一个环境的一般定义最好完整地包括所有的影响地球上的生命的有生命的和无生命的因素以及它们之间的相互作用。我国《环境保护法》第 2 条也规定:“本法所称环境,是指影响人类生存和发展的各种天然的和经过人工改造的自然因素的总体,包括大气、水、海洋、土地、矿藏、森林、草原、野生生物、自然遗迹、人文遗迹、自然保护区、风景名胜区、城市和乡村等。”由此可见,自然资源各要素是广义的环境中的一个构成,是独立的一分子,我国新《刑法》第六节《破坏环境资源保护罪》将“环境”与“资源”这两个具有包含关系的概念并列在同一个标题中有失精准。

三、环境刑事法律保护的范围过于狭窄

相对于1979年刑法典,新《刑法》已经有了很大的突破,在第六节中共规定了14种环境犯罪,主要包括第338条的重大环境污染事故罪,第339条第1款的非法处置进口的固体废物罪、第2款的擅自进口固体废物罪,第340条的非法捕捞水产品罪、第341条第1款的非法猎捕、杀害珍贵、濒危野生动物罪,第2款的非法收购、运输、出售珍贵、濒危野生动物及其制品罪,第342条的非法占用农用地罪,第343条的非法采矿罪、破坏性采矿罪等罪名。大致可以分为以下几类:

第一类是污染环境罪,即第338条的重大环境污染事故罪,第339条的非法处置进口的固体废物罪和擅自进口固体废物罪,以及《刑法修正案(四)》将《刑法》第152条增加的第2款:“逃避海关监管将境外固体废物、液体废物和气体废物运输进境,情节严重的,处5年以下有期徒刑,并处或者单处罚金;情节特别严重的,处5年以下有期徒刑,并处罚金”,这些均为对环境构成污染的犯罪行为。由此可见,第六节中的第338条和第339条仅仅是对固体废物污染的规定,与第152条第2款既包括固体废物,也包括液体废物和气体废物的规定不符。非法处置上述废物将会污染土地、水体和大气,这是毋庸置疑的,纵观各国的环境保护法的规定,并非仅有固体废物、液体废物和气体废物会造成污染,例如随着城市现代化建设步伐的加快,经济的飞速发展,噪声污染日益严重,却并未引起环境刑事立法的重视。仅仅规定“固体”“液体”和“气体”过于笼统,不够具体详尽。

第二类是关于侵害动物的犯罪,即第341条的非法猎捕、杀害珍贵、濒危野生动物罪和非法收购、运输、出售珍贵、濒危野生动物及其制品罪。分析该规定可知:首先保护的范围过于狭窄,主要包括珍贵、濒危的野生动物资源,而对于非野生动物,我国刑法不予保护;其次对于侵害动物的手段也仅规定为“猎捕”和“杀害”两种,对于很多国家规定为犯罪的行为如追赶、凌辱和虐待等均不包括在犯罪手段之中。

第三类是关于破坏植物的犯罪,即第344条的非法采伐、毁坏国家重点保

护植物罪，非法收购、运输、加工、出售国家重点保护植物罪、国家重点保护植物制品罪，第345条的盗伐林木罪、滥伐林木罪和非法收购、运输盗伐、滥伐林木罪。关于此类犯罪规定存在与侵害动物罪相同的问题，首先保护范围过于狭窄，保护对象主要是林木和重点保护的植物，与国外有相关规定的国家立法相比，我国并没有将一些观赏性的植物以及起到防止水土流失的植物列为保护的对象；其次对于毁坏植物的手段也仅仅局限于“盗伐”“滥伐”“收购”等行为，而对于为了采矿破坏森林或者草原植被的行为并未列为犯罪行为进行惩处。

第四类是破坏矿产资源罪，即第343条第1款的非法采矿罪和第2款的破坏性采矿罪，其保护的范围仅包括“国家规划矿区、对国民经济具有重要价值的矿区和他人矿区范围采矿，或者擅自开采国家规定实行保护性开采的特定矿种”，对于国家并未规划以及实行保护的矿区、矿种，该法并未列为保护对象。

第五类是破坏土地资源罪，即342条的非法占用农用地罪。其保护范围仅仅局限于农用地，而不包括矿区采矿之后土地的恢复，也不包括对湿地的保护，并且该条款过分强调了造成“耕地、林地等农用地大量毁坏”的结果在犯罪构成中的作用。

四、刑种单一不能满足现实需求

依据《中华人民共和国刑法》，我国的刑罚种类分为：管制、拘役、有期徒刑、无期徒刑、死刑、罚金、没收财产、剥夺政治权利和驱逐出境。该部分规定在刑法总则部分，所以环境犯罪的刑罚种类适用与普通犯罪的相同，其中，《刑法》第六节法条中仅规定了：管制、拘役、有期徒刑、无期徒刑、罚金和没收财产。这样对保护环境的目的是不利于实现的。我国的环境犯罪惩处对自然人采用的即是自由刑和财产刑，对法人适用的是双罚制，既要对法人判处罚金，同时也要对直接负责的主管人员和其他直接责任人员进行惩处，此举措在一定程度上起到了预防犯罪、震慑犯罪的作用。但是，对于环境本身来讲，污染和破坏之后的环境该由谁来治理、恢复却没有规定，现实生活的案例中，多是由国家投入人力、物力、财力对环境进行维护。这就凸显了我国刑种单一的弊端，刑种单一不仅不符合“罪责刑相适应”的刑法原则，而且也不利于环境保护。1997

年的《俄罗斯联邦刑法典》关于生态犯罪的刑罚规定了 7 种:剥夺自由、限制自由、劳动改造、拘役、罚金、剥夺担任一定职务或从事某种活动的权利、强制性工作。这说明我国的环境刑法的刑种还有很大的扩充空间。

此外,罚金刑主要是针对贪图利益性的环境犯罪,在我国现状中罚金刑并未起到其该发挥出的震慑和惩处作用,仅仅是作为一项轻缓的处罚措施,例如重大环境污染事故罪中规定:“处三年以下有期徒刑或者拘役，并处或者单处罚金”“处三年以上七年以下有期徒刑,并处罚金”,罚金刑并不是所有环境犯罪都要判处,还存在选择的余地,这就导致环境的治理和恢复只能由国家来出面解决,人们的环境保护积极性也很难调动起来。我国《刑法》中仅规定了罚金刑,而罚金的多少以何为标准,没有做出明确的规定,而且就目前个案来讲,罚金标准普遍偏低,一些企业为了追求利润最大化,不惜污染和破坏环境支付很少的罚金。关于罚金刑的执行方式,我国《刑法》是实行随时追缴制,还是一次缴清制均无规定，更没有时效的限制，这就使得罚金刑没有了执行力和约束力。

五、我国环境刑事案件诉讼管辖的弊端

《中华人民共和国刑事诉讼法》(以下简称《刑事诉讼法》)关于案件的管辖分为立案管辖和审判管辖。刑事诉讼中的立案管辖,在诉讼理论上又称为职能管辖或部门管辖,是指人民法院、人民检察院和公安机关各自直接受理刑事案件的职权范围,也就是人民法院、人民检察院和公安机关之间,在直接受理刑事案件范围上的权限划分。立案管辖简单说,就是案件应该由公检法哪一个机关管辖的问题。刑事诉讼中的审判管辖,是指人民法院审判第一审刑事案件的职权范围,包括各级人民法院之间,普通人民法院与专门人民法院之间,以及同级人民法院之间,在审判第一审刑事案件上的权限划分。审判管辖从诉讼角度讲,就是某一个案件应该由哪一个法院作为第一审法院进行审判的问题。而刑事案件的审判管辖又分为级别管辖、地域管辖、指定管辖和专门管辖。

我国环境犯罪案件的管辖主要是遵从《刑事诉讼法》的规定,关于立案管辖,《刑事诉讼法》第 18 条做了明确的规定:“刑事案件的侦查由公安机关进行,法律另有规定的除外。贪污贿赂犯罪,国家工作人员的渎职犯罪,国家机关

工作人员利用职权实施的非法拘禁、刑讯逼供、报复陷害、非法搜查侵犯公民人身权利的犯罪以及侵犯公民民主权利的犯罪，由人民检察院立案侦查。对于国家机关工作人员利用职权实施的其他重大的犯罪案件，需要由人民检察院直接受理的时候，经省级以上人民检察院决定，可以由人民检察院立案侦查。自诉案件，由人民法院直接受理”。关于审判管辖，根据刑事案件的性质、刑罚的严厉程度等的区别设置了不同级别的法院管辖。目前，我国尚无环境案件的专门管辖法院，针对此问题，国内很多学者主张设置一个专门的管辖环境犯罪的法院，这样可以配置相应的专门鉴定设备、具有专业环境保护知识的法官等，另有一部分学者却指出，就我国目前的司法体制设置专门的环境犯罪管辖法院尚不成熟，鉴于被追究的环境犯罪案件的数量来看，环境犯罪专门管辖法院会成为“冷衙门”，是一种资源的闲置和浪费。

我们主要讨论的是审判管辖中的级别管辖。我国《刑事诉讼法》第 19 条规定：“基层人民法院管辖第一审普通刑事案件”；第 20 条规定：“中级人民法院管辖危害国家安全案件、可能判处无期徒刑、死刑的普通刑事案件和外国人犯罪的刑事案件”；第 21 条规定：“高级人民法院管辖全省（自治区、直辖市）性的一审重大刑事案件”；《最高人民法院关于执行〈中华人民共和国刑事诉讼法〉若干问题的解释》第 16 条规定：“基层人民法院对于认为案情重大、复杂等情况的第一审刑事案件，经合议庭报请院长决定后，可请求移送中级人民法院审判；中级人民法院可以同意移送，也可以不同意移送”。基于环境犯罪具有的特殊性，如行为与结果之间的因果关系判断困难、危害后果潜伏期长、危害过程复杂多样等特点，纵然是基层法院管辖危害性小的环境犯罪案件，其也不具有专业的设备和具有专业环保知识的司法人员，这就很难做到违法必究、执法必严，罪责刑相适应。所以，环境犯罪案件的级别管辖如果盲目适用《刑事诉讼法》的规定，势必会对环境犯罪的追究造成不利的影响和后果。

六、环境刑事责任的归责制度不完善

英美法系的法律学者通常认为刑事责任即行为人因触犯刑法而应受到刑事处罚的责任，大陆法系国家的法律学者指出刑事责任是犯罪成立的条件之一，是指继“构成要件该当性、违法性”之后的犯罪成立的要件。我国学者对刑事责任又有不同的认识，如高明暄教授认为:“刑事责任是犯罪分子根据法律规定,因其犯罪行为向国家承担实体刑事义务的总和”[①];赵秉志教授认为:“刑事责任是国家为维护自身的生存条件,在清算触犯刑律的行为时,运用国家暴力,强迫行为人承受的刑事上的负担”。[②]

环境刑事法律责任是指行为人违反国家刑法关于保护环境和自然资源的规定，实施了严重危害环境的行为，造成或可能造成重大环境污染或环境破坏,从而构成犯罪所应负的刑事制裁的法律责任。[③]环境刑事归责原则是为了解决环境法律责任的构成要不要以主观上的过错为条件的问题。各国的归责原则主要有过错原则、违法原则、主观过错加违法原则、无过错原则等,我国现行刑事法律的归责原则基本是主客观相统一的过错责任原则，是指法律责任的构成要以行为人主观上具有过错为要件,该过错包括故意和过失。由于环境损害的长期性、潜伏性和隐蔽性等特点,我国的环境刑事归责原则适用此原则以当前的现实状况看来存在着极大的弊端，这就导致对行为人主观是否存在过错,该过错是故意还是过失的认定存在极大的困难,最终导致无法认定罪或非罪,使得一些严重的危害环境的犯罪不能受到相应的刑事处罚,可见以过错作为环境犯罪成立的构成要件已经不能控制当前空前加剧的环境污染和破坏。

第四节 完善我国环境刑事法律制度的思考

一、明晰环境刑法所保护的法益

1978 年 8 月在布达佩斯举行的第 10 次国际比较法大会和 1979 年 9 月在汉堡举行的国际刑法协会第八届大会上都提出了对于环境的刑法保护问题，

① 高铭暄,王作富.新中国刑法的理论与实践[M].石家庄:河北人民出版社,1988:156.
② 赵秉志.刑法争议问题研究[M].郑州:河南人民出版社,1996:542.
③ 雷鑫.生态现代化语境下的环境刑事责任研究[M].北京:知识产权出版社,2010:124.

1990年联合国第八届预防犯罪和罪犯待遇大会,讨论并通过了《刑法在保护自然和环境中的作用》的决议;联合国国家法委员会分别于1979年、1991年制定通过了《关于国家责任的条款》《危害人类和平犯罪法典草案》,规定了大规模污染大气层或海洋的行为,故意严重危害环境的犯罪,属于侵犯国际社会安全和秩序的国际犯罪,适用或起诉或引渡的原则;1994年3月,在美国亚特兰大召开了运用刑罚手段保护环境的国际专家研讨会,通过了环境犯罪的示范性法律。可以看出,国际社会已经明确地认识到,对污染和破坏环境的行为人处以民法的侵权责任、行政性质的强制措施这些已经不足以预防和惩治环境犯罪,加强环境的刑法保护是当今世界的主题和潮流。环境刑事法律制度受到各国的正确认识和重视,是毋庸置疑的,但是,就各国国情、制度的不同,对环境法益的明确又是不尽相同的。我们首先应该认识到,环境法益在各国的环境刑事法律制度制定中发挥着导向性的作用,环境法益一旦偏离环境刑事法律制度制定的目的,环境刑事法律也将失去其本该具有的功能,保护环境也将是空谈。

不论是污染环境的行为还是破坏环境的行为,其后果不仅对人的生命、健康和财产造成损失,还对环境本身造成损害。如果环境刑法不以保护环境法益为首要目的,那么将环境犯罪规定在专节之中也将显得毫无意义,环境犯罪反倒可以作为危害公民人身、财产类的犯罪归结到其他章节了,这与环境保护的目的背道而驰。环境各要素不仅承载着经济效益,最重要的是其生态效益。德国对环境法益的认识也是一个不断完善的过程,起初也是认为环境破坏之后首先侵害的是人身和财产,在20世纪70年代之后,德国由于环境的严重污染和破坏,导致了水土流失、土地盐碱化、资源枯竭、物种灭绝、酸雨和臭氧空洞等一系列环境问题,德国学者开始反思并且重新审视环境保护的首要机能究竟是人身和财产还是环境法益。德国政府在提请德国联邦议会讨论反环境犯罪法的草案说明中明确指出:“人类的生存空间和自然生存基础是需要刑法保护与重视的,它们一直处在为保护传统的尤其是个人权利的法益的核心部分,这是不言而喻的。环境的刑事保护不能单纯地局限于对人类生命健康的保护,必须同时保护像水、空气和土地这样的基本生活基础,应当将它们作为人类生活空间的组成部分加以保护,并且将这种生态学的保护利益也作为法益来加以认识。”[①]德国环境刑法典中关于环境犯罪的条款将土地、水等作为直接保护的对象,体现了对环境法益的直接保护。

我国进行环境保护的任务很艰巨,不仅要协调国内的情况,更要借鉴和吸收国外的制度理念。就立法框架而言,我国与德国比较相近,德国完善的环境法律制度和良好的法治传统,使得环境刑法直接保护自然生态要素成为可能并在实际上为社会公众所接受。因此,德国在刑事立法上将环境法益规定为刑法的直接保护目标,我国也应该借鉴德国的做法,将环境刑法的根本功能回归到将环境作为直接和首要保护对象的初旨上来。我国的《刑法修正案(八)》针对此问题已做出了相应的修改,如第 338 条的重大污染事故罪规定:“违反国家规定,排放、倾倒或者处置有放射性的废物、含传染病病原体的废物、有毒物质或者其他有害物质,严重污染环境的,处三年以下有期徒刑或者拘役,并处或者单处罚金;后果特别严重的,处三年以上七年以下有期徒刑,并处罚金”。删除了原有犯罪构成要件之一的“致使公私财产遭受重大损失或者人身伤亡的严重后果”,这是我国环境刑事法律制度的一大进步。

二、健全环境刑法的立法体系

如前所述,环境犯罪侵犯的客体与普通犯罪侵犯的客体不同,是一类独特的犯罪客体,这类客体尚未收录在我国现有的刑法中。所以,应该将环境犯罪独立成章,即“危害环境罪”,与刑法分则其他各章的类罪并列设置。甚至于有学者指出,环境犯罪跟危害国家安全罪一样是因其独特的客体而单列一章的,考虑到环境犯罪的社会危害性仅次于危害国家安全罪,但是其又产生了正效益,即促进了经济的发展,所以在将“危害环境罪”独立成章时应该设置在《刑法》分则中的第三章,既表明了危害环境的严重性,也体现了刑法对环境保护的重视。笔者认为,将“危害环境罪”独立成章势在必行,而具体设置在第几章还有待深入的探讨和研究,不管身居何位,环境犯罪的重要性以及环境刑法所要发挥的作用都是无可替代的。尽管环境犯罪也会侵犯环境的管理秩序,但其首先侵犯的是环境法益,是环境权和环境生态安全,环境管理秩序并不是首先

① 罗吉,杜万.环境刑法法益比较研究[J].江西公安专科学校学报:2004(1):1.

被侵害的对象。

我国1997年《刑法》将环境犯罪立法归在社会秩序之下,虽然不再像早期的日本立法那样将保护人身和财产作为保护的第一要义,但是我国的《刑法》仍是将环境依附于人的生命、健康和财产,而不是独立的作为首要的保护法益,这体现了严重的"人本位思想"。中国共产党第十六届三中全会中"科学发展观"明确指出"人与自然的和谐发展",体现了环境在一定意义上是可以成为刑法保护的主体。把环境犯罪设立专章,这不仅是我国环境保护史上的一大进步,也是与国际社会接轨。

此外,新《刑法》第六章第六节的名称"破坏环境资源保护罪"欠妥当。我国的环境保护法对环境作了广义的解释,即"本法所称环境,是指影响人类生存和发展的各种天然的和经过人工改造的自然因素的总体,包括大气、水、海洋、土地、矿藏、森林、草原、野生生物、自然遗迹、人文遗迹、自然保护区、风景名胜区、城市和乡村等",由此可以看出,各种资源不过是环境构成中的要素之一,环境与资源是两个互相包含的概念,而我国《刑法》将两个概念并列在第六节的标题中欠缺科学性。更有学者将第六章第六节作"污染环境罪"和"破坏自然资源罪"的分类,也是不科学的,既然资源要素是环境的构成,那么将第六节的标题设置为"危害环境罪"似乎更为妥帖,也更具科学性。

三、完善环境刑法保护的范围

20世纪70年代之前各国刑法的环境保护客体主要是森林、野生动物和水等直接危害人类生存的环境要素,70年代之后还包括了大气、土地、矿藏和人文环境等。环境要素包括但不局限于:大气、水、海洋、土地、矿藏、森林、草原、野生生物、自然遗迹、人文遗迹、自然保护区、风景名胜区、城市和乡村。我国现行《刑法》第六章第六节中涉及的环境要素却仅包括:土地、水体、大气、珍贵、濒危的野生动物、国家重点保护的植物、森林、矿藏等,这远远不能满足环境保护的需求,尽管1997年刑法对环境保护的范围与1979年刑法相比要充盈得多,但是仍存在极大的不足,伴随经济高速发展而产生的一系列新型的环境问题,并没有被《刑法》进行规定。我国要建设"法治社会",必须遵循"有法可依、有法必依、执法必严、违法必究"的原则,对环境犯罪的惩处也必须本着"罪刑法定的原则”为之，由于环境刑法保护范围的狭窄，致使大量严重的环境犯罪行为得不到惩处。对完善环境刑法保护的范围提出以下建议：

第一类关于污染环境类犯罪的扩充。1997年《刑法》第338条的重大环境污染事故罪和第339条的非法处置进口的固体废物罪和擅自进口固体废物罪，以及《刑法修正案（四）》将《刑法》第152条增加的第2款：“逃避海关监管将境外固体废物、液体废物和气体废物运输进境”，这三条规定了固体废物、液体废物和气体废物非妥善处理而造成的犯罪，但是，综观现今的污染环境类犯罪，已经不仅仅局限于这三类废物的污染，其中噪声污染异常严重却没有被规定在《刑法》中。噪声污染主要来源于城市建设、企业生产、交通运输等，虽然我国在《噪声污染防治法》中对噪声污染做出了行政违法的处罚，但是却起不到应有的作用，只有以刑罚作为惩罚手段方能起到撒手锏的作用，应当设立“噪声污染罪”的相关规定，此外还应规定电磁辐射污染罪、光污染罪等。

第二类是对侵害动物类犯罪的扩充。我国《刑法》对动物的保护外延狭窄，仅局限于珍贵、濒危的野生动物资源，但是在国外一些国家非野生动物也已成为刑法保护的对象。典型案例如英国一名男子将宠物狗一次次扔向波涛汹涌的大海，直到宠物狗筋疲力尽爬不上来时，他才揪着狗的脖子将它拎出来，警方对此进行了立案调查。除了刑法保护的动物范围狭窄之外，对于侵害动物的行为方式也只有猎捕、杀害、收购、运输、出售，这期间不包括虐待、凌辱、伤害等行为。笔者认为，在《刑法》中应该与国际接轨设置虐待动物罪、凌辱动物罪等项罪名。

第三类是对破坏植物类犯罪的扩充。最初《刑法》第344条和第345条的规定仅限于森林或林木，《刑法修正案（四）》将第344条修改为：“违反国家规定，非法采伐、毁坏珍贵树木或者国家重点保护的其他植物的，或者非法收购、运输、加工、出售珍贵树木或者国家重点保护的其他植物及其制品的……”虽然《刑法修正案（四）》除珍贵树木之外的国家重点保护的其他植物也吸收了进来，但是，刑法对于植物的保护范围仍然狭窄，如起防风固沙作用的植物和城市绿化、景区绿化的观赏类植物均未列为保护对象。对于行为方式也有局限性，应该加入如从表皮覆盖植物的地域开采矿石、矿砂等物质，而致使植物遭到破坏的，情节轻微的，责令赔偿损失、恢复原状，情节严重的，则要列为环境犯罪进行惩处,在《刑法》中还应增设非法采伐、毁坏树木和灌木罪及破坏自然保护区罪。

第四类是对破坏矿产资源类犯罪的扩充。我国新《刑法》第343条规定了非法采矿罪和破坏性采矿罪,矿产资源类犯罪中由于受到暴利的驱动,很多矿产企业已经受到了治理、整改甚至于是停产停业的处理却仍不停止犯罪行为,针对此建议增设拒不执行环境命令罪、拒不执行环境保护标准罪、伪造和篡改环境数据罪和破坏环境监测设备罪等。

第五类是对破坏土地资源类的犯罪。新《刑法》第342条规定了非法将耕地、林地等农用地改作他用的犯罪,保护对象仅局限于农用地。我国幅员辽阔,有大量的闲置用地和湿地,其中湿地被喻为"地球之肾",然而,近些年来湿地保护却愈显无力。中国湿地可分为8个主要区域,包括东北湿地、长江中下游湿地、杭州湾北滨海湿地、杭州湾以南沿海湿地、云贵高原湿地、蒙新干旱半干旱湿地和青藏高原高寒湿地,将这些湿地列为保护的对象和重点显得尤为重要。

四、完善环境刑法的刑种,增加资格刑

就目前的环境状况来看,我国的刑法刑种远不能达到保护环境的要求,而且国际社会已经步入了"轻刑时代",对环境的保护也不能只是一味地追求惩治犯罪,更主要的是预防和避免危害环境事件的发生。此时剥夺环境犯罪主体的某种资格恰能起到预防再次环境犯罪的目的。早在公元前18世纪古巴比伦国的《汉穆拉比法典》第5条就规定了资格刑:"擅自改变原判决的法官,不但应科处罚金,而且其席位应从审判会议中撤销,他不得再置身于法官之列,不得再出庭审判",我国的资格刑晚于西方社会,最早的考证在《商君书·算地》中记载:"故圣人之为治也,刑人无国位,戮人无官任",其中"戮人无官任"的意思是对犯罪者剥夺其担任官吏的权力。清朝的《大清律例·名例》也规定:"凡职官犯私罪,罢职不叙,追夺诰敕,除名者官阶勋爵皆除"。资格刑古已有之,而且环境犯罪中也适用我国《刑法》总则中规定的处罚的刑种,即剥夺政治权利。剥夺政治权利包括剥夺:一是选举权和被选举权;二是言论、出版、集会、结社、游行、示威自由的权利;三是担任国家机关职务的权利;四是担任国有公司、企

业、事业单位和人民团体领导职务的权利。由此可见，通过剥夺政治权利恐难达到彻底有效地保护环境的目的。

所谓资格刑，是指剥夺行为人享有或行使某种权利或资格的刑罚。法学界对资格刑有不同的称谓，如名誉刑、权利刑和褫夺公权等。名誉刑仅是剥夺犯罪行为人和单位的荣誉称号；权利刑仅是剥夺犯罪人特定的权利；褫夺公权则是指剥夺犯罪人的政治权利。笔者认为这些称谓均不能全面阐述资格刑的内涵。资格刑还具有其独有的特征，主要包括：首先资格刑是剥夺犯罪人某一种或者某些资格的刑罚，该种刑罚剥夺的可能是荣誉称号、进入某种行业的资格、继续从事某种职业的资格或者是剥夺其政治权利，但是该种刑罚不具有人身限制性和财产损失性；其次资格刑可能是将有的权利或资格，也可能是既有的。对于将有的权利或资格的剥夺能起到预防环境犯罪的作用。

我国《刑法》的总则中应当增加资格刑的刑罚，不仅要将其规定为刑种之一，也要将资格刑的内容、适用原则、范围和方式详细规定，这样对于环境犯罪进行惩处时方能适用资格刑。笔者认为，对于自然人环境犯罪的，可以考虑适用剥夺从业资格、剥夺已有的荣誉称号或者奖励等资格刑；对于法人环境犯罪的，可以考虑适用剥夺经营资质、剥夺某种产品认证和生产的权利等资格刑，如非法采矿等罪中，可以附加适用“禁止其生产某种产品或者禁止使用某种设备、吊销其排放危险或者有害物质的资质，并限期整顿，或者永久剥夺其进入该领域的资质”，以此实现有效的惩戒和再犯的禁绝。考虑到资格刑的适用方式我们认为还是应该遵照我国《刑法》的惯例，在扩大资格刑适用范围的基础上将资格刑作为附加刑进行适用。

五、合理配置我国环境刑事案件诉讼管辖权

就我国目前的司法实践来看，我国尚没有专门管辖环境犯罪的法院部门设置，环境犯罪案件均是在现有的刑事诉讼体制下解决。我国环境刑事诉讼的分类上述已经有所阐释，此处概不赘述。对于我国环境刑事案件的诉讼管辖的完善提出以下建议：首先是对地域管辖的完善。我国《刑事诉讼法》第 24 条规定：“刑事案件由犯罪地的人民法院管辖。如果由被告人居住地的人民法院审判更为适宜的，可以由被告人居住地的人民法院管辖。”但是污染环境有其特

殊性，排污行为与危害结果出现在同一个地域时，犯罪地尚且容易确定，那么管辖法院也就容易确定，但是，我们知道污染具有扩散性，极有可能由“点污染”而发展到不同地域的“面污染”，犯罪的结果发生地法院没有管辖权的话此时的犯罪地又该如何确定？所以建议，在环境犯罪仅仅是造成有危险性时，由犯罪地法院管辖为主，由被告的居住地法院管辖为辅，而当环境犯罪造成了危害结果时，管辖法院则由犯罪行为发生地法院和危害结果地法院管辖，当犯罪行为地无法确定时，由结果发生地法院管辖。

其次对于级别管辖而言。环境犯罪的追究要求我国的司法队伍必须具有专业的环境保护方面的知识，而鉴于我国目前的现实状况以及对刑事案件的管辖分工，明确环境犯罪案件的审级就显得尤为必要，当然，对于基层法院来讲，仍然可以审理一些犯罪情节轻微，事实清楚，但是确实构成犯罪的举动犯、危险犯等；中级人民法院则审理一些犯罪事实复杂、认定犯罪困难、造成重大危害后果的环境犯罪案件；高级人民法院审理本省（自治区、直辖市）范围内犯罪事实特别复杂的案件以及上诉、抗诉案件；最高人民法院受理因危害环境造成全国范围内重大影响的案件。

此外，规范环境犯罪诉讼管辖的前提不仅要求具有专业的环境监测仪器设备，最主要的是提高我国司法工作人员的环境保护专业素质，以提高审判的科学性、准确性，提高诉讼效率，真正做到有效打击环境犯罪。

六、环境犯罪中严格责任的适用

严格责任在英美法系国家早有适用，值得我们借鉴和完善。如英国 1993 年颁布的《清洁空气法》第 1 条第 1 款中规定：“黑烟不得从任何建筑物的烟囱往外排放，违反该规定的，建筑物的所有人构成犯罪，处第 3 等级范围内的罚金。”第 2 款规定：“黑烟不得从任何锅炉或工厂烟囱排出，一旦发现黑烟从上述地方冒出，工厂或锅炉的所有者构成犯罪，处第 5 等级范围内的罚金。”我们不难看出，早期的严格责任的适用有绝对责任的影子。在大陆法系国家也有严格责任适用的案例，如日本，1955 年的四日市哮喘病事件、1956 年的新泻水俣病事件、1968 年的米糠油事件等。

根据上述分析可知，环境犯罪的成立仅以过错为定案依据已经不足以严控我国当前的环境恶化,我国不少学者建议在适用过错责任原则的同时,可以将严格责任引入环境犯罪。关于严格责任有不同的理解,其中雷鑫教授在《生态现代化语境下的环境刑事责任研究》一书中指出:“所谓严格责任是指对某些特殊犯罪,法庭并不把过错作为决定刑事责任的先决条件要求控方加以证明,即使主观罪过难以辨清,只要被告实施了一定的为法律所禁止的行为,而被告又不能证明自己主观上不存在过错,包括已尽自己的能力注意和避免,法律依据特定的侵害行为而明确推定行为人具备犯罪意思(至少存在过失)的一种归责制度”①。严格责任不要求在起诉和审理定罪时苛求主观上具有过错,只要证明行为人实施了法律所禁止的某种行为或者造成了某种危害结果即认定行为人构成犯罪,所以适用严格责任时必须谨慎,推定的事实必须是客观存在的而不是主观臆断的事实,否则会造成很多冤假错案。同时,行为人也是享有基于“不可抗力”“紧急避险”和“第三人过错”等的辩护理由。另外,严格责任在环境犯罪中的适用具有补充性,根据环境犯罪的特性明确要求具有过错的仍然要适用过错责任原则。

---

① 雷鑫.生态语境下的环境刑事责任研究[M].北京:知识产权出版社,2010:135.

第八章 我国环境法与民法的沟通与协调

中国环境法的发展，一直受到非理性思路的重大影响,“摸着石头过河”“成熟一个制定一个”同样是环境立法的主要指导思想。在这种思路下,既缺乏立法内在体系化的思考和设计,也缺乏立法的基础性分析和实证性研究,更缺乏符合市场经济条件下的理论基础。其结果是必然的:一是中国环境立法变动性大，往往容易就一时一事做出规定，缺乏对某一社会现象全面的完整的规定;二是立法的合理性差,各部门分别从有利于自己的角度推出于己有利的法律法规,缺乏对法律运作规律和基础理论的深入研究;三是简单地将环境立法看作是政府行为,缺乏对环境立法的市场化认识,重行政规制轻民事调整。其结果是政府在环境保护方面治不胜治、防不胜防,环境保护成为政府的一大包袱。这种现象持续下去,将严重阻碍中国社会经济的发展。

第一节 现代民法发展与环境保护

一、近代民法对环境保护的不足

市场经济条件下,调节经济社会关系的基本法是民法,近代民法以物权制度为核心,以契约自由、权利不可侵犯和过失责任为基本原则,而这些制度和原则,在环境问题面前暴露出很多问题和缺陷。例如,在传统所有权理论即绝对所有权原则下,所有权为绝对支配权,排斥一切干预,土地所有权的范围,上至天空,下至地心,毫无限制。同时,对无主物所有权的取得实行先占原则,在这种原则下，土地所有权人有权支配其所有的土地地上及地下的一切环境要素，污染和破坏环境也是绝对所有权的组成部分，任何人无权干预。而大气、河川森林、野生动植物则属无主物，任何他人不能对先占人主张权利。可见这种所有权原则根本无法保护环境。在契约自由原则下，个人取得权利，负担义务，完全取决于个人自由意志，契约的内容方式、成立及契约对方当事人的选择，听凭当事人自由决策，国家不作干预。照此理论，不承担环境保护义务，也是一种自由，国家不得干预。在过失责任原则下，个人只对自己的行为负责，而对他人的行为绝不负责；而自己对自己的行为负责，须以有故意、过失为限；倘非出于故意、过失，纵然损害他人，亦不承担责任。在这一原则下，侵权行为法以环境污染损害后果发生为前提，不能在预防环境损害后果的发生或消除致害根源方面发挥作用。更为重要的是，环境污染往往是社会物质生产部门的物质生产活动的"副产品"或"副作用"，造成污染危害后果的企业或个人并无主观故意或过失，若按过失责任原则，受害者无以得到补偿，污染者也无从受到制裁，保护环境也就无异于一句空话。

传统民法面对环境所暴露出问题的具体制度还有很多，仅从传统民法的三大原则分析便不难看出它对于环境保护的贫乏无力。可以说，没有对传统民法所有权绝对原则、契约自由原则的限制和对过失责任原则的突破，就不可能有环境保护法律制度的产生。

二、从近代民法到现代民法

近代民法是指经过 17、18 世纪的发展，于 19 世纪欧洲各国编纂民法典而获得定型化的一整套民法概念、原则、制度、理论和思想的体系。近代民法基于平等性、互换性的基本判断，以形式正义为理念、法的安定性为价值取向，构筑了其基本的民法模式：即抽象的人格、财产权保护的绝对化、私法自治、自己责任。在这样的基础上，产生了近代民法的概念法学思潮。[①]

人类进入 20 世纪以后，社会经济生活发生了巨大的变化，与 19 世纪的政

① 梁慧星.从近代民法到现代民法——20 世纪民法回顾〔A〕.民商法论丛第 7 卷〔C〕.北京：法律出版社，1997.

治相对稳定和经济平稳发展形成鲜明对比的是，20世纪是一个极度动荡的、急剧变化的、各种矛盾冲突空前激化和各种严重的社会问题层出不穷的极不稳定的世纪。经济危机、世界大战、社会主义革命以及后来的苏东剧变、科技发展带来的巨大的物质文明和社会问题，民主运动、民权运动、消费者运动、环境保护运动等等过去从未发生的事件和问题使得法律不敷使用，各种新的问题和新的案件摆在法官面前，这些案件要么缺乏法律规定，要么像过去那样机械地适用法律而根本无法解决问题。大量的社会问题迫使法官、学者和立法者改变法学思想，探求新的解决社会问题的途径，最终促成了民法制度和民法思想的变迁，由近代民法发展为现代民法。作为近代民法在20世纪的延续和发展，现代民法可以说是现代社会的近代民法。它是在近代民法的法律结构基础之上，对近代民法的原理、原则进行修正、发展的结果。

现代民法认为：作为近代民法基础的平等性和互换性已经丧失，出现了企业主与劳动者、生产者与消费者的严重分化和对立。现代民法不得不正视当事人之间不平等的现实，抛弃形式正义转向实质正义，并以社会的妥当性作为其价值取向。在这样的民法观念下，现代民法的模式也发生了巨大的变化：由抽象人格发展为具象人格、由财产权保护的绝对化发展到对财产所有权的限制、由私法自治发展到对私法自治或契约自由的限制、由自己责任发展到社会责任。在法律发展的同时，现代民法的理论研究也展开了对概念法学的痛彻批判，在兴起的自由法运动中各种法学流派纷纷涌现，目的法学、自由法学、科学学派、利益法学、价值法学等均以对概念法学的批判为起点，重视在法律条文之外探求活的法律。

现代民法的发展表明，私法公法化和私法社会化已成为不可阻挡的潮流，人们所认为的“以个人主义为取向的”，“忽视社会的、共同的或集体的福利”的传统法律正在发展变化，虽然私法并非解决社会福利问题的主要法律领域，但“在深思侵权法规定赔偿和防止侵害方面的不足时，我们含蓄地承认了对社会福利的关心，并明确地认识到普通法领域的这些局限。”并且，“法律和我们的某些原则中的新近发展包括了对社会福利的更显著的承认。因此，主要的普通法领域认为我们的原则忽视社会福利的说法是不真实的，它们确实承认社会福利的价值。”[①]正是这一发展为民法解决环境问题创造了契机。

现代民法在发展过程中注意到了环境问题的影响,也做出了一定的反应。这些反应可以概括为两个方面,一是民法制度本身的变化,二是环境保护专门立法中的特别规定。

三、现代民法的发展和变化

现代民法对环境问题并非麻木不仁,而是从观念到制度都对其做出了必要的反应,对环境问题直接反应的制度主要有:

第一,民法基本原则对社会公共利益的肯定表现在具体立法上,如基于环境资源保护的需要,一些过去被视作无主物的客体,如水流、野生动物,现在被看成是受法律保护的社会财产。第二,对财产所有权的限制性规定。现代民法认为,财产所有权具有社会性,因此,对于其所有和行使必须加以限制,如为了环境保护的需要对土地所有权和使用权设置公法规制措施。规定土地利用必须符合环境保护目标的要求,必须进行环境影响评价等。

第三,合同法上绝对意思自治的限制。现代民法上,变化最大的莫过于对私法自治原则特别是契约自由的限制,具体包括在公法上对交易的规 制,即所谓的“私法的公法化”,在民法上则通过诚实信用原则、公序良俗原则对私法自治或契约自由进行限制,以及由法律直接规定某些契约条款无效等。如对严重危害人类健康和可能造成各种破坏环境的物质交易的限制,从保护消费者利益和劳动者角度对环境安全的特别保护等等。

第四,社会责任。现代社会存在企业事故、交通事故、缺陷产品、环境污染公害等,很难从个人行为的可归责性上获得伦理根据,使自己责任即过失责任的伦理基础发生动摇。现代民法虽然在违约责任及一般侵权责任中仍坚持自己责任原则,但对于许多特殊侵权行为规定了无过失责任即严格责任,此外还导入了与民事责任无关的损害补偿制度。环境侵权是被各国都承认的一种特殊侵权行为,它适用无过失责任也是不争的事实。如我国《民法通则》就对于无

---

① 徐祥民,辛帅.环境权在环境相关事务处理中的消解——以景观权为例[J].郑州大学学报,2015(1).

过失责任做了规定。

第二节　民法与环境法的产生

一、环境法的立法实践

除了民法自身的变化外，专门环境立法的出现也在某种程度上加速了民法在环境保护方面的发展，各国专门的环境立法以保护人类的生命健康为基本宗旨，并为此制定了全面综合性的保护手段和措施，其中当然包括各种民法手段和措施。从这些立法的内容来看，它们作为特别法，比普通法上的规定更为进步，其主要为：

(1)确认某些原来作为无主物的环境要素的所有权。许多国家在环境法中宣布水资源、物种资源、风景资源等为全民所有或国家所有。如巴西宣布森林及林地是全体公民的共有财产。

(2)规定某些利用环境要素的行为构成权利滥用及其他民事侵权行为。如巴西《森林法》规定："凡在使用和采伐森林时，违反本法规定及不履行义务的，按滥用所有权论处"。

(3)规定环境民事侵权行为的共同侵害责任不以共同故意为必要条件。如卢森堡环境法规定，在两排房屋之间的通道上夜间发动汽车是民事侵权行为；只要排放的污染物对他人造成了损害，则排污者共同承担赔偿责任。《日本公害健康被害补偿法》也规定，每一个排放二氧化硫者，都应对二氧化硫所造成的人身伤害承担责任。

(4) 规定对环境污染损害赔偿民事责任适用无过失责任制度和健康受害补偿制度。如日本的《关于原子能损害赔偿的法律》《大气污染防治法》《水污染防治法》等都对过失责任做了规定；日本的《公害健康被害补偿法》则更是依法律建立直接对公害健康受害人的补偿机制，使受害人无须通过诉讼而获得补偿。

(5)扩大公民请求权的范围。如瑞典环境保护法第 5 章明确规定了个人诉讼请求制度，这一制度不但使环境诉讼的范围更加广泛，而且可以充分发挥公民在环境保护中的重要作用。该法第34条规定，任何根据本法对有害环境的活动提出诉讼请求的，有权向该活动已经发生或即将发生地财产法院提起诉讼。

二、专门立法产生的原因

环境法作为新兴的现代法，产生于环境问题开始为人们认识并重视的时代绝非偶然，它是社会发展进步的必然产物，也有着深刻的经济内涵：

(一)环境法产生的经济前提——环境资源的稀缺性和价值多元性

经济学上，对于环境资源的认识是逐步深化的。在生产力水平低下、人口较少的条件下，阳光、空气、水等环境要素都被认为是取之不尽、用之不竭的，既可以满足人们的生存需要，又可以满足人们的生产需要，二者之间并不产生竞争。在70年代以前，西方经济学教科书都认为："在外部世界中，有一些物品数量如此丰富，使用其一定数量于一个目的并不影响使用其他数量于其他目的。例如：我们所呼吸的空气即是这样一种'自由取用'的物品"。随着生产力水平的提高、人口的迅速增长，清洁的水、空气、宁静和阳光等环境资源的稀缺性特征逐渐显露，人类的生存利益与生产利益在对环境的需求上开始产生对立并形成日趋激烈的竞争态势，原有的权利制度已无力解决这种矛盾和冲突。在这样的情况下，社会有必要对人类的两种利益做出制度性安排，通过权利的重新配置来平衡与制约人与人之间因利用稀缺性环境资源而发生的关系，既要生存，又要发展，"既满足当代人的需要，又不对后代人满足需要的能力构成危害"[①]，使生存和发展对人类产生的效用总和达到最大化。由此可以说，环境资源的稀缺性和价值多元性是环境法产生的根本原因。

(二)环境法产生的经济学原因——市场与政府的双重缺陷

市场经济条件下，社会的一切活动都要通过市场进行，市场对资源的配置起基础作用，市场机制通过价格信号来反映各类资源的相对稀缺程度，调节和实现社会资源的分配。按照理想的市场机制理论，市场主体之间所有的交易都要通过市场来进行；但在事实上，却有许多相互作用发生于市场之外。环境资

---

① 陈海嵩.环境保护权利话语的反思[J].法商研究，2015(2).

源的利用就是如此，如某一企业使用了清洁的长江水资源来发展生产，然后将污水排入长江，却不向因该排污行为而受到污染的其他长江水资源使用者支付款项。于是，该企业便将经济上的坏处转移给了市场外的当事者，造成了所谓的外部效果。这类外部效果一般不可能通过市场价格表现出来，当然也难以通过市场机制的自发作用得到补偿和纠正。环境污染正是这样形成的，在短期内，环境还具有一定的自净能力，人口对环境的压力也不大，这种外部性所造成的影响还不明显，但长此以往，随着经济的发展和科学技术水平的提高，环境污染的外部效果便会由微小的麻烦发展成为巨大的威胁，直接对人类的生存和发展产生不良影响。同时，环境资源又是一种公共资源，它不同于一般私人物品，不具有消费上的排他性，不是你用了我就不再用，而是只要它存在，你可以消费，我也可以消费。环境资源的这种特性，会引起需求与供给无法自动通过市场机制相互适应的问题。这是由人们好“搭便车”“占便宜”的行为特征引起的，因为有人支付了环境保护的费用我就可以“顺便”享受清洁的环境，我就会想办法不去花钱保护环境，甚至当人要求与我分担保护费用时，我也会撒谎说我不需要清洁的环境，一心想着只要你支付费用保护了环境我就可以免费加以使用。这样一来的结果，便可能是谁也不去支付保护水资源的费用，水的质量将越来越差。水资源质量的恶劣，不能满足长江流域经济发展的要求，也就发生了资源配置的无效率。环境保护的费用是一定的，问题在于谁来“付费”，谁来组织保护行动。这时在环境保护中便需要有“集体行动”。采取“集体行动”的方案也可以是多样的，人们可以通过谈判方式来解决这一问题。但是，在没有法律规则约束的情况下，私人谈判存在的弊端也是明显的：由于参加谈判的人数众多，目的动机各不相同，很可能各执一词，互不相让；也可能利益无法调和，以致谈判根本无法进行；还有可能因为“搭便车”心态，谁都希望坐享其成。这样下去的结果是高昂的交易成本。于是，人们开始寻求降低成本的办法。目前，最经济也最通行的办法，是由政府来组织环境资源保护行动，管理保护费用，而“付费者”则应是使用环境资源的企业和个人。按照公共委托的理论，就是人们将自己的权益委托给中立的第三方——政府，由政府以科学而理性的态度来把握准确的市场信息，确认冲突双方的权益界限，裁决双方的冲突，并将这一切通过秩序性的制度安排下来——这便是环境立法，由此而形成了环境法发展的第一阶段——政府管制阶段。即政府以国家强制力作为后盾对环境进行管理,大大降低了交易成本(使谈判成为不必要),也在环境保护方面起到了积极作用。同时,政府环境管理作为一项专门的社会分工,优化了资源配置,促进了社会的发展。

政府环境管理虽然卓有成效，但随着环境运动的深入和人类环境保护认识的不断提高,更发现政府也有低效或失控之处,人类生存与生产之间的矛盾并未因此得到最佳解决。出现政府低效的主要原因有:第一,政府的理性有限。由于人类认识能力的非至上性，环境资源以及人类与环境资源相关活动的多样性、复杂性、随机性、偶然性,极大的信息量无法满足,使政府对环境污染和环境破坏反应迟缓,有时甚至出现决策失误。第二,管理成本高昂。政府是一个十分庞大的组织体,它的运行具有程式性、机械性和网络性的特点,相对于个人决策而言,政府决策的成本十分高昂。据估计,美国每年执行联邦环境法律的费用高达800亿美元。[①]环境管理越是深入细致,所可能增加的成本就越多,而有限的财政经费更无力承担。第三,政府中立有限。政府是由各种部门、机构所组成的联合体,各部门、机构都有一定的权力及利益,而环境作为利益的客体是多元性的。如长江水资源是一种流域资源,它具有整体流动的自然属性,以流域为单元,水量水质、地上水地下水相互依存,组成一体,上下游、左右岸、干支流的开发利用、治理互为影响;它同时具有多种社会功能,可用于灌溉、发电、供水、养殖、航运和旅游等多方面,有着开发的多部门性和对城乡供水、卫生保健、工农业生产、城市发展、水力发电、内陆渔业、水上运输、休闲娱乐等人类活动的多方面利益。另外,还存在着洪水泛滥成灾的危害以至于开发利用的同时必须始终贯穿防洪和洪水控制的考虑。长江虽然从生态系统上看它是一种完整的系统,但其干支流、上下游却被人为地划分成了多个行政区域,形成了实际上的分割管辖的现象。在这种情况下,由于地方利益、部门利益的存在,市场的外部性和“搭便车”情形便可能在各地方之间、各部门之间出现,干支流之间、上下游之间、左右岸之间以及各大小行政区域之间经常会发生资源使用的矛盾,以邻为壑、转嫁危机、推诿责任的事情便会经常发生。政府的中立性到

① 焦富民.环境保护相邻权制度之体系解释与司法适用[J].法学,2013(1).

底能有多大便十分令人怀疑。第四,缺乏灵活性。根据交易理论,双方都同意的交易才是最有效率的交易。在政府管制条件下,政府理性取代了个人理性,按照统一标准进行一揽子交易,极有可能造成效率低下。在制定了环境标准的情况下,企业只要达到标准即可,缺乏进一步削减环境污染和节约资源的动力与压力。对于政府低效,人们也提出了多项补救措施,如环境税、环境使用权交易、对环境资源市场的价格调控、环境污染责任保险等市场化的制度性安排。但从根本上说,各种市场化的制度安排必须有法律上的权利基础,这就是环境权。环境权的出现,使环境法跨入了更高层次的阶段——政府管制与公众参与相结合的环境管理模式。

三、环境法含义的分解组合

从对环境法的法律经济学分析可以得出如下结论,环境保护是需要政府与市场共同作用的领域。市场无序是产生政府管理的原因,政府低效则是市场作用的范畴,它们各自都具有一定的优势与劣势。政府管制的优势在宏观领域。政府的劣势领域主要是大量分散的环境权益冲突,而这些冲突正是当今最主要的环境问题。市场正是对分散的、个别的、大量发生的活动进行有效调节的机制,将政府的宏观管理与市场方法有效结合起来配置环境资源,需要相应的法律制度,这一制度正是将国家环境管理权力与公民环境权利相结合的环境法律制度。

环境法的出现,不仅突破了传统的环境管理模式,也打破了传统法律部门对立与分割的僵局,实现了权力—权利的重构。

(一)重构公民与国家的关系

政府的环境管理权来自全体公民的委托,应该服务于人民主权,但在事实上,这种政府代理制度有可能发生异化。[①]其一为,政府异化为非责任政府,公民除了向政府进行申诉以外,不能采取其他有效的监督措施,政府也不负任何赔偿责任。其二为,政府代理有可能异化为强制代理,公民由权利人转向义务人。一方面,公民大量纳税以维持环境管理制度,另一方面却不能处理与自己

---

① 刘三木.环境的公共性看环境法的属性[J].法学评论,2010(6).

有关的环境事务。环境民事权利是克服制度异化的有力武器，它要求整个环境管理以公民的环境权利为中心，以公民的权利制约政府权力。当政府不履行其环境管理的职责和履行职责不当时，公民有权向法院起诉，促使政府改正错误并负担赔偿责任。当公民之间的环境权益发生冲突时，则可以通过政府以外的仲裁、司法或其他程序予以解决，使公民获得一定程度的意思自治权。

（二）重构私法与公法的关系

近代关于公法、私法的划分，贯穿的一个基本思想就是公法不能干预私法关系。此外，在它们各自的内部，还有各种部门法的划分，在民商分立的国家还有民法和商法划分。在这些部门之间，从立法体系、审判制度到学科设置，都有严格的界限。这种公、私法对立和部门法分割的局面，不符合法制的科学性、系统性要求，也不能满足社会问题综合调整的需要。因此，现代立法的趋势，是在承认公、私法划分的相对合理性和各部门法相对独立性的同时，承认并强调公、私法之间和各部门法之间的相互渗透和相互配合的必要性。在这种渗透和配合的过程中，产生一些介乎公、私法之间和跨部门的综合性法律制度。它们不仅填补了由于公、私法对立和部门法分割造成的空白，也加强了公、私法之间和部门法之间的联系。环境法正是这样一种法律的典型代表；通过立法，一方面使公民参与环境管理的权利空间增大，另一方面也促使公民认真看待自己的权利，形成强烈的权利意识和独立个体意识，尊重他人的权利，不滥用自己的权利，以权利作为维系人与人之间关系的纽带，以“平等”的身份参加法律活动。

（三）重构权利与权力的关系

近代法律是在罗马法复兴的基础上发展而来的。它有两个基本信念：第一，法律现象是守恒的，它使人相信，可以通过一套逻辑严密的概念体系，一劳永逸地将各种法律现象有条不紊地纳入法律制度的调整范围；第二，法律的价值的单一性使人相信，现行法律秩序所维持的价值体系是唯一的和至高无上的，因而不允许承认该体系外其他价值的合法性。现代社会生活的发展变迁，一方面打破了法律现象守恒的神话，把大量前所未有的生活现象和社会问题提到了法律面前。另一方面冲破了法律价值单一的桎梏，要求多元价值并存沟通，以求得不同利益诉求和不同价值取向之间的调和与兼容。环境法就是这样一种要求立法者和法官以重实际、讲实效的务实作风，针对严重的环境问题，根据有关的法律政策，制定适宜的规则或解决方案的法律。在这些规则和方案中，权力与权利不是相互对立和分割的，而是相互沟通和统一的，它们共存于可持续发展的目标和任务之下。

第三节 环境法与民法的沟通与协调

一、沟通与协调的前提——环境资源的基本属性

首先，我们必须考虑环境资源的稀缺性和价值的多元性，传统民法对以土地为资源基本形式的环境资源在没有环境保护考虑的情况下已经设置了基本的法律制度框架——土地所有权制度，确认了土地资源及其附属的空间、植被和生长于其间的动物的经济价值，并围绕所有权的移转和保护建立了债权制度和侵权行为制度。现在，环境法所要求的是对环境资源的生态价值的肯定，实际上是对环境资源的经济价值与环境价值的重新定位，在这两个相互冲突的价值面前，法律所面临的任务是如何建立新的平衡，通过权利的重新配置解决由于价值冲突所造成的紧张局面。在人类当前的社会发展条件下，这种新的平衡必须是建立在已有平衡的基础上，它不是也不可能是对已有秩序的彻底破坏。因此，环境权的建立也必须是在已经形成的权利体系中增加新的权利，它所反映的是人类对于环境资源的生态价值的追求，它也要建立在已有权利的基础之上。由于传统的私法是已有的资源配置法律模式，所有权是这种模式的核心，经济价值是所有权追求的基本价值，那么关于资源的环境价值考虑的环境法就必须通过对以所有权为核心的私法所体现的单一经济价值的限制，实现环境价值与经济价值的平衡，即它必须在私法领域有所作为。

其次，环境资源的价值多元性是不可忽视的，其非生态性价值的特性和舒适性、和谐性等也十分明显，这些也是环境法所必须考虑的价值。但它们不同于生态价值的是它更依赖于人的社会属性和文化判断，并与人类的主观感受相联系，这里的公共利益真正表现为个人利益的集合或公共利益要通过个人

利益来体现。因此，对这类价值的保护必须在法律上建立表达人类主观感受的通道，并提供相应的价值判断标准，然后通过标准的具体实施，保护环境的各种非生态性价值。从法律的意义上看，这种通道、标准和具体实施，也就是建立诉讼程序、赋予公民诉权和提供救济措施。[①]此外，环境的生态价值对于人类身心健康的影响也是十分明显的。在此意义上，环境权为实现环境资源多元化价值，必须保护以个体利益的形式出现的对环境的精神性权利，承认公民的环境人格权，并将侵犯环境人格权的行为确认为一种专门的侵权行为，提供救济。可以说，环境权益在此时才获得了真正的法律保障；而这种保障，也只有民法手段才能实现。

二、沟通与协调的基础——环境权的确立

另外，在理论上和实践中都有人认为，只要在民法上建立环境侵权制度就可以解决环境损害赔偿问题，不必去追问究竟侵的是什么权。其实，这是一种不负责任的态度。

首先，侵权行为法可以对人们的环境权益提供保护，但是由于侵权行为法本身不能确认某种权利，因此对环境权的规定仍然应由环境法来完成，尤其是在严重的环境问题面前，受法律保护的环境权益的范围日益扩大，如果环境法不对此做出集中的、明确的规定，而要由法官根据侵权行为的规定来决定哪些环境利益应予保护，则将会使作为主体的最基本的环境权利的环境利益难以得到稳定的、周密的保护。

其次，公民的环境权不管是一般环境权还是各项具体的环境权，都具有其较为丰富和复杂的内容。如清洁空气权不同于安静权的内容，而阳光权与通风权的内容也不完全相同。公民所享有的各种环境权内容是不能通过侵权行为法加以确认的，而必须在环境法中具体规定。

再次，对环境权的保护，在民法上也不仅仅限于侵权行为制度。实际上，物权法、合同法、人格权法等法律也涉及对环境的保护。如根据环境资源的生态属性建立的环境用益物权制度、环境使用权的交易制度、环境人格权保护制度

---

① 侯佳儒.环境法学与民法学的对话[M].北京：中国法制出版社，2009.

等等,这就需要环境法单独设立环境权制度,对主体在享有并行使环境权方面所涉及的问题专门做出规定。

我认为,环境法与民法的协调是由其本质属性所决定的:一方面环境保护的思想必须直接进入私法系统,通过限制传统民法上的绝对所有权和完全的意思自治,确认环境资源对于人的物质性和精神性价值,实现法律的利益平衡;另一方面,它要通过特别法的形式,确立对环境权益的不法侵害标准和救济措施,实现对环境权的实体保护,实现环境资源的多元价值。事实上,环境法的确立与传统民法的拓展直接相关,仅此而言,既不能否认环境法中的民事权利,又不能将其混同为一般的民事权利。

三、沟通与协调的目标——中国环境法的完善

环境法律制度的根本目的,是环境资源的保护和有效利用。环境法律制度的调整对象,是以土地为核心的环境的归属关系、利用关系、流转关系和管理关系。而这一系列关系,归根结底是人们关于环境的各种利益、意志和行为的交织、冲突与调和。环境法律制度有两条利益和意志主线,一是社会整体利益和国家意志,二是社会成员的个体利益和当事人意志。一个理性和健全的环境法律制度,应该是这两条主线的有机结合。我国的环境法律制度,过去受计划经济体制的束缚,不适当地忽视甚至否认第二条主线,致使环境法律制度被定位于环境权力法,从而形成了环境权利法的萎缩状态。经济体制改革以后,环境权利法的意义日益彰显,环境权利立法的迫切性也日益突出。这种制度性变革的基本方向,就是构建环境权利的法律体系,完善环境权利的法律规则,实现环境权利法与环境权力法的并存和配合,建立适应社会主义市场经济要求的、具有中国特色的环境法律秩序。

当前,在环境资源配置趋向以市场为主,环境关系趋向多元化、权利化和法制化的制度建设时期,环境法与民法关系问题的研究,对于完善环境立法和改善环境管理,均具有重要意义。可以预见,环境权利将成为我国未来环境法律制度的基础。应当看到,我国环境权利问题的研究,目前还处于起步阶段。我们需要总结改革的成果,借鉴国外现代环境立法的经验,立足现实,面向未来,探索和解决我国环境法制建设所面临的一系列理论和实践问题。

第九章　重塑环境法理念——可持续发展观

第一节　环境法理念的含义

理念是指一种理想的、永恒的、精神性的一般规范，法的理念是指对具体法所凭以判断其正当性的原理，是法所蕴含的价值取向或精神向导。由此环境法的理念就是环境法的极致状态、完美状态，体现为理想的、应然的环境法，其根植于自然的属性。只有对自然的属性作深刻认识和全面把握，并比较完整地将自然的属性与环境法的理念联系起来推敲、思考，环境法才能呈现出不同于其他部门法的独有特质。环境法的基本理念在于回答"环境法的目的是什么"，在此基础上解决如何调整在保护与改善环境、合理开发利用与保护自然资源、防治污染和其他公害过程中形成的关系，如何配置在这些关系中当事人双方或多方的权利义务，从而形成一定的环境法秩序。

环境法理念的法理基础，是法律既能调整人与人的关系，也能调整人与自然关系的基本立场。环境法能够调整人与人的关系，这是环境法与其他法律的普遍性，此外环境法还能通过调整人与人的关系来达到调整人与自然的关系的目的，这是环境法的特殊性。环境法调整的是一种特定的社会关系，即因环境资源问题而产生的环境社会关系，环境社会关系是人与人之间关系和人与自然关系的总和体。这是对环境法这一新兴的、独立的法律部门的基本特征、功能、目标和调整对象的概括。[①]和其他部门法一样，环境法是由立法机关按照法定的程序和方式制定的具有国家强制力的人的行为规范的总和，这是环境

---

① 蔡守秋.环境资源法教程[M].北京：高等教育出版社.2004:60.

法与其他法律部门的共性。但是,在环境法律领域,由于人的行为作用于自然,自然也反作用于人类,人类必须按照大自然的客观规律合理安排自己的行为,否则就会受到大自然的惩罚,自食恶果。所以环境法的理念、制度和方法必须遵循自然生态规律,按自然生态规律指导人们的思想和行为,形成环境法的行为规范体系。虽然自然界不会按照人们的意愿行事,不会行使法律上的权利、履行法律上的义务,但人们却可以按照环境法所遵循的自然生态规律规范、约束人们的行为,在从事自然资源的开发利用等经济活动时不对自然环境造成破坏,以至影响到后代人对自然资源利用的机会;注意协调经济、社会和环境之间的关系,促使经济利益、社会利益和环境利益协调地发展;注重对环境的不当利用所带来的生态环境安全问题,促成人与自然的和谐。总之,只有认识并确立这一基本立场,环境法才能真正发挥保护和合理利用人类赖以生存发展的环境资源的目的,实现人与自然的和谐相处。若只承认环境法调整的只是人与人的关系,就无法协调人类经济利益、社会利益、环境利益的冲突,就不能根本解决环境公平、环境安全等问题,也就不能实现可持续发展的目标,达成人与人、人与自然和谐相处的和谐社会。正是环境法理念的法理建立在环境法既调整人与人的关系,也调整人与自然的关系的基础之上,才使环境法合乎自然生态规律、社会经济规律和环境规律,环境法才获得了强大的生命力,环境保护事业才能获得更快更好的发展。

第二节 环境法理念的发展变革

人类在一个世纪以来对环境问题的认识一直在变化,但其实只围绕一个中心即人与自然的关系,这中间同时包含着人与人之间的关系。历史事实证实人类在古代时期就意识到自身生活在大自然环境中,古代人类整体力量弱小,对各种无法解释的自然力量盲目敬畏崇拜,表现出对大自然的敬畏之情。但是随着工业时代的到来和科技的飞速发展,人类的力量快速发展壮大,导致人类中心主义理念的迅速蔓延,不知不觉间就会产生这样一种思想:人类是这个世界的主宰,可以对大自然为所欲为,人类就应该征服、改造自然,来达到为自己服务自己的目的,整个自然界包括其他所有生物必须向人类服从,为了满足需要可以肆意挖掘使用所有自然资源。这种思想导致人类对自然资源毫无顾忌地肆意开采,这势必带来极大的破坏,如乱砍滥伐、随意排污、浪费水资源、乱采滥挖等现象层出不穷。在人类中心主义思想的引导下,工业革命后两三百年间,人类对资源环境进行了过度的开采和利用,造成了自然环境的迅速破坏。直到20世纪四五十年代环境问题集中爆发,人类才发现环境问题已构成对现代人类社会的严峻挑战,“旧十大公害事件” 就是这一时期环境问题的典型表现。

人类中心主义把人看成自然界唯一具有内在价值的存在, 而必然地构成一切价值的尺度,自然及其存在物不具有内在价值而只有工具价值,因而生态实践的出发点和归宿只能是,也应当是人的利益。从其伦理的角度,人对自然并不存在直接的道德义务,如果说人对自然有义务,那么这种义务应当被视为只是对人的义务的间接表达。这样,人类中心主义就自然地把自然及其存在物从人的道德关怀中排除了出去,在当代的生态实践中,这种观念已经变得越来越偏狭,却在人的头脑中根深蒂固。应当承认,至今人类中心主义在环境法理念中依然占据主导地位,但它经历着一个逐步弱化的过程。早期的环境保护法所体现的是一种纯粹和苛刻的人类中心主义,只考虑资源的直接效用,一切服从于经济特别是市场经济的要求, 市场的自我调节优先于其他任何规则。其后,得到越来越多的人承认的“环境权”是人类中心主义的一种变异,它始终将环境保护与人类需要联系在一起。可持续发展思想又是人类中心主义的一种弱化形式,它不仅考虑人类目前的需要,而且还要考虑后代的需要。与人类中心主义相反,生态中心主义认为人类是其环境的一部分,这个环境应在整体上受到保护,包括一切生命形式,而不考虑它们对人类的用处。人类在整个生物圈中有了特别的义务和责任, 它不是生物圈的所有者, 而只是生物圈的管理者。最近产生的“环境公平”思想可以被认为是对二者的一种综合。它包括三个方面的内容:“首先, 它意味着在分配环境利益方面, 今天活着的人之间的公平;其次,它主张代际,尤其是今天的人类与未来的人类之间的公平;最后,它引入了物种之间公平的观念,即人类与其他生物物种之间的公平。”

面对危及自身生存和发展的环境问题, 人类不得不对长期以来形成的人类中心主义伦理观进行检视，其最直接的体现就是生态中心主义伦理观的兴起。生态中心主义认为，只有从包括人类在内的所有生命物种的利益和价值出发去保护整个地球生物圈，才能更好地保护人类的生存环境。生态中心主义看到了人与生物物种、自然之间的不平等，却未深入思考隐藏在这一不平等背后的恰恰是人与人之间的不平等。

从人类中心主义到生态中心主义的转变也体现了人类社会发展的要求。笔者认为生态中心主义较人类中心主义的进步有：第一，摒弃了以人为主体的一元论。人与自然都是客观存在的生态系统的组成部分，它们二者应该是一种和谐发展相互依赖的生态关系。而人类社会发展中却以己为中心，掠夺资源，破坏生态，从而带来了今天的灾难。这也就是忽视生态“单元”协调性的惩罚。第二，为环境法基本价值研究做出指引。在以人为中心的理念的指导下，我们对于环境法价值的探讨往往以人的经济利益、社会利益、政治利益为基点，从而提出了改造自然和征服自然的思想，并且认为环境是为人来服务的，环境资源是取之不尽的。第三，是人类社会发展的航标。生态中心主义将会引导人类社会的行为价值取向。自然和生态系统与人类社会的同步发展将成为影响人类文明的一个重要因素。

第三节　对“人类中心主义”理念的反思

环境法理念的核心在于如何看待人与自然的关系的问题，在人类思想史上关于如何认识人与自然的关系主要有两种思想：人类中心主义和生态中心主义。人类中心主义强调人类是世界的主宰，人与人的关系，突出人对自然的统治地位，主张以人类的价值尺度来解释和处理整个世界，是工业时代人与自然关系的主导观念。人类中心主义源自古希腊和中世纪文化，最早的人类中心主义代表人、希腊哲学家普洛泰格拉指出：“人是万物的尺度，是存在的事物存在的尺度，也是不存在的事物不存在的尺度。”传统的人类中心主义把人视为宇宙的中心事实，进而以人的目的来看待世间万物。正如亚里士多德所指出的，“植物为动物而存在，动物为人类而存在”“自然系为人类才生有一切动物。”基督教的《旧约·创始说》讲述，上帝按照自己的形象创造出人类，并且赋予人类统治自然万物的权利。这种观念在欧洲一直保持到19世纪，即使当时的科学家也不比一般人更清醒。然而，传统的人类中心主义只是从人类目的或价值角度出发来看待自然事物，强调自然事物的工具价值，但并未必然否定自然事物的其他价值；确证了人类利用自然的合理性，但并未必然肯定人可以无限度地利用自然，因此，将工业文明时代人与自然的紧张关系和日益严重的环境问题归因于传统的人类中心主义思想显然有失公正。从文艺复兴时期开始，随着近代科学的兴起，上帝的地位日益弱化，传统的上帝、人、自然之间的权力结构逐渐被消解，代之以世俗化的人本主义概念框架，直至17世纪以后，现代意义上的人类中心主义才真正确立，其基本内涵是：人是自然的主人，是自然事物唯一的价值尺度；人的利益和需要是绝对合理的，自然是满足人类需要的对象；人的自由首先体现在对自然的不断征服、改造中。这就是根植于工业文明内部至今仍然支配着人类文明现实的人类中心主义的价值观。人类中心主义作为特定时代的产物，摒弃了基督教的神权观念，解放了人类精神，有力推动了科技的发展，拓展了人类的知识范围和实践能力，是人类文明、持续进步的必要前提。然而正是这种一切以人类和人类利益为出发点的观念带来了人类对大自然的肆意而为，带来了环境污染和资源破坏的日益严重，另一方面在人类中心主义理念指导下的初期的环境法也将“保护人类身体健康”确立为环境法的主要目的，实际上是以法律手段通过保护环境实现对人的权利的保护。

“人类中心主义”简言之就是视人为万物的尺度，并从人的利益来判定一切事物的价值，它不仅主张和赞成人类对自然的征服，而且主张人类有权根据自身的利益和好恶来随意处置和变更自然。人类中心主义曾经历了三种不同的历史形态：第一阶段，古代宇宙人类中心主义，其核心观点是主张人类在空间万物的意义上即在地缘意义上是宇宙的中心，也就是认为人类居于宇宙的中心位置。第二阶段，中世纪神学人类中心主义，它除了包括经过神学目的注释过的宇宙人类中心主义的内容之外，强调人类在“目的”的意义上处于宇宙的中心地位。第三阶段，现代环境伦理学人类中心主义，它主张在人与自然、人类与生态环境的相互作用中应将人类的利益置于首要地位，人类的利益应成为人类处理自身与自然生态环境关系的根本价值尺度。

人类中心主义认为，人是唯一的道德代理人，也是唯一的道德主体；只有人才有资格获得道德关怀。人是唯一具有内在价值的存在物，其他存在物都只有工具价值；大自然没有内在价值和权利，大自然的价值只是人的情感投射的产物。这被当代环境主义者批评为人类沙文主义和物种歧视主义。人类中心主义以对人的尊重为其终极价值的这一社会规范把主体人与环境区别开来，作为客体的环境资源既受主体的开发利用，又受其保护改善。同时人类中心主义又强调人对环境资源的主宰、征服和统治，无视环境资源通过自然规律对社会和人类发展的巨大推动作用，这就成了其与对人尊重的这一价值的分水岭。人类中心主义在科学技术表现为帮助人类改造自然的巨大力量时应运而生，曾在工业革命后相当长的一段时期内盛行一时，直到现在仍然不乏市场。作为一个历史价值取向，人类中心主义表面上强调的是人的地位和作用，却给人带来了许多灾难和不幸的惨痛教训，它所导致的恰恰是对人性的不尊重。我们批判和改观人类中心主义，避免以征服自然为旗号，无限夸大人的主观能动性而无视自然规律的盲目和无知给人类带来的噩梦。[①]因此，面临现实的生态灾害和自然环境的巨大破坏，人类中心主义已经无法支撑我们环境法的价值理念，必须予以改造。

第四节　对“生态中心主义”理念的思考

自然保存主义者的代表约翰·缪尔在美国南北战争中第一次提出大自然拥有权利的思想。他认为“大自然也是属于其中的那个人，有上帝创造的共同体的一部分”[②]。20 世纪 70 年代以后由于全球生态危机的日益加剧，人类中心主义被认为是导致这一危机的罪魁祸首。以动物权利解放论、生物中心论、生态中心论和深层生态学等为代表的非人类中心主义伦理学对人类中心主义进行了猛烈的抨击。作为这些运动的成果，权利主体和道德共同体的范围从人类

① 徐丰果. 环境法终极价值之思考[J]. 辽宁师范大学学报—经济与法，2008(4).
② 曹明德. 生态法原理[M].北京：人民出版社.2002：98.

扩展到动物，再从动物到植物和所有的生命的共同体，进而扩展至大地、岩石、河流乃至整个生态系统。其次，生态文化作为社会发展提出来的新主张，开始成为人类社会的迫切需要并逐步得到社会的认可和法律的支持。目前，作为人类文化的系统表现形式的各种思想观念和思维方式逐渐为人们所接受，人们对“环境文化”“环境道德”“环境保护”等名词和术语不再陌生。社会主体认识到“自然界的权利要求”，体会到人与自然和解和谐的重要性，并尊重这种权利。通过法律制度调整人的行为，要求人们对动植物的生存权利、矿产资源的延续权利、可利用土地的保护与扩展权利以及海洋、空气环境的保护权利，有普遍和深刻的认识。并确信上述权利是基于人的“主体性”而确立的法权意识。权利文化和生态文化是相互渗透和交融的。离开了生态文化的权利文化是与传统工业经济相适应的黑色文化；离开了去权利文化的生态文化是与原始社会相适应的“蒙昧”文化。二者皆不可取。

工业文明时代人与自然矛盾的激化和由此引发的各种社会危机的加剧，使人类中心主义价值观的缺陷日益暴露，并从理论和实践上都受到质疑和批判。从20世纪70年代开始，各种非人类中心主义思想迅速崛起，并逐渐成为当代环境哲学的主流。非人类中心主义的基本观点是：反对人类中心主义，主张以自然或生态为中心看待自然事物的价值。包括环境个体主义，例如动物福利论、生命中心论；环境整体主义即生态中心主义。其中生态中心主义是影响最大的一种非人类中心主义思想。它认为整个非人类世界，从生命个体、物种到生态系统都有其内在的为人类工具的价值，因而人类对它们富有直接的道德义务，进而从生态系统整体利益出发进行价值判断。美国生态学家、“生态中心主义”思想开创者利奥波德在其《沙乡年鉴》中提出“大地伦理”概念，首次阐述了生态中心主义价值观，将传统的仅限于人的范围的道德共同体的范围扩展到包括土壤、植物和动物的“大地”，主张“要把人类在共同体中以征服者面目出现的角色，变成这个共同体的平等的一员和公民，它暗含着对每个成员的尊重，也包括对这个共同体本身的尊重”。

生态系统整体的“完整、和谐和美丽”被视为最高价值。生态中心主义作为一种批判性的思想，从理论上动摇了传统论理学的若干基本信条，证明了人对自然的道德义务，但它从根本上否认人与自然的区别，否认人的主体地位，忽视人的利益和创造力，主张以生态为中心，一切顺应自然，强调自然与人有同等的法律地位和法律权利，甚至有极端者认为人是“宇宙之癌”，人的存在是一种宇宙病态，人在宇宙中如同癌细胞一样，夺取了其他生物的生存空间，破坏了宇宙和谐。如此无限夸大自然与人的共性，过分轻视人的重要地位和作用，使生态中心主义虽看似完美却很空泛亦很难在实践中真正落实。

第五节　环境法应坚持的理念——可持续发展观

一、可持续发展观及其内涵

可持续发展理念最早是由世界环境与发展委员会于 1987 年在其报告——《我们共同的未来》中提出的，可持续发展是指“既满足当代人的需要，又不对后代人满足其需要的能力构成危害的发展”。可持续发展包括两个重要概念：“需要”和“限制”，“需要”是指“尤其是世界上贫困人民的基本需要，应放在特别优先的地位来考虑”，“限制”是“技术状况和社会组织对环境满足眼前和将来需要的能力上施加的限制”①。

人类历史上的传统经济社会发展方式是先污染、后治理模式，其特点是高消耗、高投入、高污染，这是一种不可持续性的发展模式，这种传统发展模式导致了自然资源的过度开采、自然环境的污染恶化以及生态平衡的打破，这种发展模式短期内会使人类取得一定程度的经济增长，但为此付出的代价也是极其沉重的，甚至已经超过了取得的那一点“成绩”。它凸显了社会的不公平，加剧了社会矛盾的发生。这种发展模式是“不可持续”的，因而必然被人类所摒弃，被合理开发资源环境的可持续发展模式所取代。目前，可持续发展观已不仅仅只是作为一种思想，而且已经成为一份人类共同的行动纲领，成为一个要求世界各国共同严格遵守的原则。

① 世界环境与发展委员会.我们共同的未来[M].王之佳，等译.台北：台湾地球出版社，1992：52.

可持续发展观的含义包括以下几层：

首先，发展是第一位的。可持续发展观突出强调的是发展，、它把消除贫困作为实现发展的一项必要条件。发展是全人类共同和普遍的权利，无论是欧美发达国家，还是发展中国家都享有平等发展的权利，尤其是对于经济社会相对落后的发展中国家而言，发展权显得尤其重要。目前，发展中国家正面临着贫困和生态破坏的双重压力，两者形成了恶性循环，贫困是导致生态破坏的根源，而生态破坏又加剧了贫困，这使得发展中国家陷入了愈加艰难的处境。因此，可持续发展观对于发展中国家而言，发展是第一位的，只有发展才能为解决贫困问题、人口爆炸性增长、贫富差距拉大以及生态破坏提供必要的技术和资金，也才能逐步实现现代化，最终解决上述问题。发展不仅是解决贫穷的钥匙，也是帮助发展中国家摆脱等人口爆炸性增长、贫富差距拉大以及生态破坏等一系列社会问题的重要手段。

其次，可持续是前提。可持续发展观认为发展是核心，但这个发展的前提和条件是可持续。发展与环境保护应紧密联系，人类追求财富和美好生活应当是建立在与自然环境和谐相处的基础上，而不应该是运用机器和科技通过过度开采资源、破坏生态和污染环境的方式来实现自己的发展目的，不然这种财富的拥有也是短暂的，很快就会因为大自然的"报复"而失去。更为重要的是，可持续发展观强调当代人在追求今世发展和消费的时候，应努力使自己的机会与后代人的机会相平等，不允许当代人自私地为了追求今世的发展与消费，而毫不留情地剥夺后代人本应合理享有的同等的发展机会。

最后，环境权利是核心。可持续发展观认为，在环境保护方面，每个人都应享有正当、合法的环境权利，即享有在发展中合理利用自然资源的权利和享有在清洁环境中美好生活的环境权利。可持续发展观认为人类的环境权利和环境义务是相对应的，人们的环境权利和环境义务是平等的和统一的，享有环境权利就必须履行环境义务。这种权利应当得到法律和社会的尊重和保护，任何法律都有自身保护的法益，环境权作为一种新的正在发展中的法律权利，是人类必不可少的权利之一。

二、可持续发展与环境法的关系

可持续发展理念源于环境保护的意识和行动，而环境法又是环境保护的重要手段，两者关系也是极其紧密的。可持续发展促进了环境法的发展，促使环境法理念的更新，同时环境法对可持续发展理念的深化功不可没，二者表现为互相促进的关系。

一方面，保护环境是可持续发展理念所固有的特征，无论如何去拓宽可持续发展战略的内涵，它的基本视角还是环境。而环境法是和可持续发展最为密切、关系重大的法律部门，它最能集中体现和贯彻该理念的实质和核心内容。可持续发展对法律的渗透，首当其冲的就是环境法。它作为一种充满生机的理念为环境法的发展、创建完善的环境法学提供了重要的指导思想。鉴于我国现行环境法与可持续发展的要求还存在着很大的差距，有必要对之不断地调整与更新。具体表现为：第一，调整环境法的基本原则。现有的“协调发展原则”侧重于当代人的发展，相形之下“可持续发展原则”更能全面体现可持续发展战略对环境法的要求。第二，更新环境法的立法目的。加入人与自然和谐的环境秩序新思维，能较为客观地反映人与自然共处的应然状态。第三，升华法的价值取向。可持续发展强调“发展”，但认为这种发展是有限度的，不危及后代人的发展，从而使传统的公平观实现了“从横向的单维公平价值目标到纵横交错的二维公平价值目标的转变”[①]。第四，冲击传统的权利义务观。包括公众参与、公民的环境权等在内的环境民主原则，对环境侵害行为双刃性的正确评价而构建的富有特色的环境责任承担原则都应得到充分的发展。第五，重构环境法的立法体系。迅速改变现行法律对环境自然资源保护不足的现状，坚持二者并重；完善环境权的规定，健全环境法的基本制度，从而形成一个以可持续发展为中心，以环境权的保障为基础，以预防和防治为支柱的，内容丰富、功能齐全、结构合理、有法可依的崭新的立法体系。从此，不再是被动地运用环境法去后发应对生态危机，而是将立法重心向“预防优先”倾斜，故现代环境法必须秉承可持续发展的环境法理念。

---

① 王曦等.跨世纪的法学视野[J].法学评论，1998(4).

另一方面，环境法推动了可持续发展理念的实践。可持续发展理念是人类发展思想史上的一次剧烈革命，要想将其付诸实践就必须合理利用自然资源，保护生态环境，妥善处理人与环境的关系。但是要想实现这一实践，人类的行为就不能是自发的，而应是自觉的，不能是自由自在的，而应是带有必要约束性的，不能是少数人的个人行为，而应是全社会共同的行动。上述这些要求都需要具有引导性、制约性、普遍性的法律予以规范，环境法作为环境保护领域的国家法律承担了这一任务。环境法中的各项环境保护制度可以为可持续发展服务。环境法通过规范人们的各种行为，使得人类开发利用自然环境的行为在环境法划定的框架内进行，从而保护了生态环境，保护了后代人利用自然环境的机会，使可持续发展在各个领域得到切实的表现。此外，环境法可以促使可持续发展理念在社会中的深化，改造人们过时的发展观、价值观，逐步改善自己对待环境的行为。

我们从可持续发展概念的变化过程不难发现环境保护对该概念的深化起了重大作用。在以《我们共同的未来》为代表的初期阶段，对可持续发展的认识几乎局限在探讨经济发展和环境保护的关系，缺乏伦理色彩较浓的一个价值因子——正义、公平。该时期虽然开始了对发展方式的质疑，但仍然认为经济发展是最重要的。在从 80 年代往后以《里约宣言》为代表的中期阶段，可持续发展由于早期定义的提纲挈领导致的外延过于宽泛，对于什么是发展有了多变的认识。尽管如此，人们却已经意识到环境与发展之间的紧密联系并把视点转为两者并重。在以《约翰内斯堡可持续发展宣言》为代表的近期阶段，可持续发展内涵的变化显现了两个趋势：一是继续加深伦理道德色彩，多学科渗透；另一是向最初的环境保护初衷回归，突出强调了可持续发展的三个支柱——经济增长、社会发展、环境保护相互促进和相互协调的重要性。因此可以说，环境法是实现可持续发展的必由之路。反过来，环境法必须以可持续发展理念为指导，二者互动、互促。可持续发展是环境法的立法精神，环境法是实现可持续发展的有力保障。

三、可持续发展观的实现路径

(一)可持续发展新理念在宪法中地位的确认

可持续发展,作为环境法创新理念,是一种生态文明战略,应当作为宪法的价值之一予以确立,使之具有最高法律效力。在宪法中确立公民环境权的宪法地位,明确公民有享有适宜环境、利用自然资源的权利和保护环境资源的义务,并且在民法典中增加环境权种类的规定,赋予其与人格权、财产权同等的法律地位;此外在各环境保护单行法中对公民享有的日照权、通风权、清洁水权、清洁空气权等作相应规定,以完善公民环境权利系统;进一步充实法人及其他组织环境权的内容,增设尊重其他生命物种生存权利的规定。这些都是可持续发展作为环境法目的理念入宪不可缺少的内容。现实生活中,环境问题常表现为个人利益与社会利益的平衡问题。在这样的情形下,将环境权利纳入民法体系只能解决将两种利益纳入同一体系的问题, 而利益衡量的标准与范围确是民法自身所无法解决的,必须有公法手段的配合与协调。

(二)以生态文明理念为指导

为了构建环境法的立法体系,应该健全环境法的基本法律制度,进行市场交易型环境法律制度和政府调控型环境法律制度的构建与转型。一是应继续完善现行环境收费制度,强化征收环节,保证把该收的资金收上来。二是应改进现行基本制度。在环境影响评价方面,应以评价人为活动(包括建设项目)对环境和持续发展的影响为主要内容而展开;在环境规划方面,应按照持续发展的生产方式,制定开发、利用、保护、整治环境资源的规划;在许可证方面,在环境标准方面,应既立足国情,同时还应与其他的制度相联系。三是应建立一些新的基本制度,如环境审计制度、污染物源头削减审查制度、环境损害责任保险制度等。

此外在区域开发过程中,必须重视环境建设,区域性环保立法已经成为一个亟须解决的问题。区域生态环境有其特点,因而应注意根据本地区环境资源的特点和社会经济发展水平,在不与国家法律法规相抵触的前提下,因地制宜地制定地方性法律、法规和规章,尊重和体现生态规律,合理利用自然资源,提高利用效率,形成一个完备的法律体系,为区域的开发保驾护航。

（三）建立环境公益诉讼制度是环境法价值理念实现的保障

环境公益诉讼制度的建立，从某种意义上讲，是对传统诉讼制度的突破与创新。环境侵权救济实现目前存在以下障碍：首先是实体法上的障碍。我国还没有在《宪法》上将环境权予以明确，环境权是一种极具公益性、由多数人共享的权利。公民个人如果不被认为具有直接的诉讼利益，其原告资格不被认可，使得公民的环境权缺乏"可诉性"而最终落空，使得人们在以环境权进行环境维权时，缺少了宪政的基础，致使环境维权举步维艰。其次是无过错责任原则在我国环境立法上的理论逻辑混乱。一方面肯定了环境污染侵权的无过错责任，另一方面又规定了以"违反国家保护环境防止污染的规定"为加害人承担民事责任的前提，这种规定将公法标准置于私权保护之上，与我国环境立法中的有关规定自相矛盾。再次是程序法上的障碍。原告范围太窄，对起诉的条件规定相当严格，制约了环境侵权诉讼，也不利于对环境侵权的受害人进行救济。最后是举证难、因果关系确定难。

因此在环境民事公益诉讼中，首先，应扩大原告诉讼主体资格，将起诉资格条件扩大到"与本案有直接或间接利害关系的公民、法人和其他组织"，环境行政公益诉讼中，除行政管理相对人提起诉讼的资格以外，环境行政公益诉讼的起诉资格还应拓展到"与具体环境行政行为有直接或间接利害关系的公民、法人或者其他组织"。赋予环保组织以环境公益诉讼起诉资格。其次，确立因果关系推定原则，举证责任的合理配置。应明确规定原被告举证责任负担的范围，让被告对是否排污、能否造成污染、排污与损害之间是否有因果关系、能否依法免责提供证据；让原告对损害的事实和损失的大小负举证责任。再次，诉讼费用公平负担。当事人提起环境公益诉讼，诉讼费用在案件审理结束后缴纳；原告胜诉时，诉讼费用适当向被告转移；经原告申请，法院认可，在必要的时候，国家可进行适当的补偿。

在现代化建设中，可持续发展是要站在一定的高度上把控全局，要综合方方面面的事物，要把控制人口、节约资源、保护环境放到重要位置，使人口增长与社会生产力的发展相适应，使经济建设与资源、环境相协调，实现良性循环。它既是实现我国经济和社会发展的重大战略举措，也是造福当代、泽及子孙的大事。

实施可持续发展战略要坚持以经济建设为中心,从经济与人口、资源、环境、社会的相互协调中推动经济建设的发展,并在发展过程中带动人口、资源、环境和社会问题的解决,从而实现经济、资源和生态、社会的可持续发展。

首先,实现经济的可持续发展。可持续发展以经济可持续发展为基础,它鼓励经济增长而不是取消经济增长,但可持续发展更要追求经济增长的质量。

其次,实现资源与生态的可持续发展。可持续发展以资源和生态可持续发展为条件,它要求经济建设和社会发展与自然承载力相协调。

再次,实现社会的可持续发展。可持续发展以社会可持续发展为目的,可持续发展的本质就是要创造一个良好的社会环境。人口问题一直是我国可持续发展中的重大问题,因此,使人口的增长与社会生产力的发展相适应,是我国实施可持续发展战略的一个重要方面,只有解决好这一问题,才能实现社会的可持续发展。

参考文献

著作类

[1]蔡守秋主编.环境资源法学[M].长沙:湖南大学出版社, 2005.

[2]史玉成.环境与资源法学[M].兰州:兰州大学出版社,2006.

[3]金瑞林主编.环境与资源保护法学[M]. 北京:高等教育出版社,2006.

[4]亚里士多德. 政治学[M]. 吴寿彭,译. 北京:商务印书馆,1983.

[5]俞可平. 论国家治理现代化[M]. 北京:社会科学文献出版社,2015.

[6]李丹. 环境立法的利益分析———以废旧电子电器管理立法为例[M]. 北京:知识产权出版社,2009.

[7]汪劲. 环境法治的中国路径:反思与探索[M]. 北京:中国环境出版社,2011.

[8]马克斯·韦伯. 经济与社会(下)[M]. 林荣远,译. 北京:商务印书馆,1997.

[9]蔡守秋.环境资源法教程[M].北京:高等教育出版社,2004:60.

[10]曹明德.生态法原理[M].北京:人民出版社,2002:98.

[11]世界环境与发展委员会,王之佳,等译.我们共同的未来[M].台北:台湾地球出版社,1992:52.

[12]蔡守秋. 环境资源法学教程[M]. 武汉:武汉大学出版社,2000.

[13]博登海默著.法理学:法律哲学与法律方法[M].邓正来译.北京:中国政法大学出版社,1999:252.

[14]吕忠梅. 环境法原理[M]. 上海:复旦大学出版社,2007:54-55.

[15]吕忠梅.超越与保守——可持续发展视野下的环境法创新[M].北京：法律出版社,2003:355.

[16]吕忠梅.环境法学[M]. 北京:法律出版社,2008:19.

[17]冯玉军.法经济学[M]. 北京:中国人民大学出版社,2013:111.

[18]汪劲.中外环境影响评价制度比较研究 - 环境与开发决策的正当法律程序[M]. 北京:北京大学出版社,2006:121.

[19]陈阳.检察机关环境公益诉讼原告资格及其限制[M].济南:山东人民出版社,2009:17.

[20] 蔡守秋. 环境资源法学教程 [M]. 武汉：武汉大学出版社,2000:281–288.

[21]王曦.美国环境法概论[M].武汉:武汉大学出版社,1992:147–151.

[22]高鸿业.西方经济学(微观部分第 6 版)[M].北京:中国人民大学出版社,2014:326.

[23]周国文.自然权与人权的融合[M].北京:中央编译出版社,2011:10.

[24]吴学周.中国大百科全书·环境科学[M].北京:中国大百科全书出版社,1983:302~303.

[25]钱易,唐孝炎.环境保护与可持续发展[M]. 北京:高等教育出版社,2000:182.

[26]高铭暄,王作富.新中国刑法的理论与实践[M].石家庄:河北人民出版社,1988:156.

[27]赵秉志.刑法争议问题研究[M].郑州:河南人民出版社,1996:542.

[28]雷鑫.生态现代化语境下的环境刑事责任研究[M].北京:知识产权出版社,2010:124.

[39]雷鑫.生态语境下的环境刑事责任研究[M]. 北京:知识产权出版社,2010:135.

[30]梁慧星.从近代民法到现代民法——20 世纪民法回顾〔A〕.民商法论丛第 7 卷(C).北京:法律出版社,1997.

[31]侯佳儒.环境法学与民法学的对话[M].北京:中国法制出版社,2009.

论文类

[1]柯坚.环境法原则之思考——比较法视角下的共通性、变异性及其规范性构建[J].中山大学学报(社会科学版),2011(3).

[2]刘洋.我国环境法律体系的架构与完善[J].法制与社会.2015(7).

[3]程雨燕.环境行政处罚的立法方向——兼论《环境保护法》的修改[J].南京大学法律评论,2012(1).

[4]黄锡生,张天泽.论环境污染民事法律责任的形式[J].江西理工大学学报,2015.

[5]陈颖,叶代启,刘秀珍,等. 我国工业源 VOCs 排放的源头追踪和行业特征研究[J]. 中国环境科学,2012,32(1):48—55.

[6]苏腊红.我国水资源保护问题探究[J].法制与经济,2012(1).

[7]薛玉宝、郗慧群.我国水资源污染现状与治理对策[J].中国环境管理,2010,(3).

[8]韩素清,迟翔.土壤污染的类型及影响和危害[J].化工之友,2007(5).

[9]王永生.遏制土地污染确保生命线安全[J].国土资源,2006(12).

[10]方世南,张伟平.生态环境问题的制度根源及其出路[J].自然哲学,2011,12(2).

[11]于游. 环境法的立法与实践——传统环保理念的当代价值[J]. 法学论丛,2010(2).

[12]夏振鹏. 环境执法突围之困[J]. 环境经济,2008(2):42-46.

[13]晋海. 我国基层政府环境监管失范的体制根源与对策要点[J]. 法学评论,2012(3).

[14]徐亚文. 实践法理学与环境法学的新视角[J]. 中国地质大学学报(社会科学版),2010(6).

[15]项佐涛. 马克思对官僚政治的批判研究[J]. 科学社会主义,2012(3).

[16]徐显明,齐延平. 论司法腐败的制度性防治[J]. 法学,1998(8).

［17］ 徐丰果. 环境法终极价值之思考. 辽宁师范大学学报－经济与法2008(4).

［18］王曦等.跨世纪的法学视野［J］.法学评论，1998(4).

［19］严音莉.环境保护公众参与制度研究［J］.法制与社会.2012(30).

［20］联合国人类环境会议与《人类环境宣言》［J］.中国投资.2011(2).

［21］孙明媚. 论我国的环境保护公众参与制度［D］. 中国海洋大学，2009.

［22］ 史玉成. 论我国环境保护公众参与法律制度 ［D］. 华东政法大学. 2007.

［23］马世骏.现代化经济建设与生态科学——试论当代生态学工作者的任务［J］.生态学报，1981(1).

［24］张诚谦.论可更新资源的有偿利用［J］.农业现代化，1987(5).

［25］叶文虎，魏斌，仝川.城市生态补偿能力衡量和应用［J］.中国环境科学，1998(4).

［26］Co-stanza，R. ，et al. The value of the world's ecosystem services and natural capital［ J］. Nature，Vol 387，15 May 1997.

［27］Gretchen C Daily. Ed. ，Nature's service：Social Dependence on Natural Ecosystems，Island Press，1997.

［28］蔡守秋.环境正义与环境安全——二论环境资源法学的基本理念［J］.河海大学学报(哲学社会科学版)，2005，(6).

［29］洪尚群，等.补偿途径和方式多样化是生态补偿基础和保障［J］.环境与科学技术，2001，(24).

［30］杜群.生态补偿的法律关系及其发展现状和问题［J］.现代法学，2005(3).

［31］曹明德.对建立生态补偿法律机制的再思考［J］.中国地质大学学报(社会科学版)，2010(5).

［32］张钧.生态补偿立法的伦理学困境与出路［J］.科学技术哲学研究，2014(4).

［33］吕忠梅.环境权的民法保护理论构造—对两大法系环境权理论的比较［J］.私法，2001.

[34]蔡守秋.环境权初探[J].中国社会科学,1982(3).

[35]吕忠梅.论环境权的民法保护[D].武汉大学,2000:4.

[36]张式军.环境公益诉讼原告资格研究[D].武汉大学,2005:166.

[37]郭楠,田义文.中国环境公益诉谊的实践障碍及完善措施——从云南曲靖市错污染事件谈起[J].环境污染与防治,2013(1).

[38]刘晨.环保非政府组织参与环境公益诉讼的分析[J].湖北警官学院学报,2012(12).

[39]刘涛.对环境公益诉讫中检察院作为原告的思考[J].经济与法,2012(2).

[40]聂惠.马克思生态哲学思想研究[J].湖南社会科学,2014(4):37.

[41]郝爱民.排污权交易的法经济学分析[J].山东社会科学,2013(5):96.

[42]王世猛.排污权交易指标关联要素探讨[J].中国环境管理,2012(6).

[43]陈维春,曲扬.美国排污权交易对我国之启示[J].华北电力大学学报(社会科学版),2013(6):3

[44]魏圣香,王慧.美国排污权交易机制的得失及其镜鉴[J].中国地质大学学报(社会科学版),2013(6):34–35.

[45]赵舸,张晓璇.德国排污权交易制度的法律实践与评价[J].群文天地,2011(6):229.

[46]纪建义.从排污收费到排污权交易与碳排放权交易:一种财产权视角的观察[J].清华法学,2012(5):72.

[47]王育红,李融.排污权的法律性质[J].法律适用,2012(12):112.

[48]王清军.我国排污权初始分配的问题与对策[J].法学评论, 2012(1):70.

[49]周英.我国排污权交易的现状及存在问题研究[J].生产力研究,2014(4):108.

[50]罗吉,杜万.环境刑法法益比较研究[J].江西公安专科学校学报:2004–1(1).

[51]徐祥民、辛帅.环境权在环境相关事务处理中的消解——以景观权为例[J].郑州大学学报,2015(1).

[52]陈海嵩.环境保护权利话语的反思[J].法商研究,2015(2).

[53]焦富民.环境保护相邻权制度之体系解释与司法适用[J].法学,2013(1).

[54]刘三木.环境的公共性看环境法的属性[J].法学评论,2010(6).

其他

[1]尚琪,邹存国,周少磊. 煤炭的真实成本[R]. 绿色和平,2010.

[2]李新创,刘涛. 应对雾霾,提升钢铁工业环保水平(一)[N].中国建材报,2013—10—28.

[3] 许家华. 完善环境诉讼制度的相关建议 [N]. 广西法治日报,2015—08—25.

[4]环境科学大辞典编委会.环境科学大辞典[Z].北京:中国环境科学出版社,1991.

[5]章轲.全国 1100 多家环评机构超 3 成曾违法违规[N].第一财经日报,2015-06-10.

后 记

本书是《生态文明建设思想文库》丛书中的一册。党的十八大把生态文明建设纳入“总布局”,凸显生态文明建设的战略地位,是我们党深化对社会主义建设规律认识的新成果。本书在深入分析我国环境法的现状与不足的基础上,从我国生态文明建设的现实需要出发,提出环境法如何健全的具体设想。这一研究有助于推进从法律角度确保我国生态文明建设的顺利进行。

环境问题是人类现代化进程中面临的一项重大挑战，优美环境是人类的重要福祉,美丽中国是中国梦的重要内容。党中央、国务院高度重视生态文明建设和环境保护工作。十八大以来,总书记提出了关于生态文明建设的一系列新理念新思想新战略。总书记关于生态环保的有关批示指示有200多次。生态文明建设作为“五位一体”总体布局的重要组成部分,从战略的高度加以推进。李克强总理也对环境保护多次作出重要批示，在今年的政府工作报告中专门对环保工作做了重点部署,他特别强调,要坚决打好蓝天保卫战。党中央、国务院对解决当前突出的环境问题包括大气污染问题,决心是坚定的,行动是坚决的,力度和深度前所未有。现在的主要任务是如何全力以赴落实好各项环境保护的工作和任务。环保是全球目前最热的话题。随着经济快速发展,日益突出的环境问题越来越受到人们的关注,大众舆论一致认为,环境问题已经成为中国21世纪面临的最严重挑战之一,最新的全国性社会调查显示,目前中国有98%的人会关注并讨论环保问题。我们完全可以从身边做起,为环保做力所能及的事情,比如:我们可以爱护花草树木、不使用一次性筷子、工作和生活中节约纸张、节约用水、使用无磷洗衣粉、及时回收废旧电池、不使用产生白色垃圾的物品等等。这些都是我们身边应该注意的环保事情。保护环境人人有责,为了我们的子孙后代可以更好地生活下去,请保护环境,我们只有一个地球,我们只有一个蓝天,我们只有一个属于自己的家园。

在漫长的5000多年中国历史的长河中,中国环境保护法律制度的发展,才刚刚经过了几十年的时光。路漫漫其修远兮,吾将上下而求索。2017年世界环境日主题:“人与自然,相联相生。”2017年中国环境日主题:“绿水青山就是金山银山。”随着世界经济一体化发展进程的加快,环境问题日益成为各个国家普遍面临的主要问题。亚当·斯密的“看不见的手”理论提出:每个人都试图应用他的资本,来使其产品得到最大的价值。作为企业它是以营利为目的进行经营活动的,追求利润并且追求利润的最大化是它的主要行为主导,有时候为了追求眼前利益企业甚至会不惜以破坏环境作为代价,它所得到的利益也许要花十倍以上的费用支出才能恢复原状,挣到的小钱归企业而污染的后果要当地人民来承受,治理污染要国家掏钱全社会买单,这是非常不合理的。大气污染防治法开篇,以环境保护和经济发展协同发展作为立法目的,从某种意义上来讲,环境保护和经济发展是一对不可调和的矛盾,在环境保护与经济发展出现矛盾时,人们往往选择经济发展,选择GDP,故而这种二元论的表述,其实还是经济发展优先理论,从构建生态文明的要求,以及发达国家立法经验考虑,解决环境保护和经济发展矛盾应该是环境优先,否则必然跳不出末端治理的困局。目前大气污染比较严重,确定环境保护优先立法目的,对雾霾实施源头治理、全过程治理才能扭转政府唯GDP至上的发展思路,为绿色GDP评价指标的确立提供法律保障。

所以政府作为环境保护工作的重要执行者和领导者,在环境保护工作中起到至关重要的作用。然而政府在履行自身的工作职责过程中,由于一些具体的原因,也会导致不尽如人意的情况发生,造成一些问题的存在,如监管不严、各部门协调不畅、权力寻租等等。我们呼吁各级政府相互协调彼此的利益和职责,下大力气抓环境保护,政府在环境保护中不但要起到主导作用,而且要起到好的主导作用。所以说为保护和改善环境,防治污染和其他公害,保障公众健康,推进生态文明建设,促进经济社会可持续发展,从中央政府到地方各级政府,从城市到乡村,从现在到未来,从集体到个人,我们每一个人都应该成为保护环境的参与者与监督者。环境保护和大家密不可分,环境保护涉及千家万户，环境保护与我们每个人都息息相关。我们每一个人既是受害者，又是享有者，既是污染者，也是保护者。所以，我在这里也期盼每一个人不要成为环境问题的旁观者、指责者，要成为解决环境问题的参与者、贡献者。从我做起，从现在做起，只要我们大家共同努力，我们就会更好、更快地实现天蓝、水清、地净的美丽中国。我们怎么忍心让我们赖以生存的环境变坏呢？我通过这本书表达对环保事业的支持，同时也希望读者通过阅读了解、参与、支持我们环保事业。

在这本书的写作过程中郭廷贤老先生、李慧平老师、贾心儿老师给予了帮助和指导，在此一并表示真诚的谢意。

2017 年 9 月于山西太原